树的故事

BEECHCOMBINGS

Richard Mabey

[英] 理查德·梅比 ——著
吴碧宇 陈凯 史湘琳 ——译

长江出版传媒 长江文艺出版社

图书在版编目（CIP）数据

树的故事 / （英）理查德·梅比著 ；吴碧宇，陈凯，史湘琳译. -- 武汉 ：长江文艺出版社， 2021.2
ISBN 978-7-5702-1647-5

Ⅰ. ①树… Ⅱ. ①理… ②吴… ③陈… ④史… Ⅲ. ①随笔一作品集一英国一现代 Ⅳ. ①I561.65

中国版本图书馆 CIP 数据核字(2020)第 093725 号

著作权合同登记号：图字 17-2017-137

First published as Beechcombings by Chatto and Windus

策划编辑：陈俊帆
责任编辑：沈瑞欣　付玉佩　　　责任校对：毛　娟
封面设计：壹诺　　　责任印制：邱　莉　　胡丽平

出版：长江出版传媒　长江文艺出版社
地址：武汉市雄楚大街 268 号　　　邮编：430070
发行：长江文艺出版社
http://www.cjlap.com
印刷：中印南方印刷有限公司

开本：880 毫米×1230 毫米　　1/32　　印张：10.5　　插页：1 页
版次：2021 年 2 月第 1 版　　　2021 年 2 月第 1 次印刷
字数：172 千字

定价：28.00 元

献给鲍勃和莉比

序言：树的文明史

1987 年 10 月，一场肆虐的大风暴侵袭了位于肯特的一座花园，风势最强时达到了每小时 90 英里，此时，花园里一棵高达 38 米的山毛榉被连根拔起，倒下时戳破了紧邻花园的一座房子的屋顶。一条断枝穿破了天花板，跌在地板上，差一点就砸到了正在床上休息的屋主，让人心有余悸。仿佛偌大的树木王国受到它们无法控制的力量的驱使，对我们展开了报复。

大风暴通常被称为“飓风”，是欧洲西北部近 300 年来所遭受的最大的自然灾害。对于那些亲身经历过飓风的人来说，它让他们意识到大自然的力量异常强大，令人难以忘怀。短短五个小时内，它便造成了价值数百万磅的损失，吹倒了 1500 万棵树。塞文奥克斯损失惨重，肯特郡诺尔庄园一处大公园损失了四分之一的老橡树和山毛榉。查特维尔庄园曾是温斯顿·丘吉尔爵士的住所，其周围山顶上呈马蹄状分布的大片山毛榉瞬间消失在视野里。用丘吉尔孙子的话来说，这位曾在危难时刻守卫英国的伟人如果看到这些，一定会“悲痛万分”。

树木遭受了重创，我们的自满情绪也受到了打击，对于事物本来秩序的认知也发生了动摇。这本不应该发生。树木是动荡世界中的安全典范，是稳定与和平的象征。二十世纪六七十年代疯狂掠夺当地木材的行为已成为历史，取而代之的是对树木的尊敬与喜爱之情。我们关爱树木，培植树木。谢天谢地，我们成了树木的朋友。

我们在当时并不明白，风暴并非彻头彻尾的“自然”灾害，而是气候变化的早期征兆，是我们的过错所致。当时的我们感到悲伤、困惑，觉得遭到了背叛，心中五味杂陈，所有的心思都花在了应对这些负面情绪上。对于树木的一举一动，人们有很多根深蒂固的假设，这场风暴却推翻了一切假设。风暴留下了一片摇摇欲坠、千疮百孔的老树，吹倒了数以百万计的正值盛年、得到了精心栽培和照料的树木——许多这类树木后来又活了过来，可此时的它们已经被风吹得与地面平行，这颠覆了树木在人们心目中一贯的形象。当然，那些经过修整的树便没有这种机会了。风暴过后，人们开始了清理和再种植的浩大工程，这似乎在唆使大自然再次侮辱我们辛勤劳动所取得的成果。接下来的几年里，林业员好心好意地清理掉英格兰的东南部那些被吹倒的树，在那里种上了从苗圃培育的树苗，可一直以来，那里还是有成块的空地和一些发育不良的小树。而离此地不远处，自然播种的树木却在这风暴之后的残址上，依靠自身的力量迅速成长。没有人指望树木对自己表达感谢，但是人们还是惊讶于它们居然不怀感恩之心，居然如此轻易地摆脱了我们给它们制定的模板和形象。

《树的故事》深入思考了树的形象与构造，这部简史描述了我们在过去数千年里为了理解树木、让它们臣服于我们而构思出来的关于树木的种种故事。书中谈到了艺术家创作的理想形态、森林科学家制定的信条，以及园林设计师的时髦设计。谈到了树木是身份象征，是政治符号，是和平标志，是投资，是遗产，是可继承之物。谈到了我们的一项新发现——树木在调节气候方面发挥了至关重要的作用。还谈到了我们与树木的关系不仅深受气候与经济的影响，还深受文化氛围的影响。

描绘整个树木家族是一项艰巨的任务，所以我选择了其中的一种。本书并非只涉及山毛榉，可它却贯穿于全书之中，如同某种棱镜。此举出于个人原因。在我的生命中，山毛榉是最重要的一种树。我出生且成长在奇尔特恩地区的山毛榉树林里，儿时便在林子里肆意奔跑。那时的我似乎总以山毛榉为伴，它们见证了我的成长。在我住了大半辈子的那座房子的花园里，长着一棵“不请自来”的山毛榉树。夏日的午后，我会在树下摆好桌椅，在露天做功课。现在我住在东安格利亚，这里虽然没有野生山毛榉，但有一棵人工种植的山毛榉，它生长在隔壁的花园里，淹没在被政府保护的栗树和橡树之中。虽然如此，清晨醒来，我第一眼就能看到它。如果我的脑袋在枕头上动一动，眼前的这些山毛榉也会来回摇晃，这是窗户上老式玻璃的折射所致，不过，山毛榉虬枝盘曲的外形似乎也能造成这种视觉效果。从儿时到中年，我对树木的认识都源自山毛榉这一树种。最后，山毛榉成了我的部分家具，我名下的不动产，也成了属于我的一片林地。

不过，山毛榉既令人尴尬，也让人着迷。它们颠覆了人们的认知，拒绝以强壮且根深蒂固的政治形象示人。它难以预测，占有欲强，也容易受到灾害的影响。它们与树木家族的其他成员格格不入，没有人真正理解它们为何如此与众不同。对于山毛榉如何在英国落户安家，如何遍布英国，人们众说纷纭，甚至产生了各式各样的偏见。我们试着去理解山毛榉为何如此矛盾，这段历程恰好反映了如下事实：我们还得走上很长一段路，才能按自己的方式去改造自然。

接下来是一系列文章，它们聚焦于山毛榉，探讨了欧洲树木史上的一些关键事件：山毛榉在冰河时代后来到英国；其最初乃薪柴的主要来源；17、18 世纪的海战显然引发了一场木材危机，随后人们发明了人工林；通过种树，人们可以确立自己的地位，也能体现自己的信仰；18 世纪时，人们开始借助树木来探寻自然之美；19 世纪野生山毛榉林遭遇生存危机，幸好人们最终意识到了自然的重要性，它们才得以保全性命；到了 20 世纪，人们宣扬树的精神，生态学家探索山毛榉生长的秘密，但 1987 年的大风暴颠覆了这一切。

我大致按时间顺序梳理了本书的脉络，但我也常在书中穿插一些自然史的内容，一些艺术家针对山毛榉的历史与身份做出的评论，还有我自己对山毛榉不断加深的认识。最开始，我是个朝气蓬勃的高贵的野蛮人，然后，我成了满怀理想主义的年轻人，再然后，我成了浪漫的自然主义者，如今，我是个成熟的经理人，这期间，我与山毛榉的关系一直在变，我认为，这能让我深刻理解究竟是怎样的动机与感受将我与山毛榉的关系变得如此复杂，如此持久。

书中这些故事集中反映了一大主题（本书的第二章就此主题有更为详尽的介绍）：我们在寻找理想的树，本真的树，高产的山毛榉，美的典范，即自然的山毛榉。

目 录

第一章　特立独行的树

地球能正常运转，离不开这些活着的树木。山毛榉在其中发挥了何种作用呢？

1

在远处看，我认不出它是什么树。我必须看清它盘枝错节的树干和树枝，才认得出。从几百米外看，它只不过是芸芸众树中的一部分而已，是一片模糊的绿影。这种树叫作皇后山毛榉，但实际上它很普通，是古山毛榉树的一种。至少从铁器时代起，它就已经生长在伯克姆斯特德①的废墟上了。从长远看，

① 伯克姆斯特德是一座位于英国赫特福德郡西部的城市。

树木总会消失在时间的尘埃里，即便是欣欣向荣、五彩斑斓的树木也不例外。再走近一点，形态各异的景观尽收眼底：一百米处，我眼中的皇后山毛榉乃独立的个体，是某个树种的一员，是一种易于管理的物体。可在三十米处，我眼中的皇后山毛榉是充满原生态气息的个体，其硕大弯曲的枝干肆意地向外伸张，难以描述，无法掌控。在十几米处，我置身于皇后山毛榉树中，它简直不像是一棵树，倒像由易变的树木构成的墓穴，我与那光泽熠熠的树叶同声共气。这番景象是否比其他景象更真实？这世上到底有没有真正的树呢？它会超越我们这些热爱观景的人，好奇的自然学家，抑或是勤劳的伐木工对于树木的想象么？

我打小便常来这片树林。人们叫它“弗瑞斯登山毛榉树林”，这是为了纪念此地一种特别的树——“葱郁山谷中的山毛榉”。这是片古老而神秘的土地，其久远的历史与这片树木共生共存。早年间的农民砍伐这些树木做燃料，诺曼人常抢掠此地，而在19世纪的圈地运动中，这片林子几乎凋零殆尽。而今，由于狂风会不合时宜地在奇尔特恩高原上肆虐，越来越多的山毛榉因此进化成一种新的形态——卧式山毛榉。在我生命的每一个阶段，这片林子的山毛榉对我来说都有不同的意义。小时候，它们是我的身高标杆，这些古老而神秘的山毛榉总是能给我安全感。那时的我斗胆为它们取了一系列拟人化的名字：有叫

“福斯塔夫[1]”的，我用这个名字来命名那些低矮、球根状的、充满喜感的山毛榉。顶部有硕大的哥特式小树枝的树，我管它们叫“管风琴”。还有一种山毛榉，两支树枝融合在一起，犹如紧握的双手，我管它们叫“祈愿山毛榉”。有一些山毛榉我没有为它们命名，其树枝就像 X 光片拍出的人体消化系统一样，杂乱生长。不过，就算它们被吹倒在地，它们看起来似乎依然很幸运：树枝着地，树干贴在泥里，树根像旗杆，又像将要破土的树苗。

皇后山毛榉从未向大风屈服。她伏首前倾地长在树林边缘，毗连空地，矗立在那儿就像是一个姿态古怪而又不可战胜的女族长。我无数次凝视着她。它看起来如此巨大，很难想象一个活物居然有如此庞大的身形。我猜它活了 350 到 400 岁：它在两百年的时间里反复遭到斩首，斩下的部分变为了柴火，接下来的两百年，它又像一座美丽的纪念碑。它长在野外，不受其他树的束缚。它那长长的、低垂的树枝宛若巨型乌贼的条条触角。很多带芒刺的草、苔藓被缠裹在树干上，还有树疤、树槽、砍伐树枝后遗留下的砍痕。再往上大约一层楼的高度，会在分叉处看到蚊虫窝、啄木鸟啄的旧洞，以及一代又一代人刻下的涂

① 福斯塔夫，莎士比亚历史剧《亨利四世》中的人物，他是王子放浪形骸的酒友，性喜插科打诨、吹牛撒谎，虽无道德荣誉观念但也没有坏心肠，是英国文学史上极为经典的喜剧形象。

鸦。很多涂鸦的位置令人吃惊，这些“信息”显示，似乎雕刻的位置越高，所传递的情感越深厚。即便我借助双筒望远镜，也只能看清部分雕刻的内容。上面写的那些名字、思乡言辞再现了二战时美国大兵驻扎在这附近的情景。有些是一战爆发时恋人们信誓旦旦的深情告白。有些是出自维多利亚时期的男学生之手的工整的首字母；现在这些字母因为拉伸而变形，已经难以破解其含义。多次出现“S. A.”的字样。还有红心和玫瑰的图案。正如大家常认为的那样，这些涂鸦并非在虐待树木，也并非所有人都凭着一股想在世界上留下自己印记的冲动而创作这些涂鸦。我觉得，涂鸦更像是世界为你留下的印记。每当人们邂逅这些山毛榉，都会发生某种对话，某种值得纪念的交流。在山毛榉上涂涂写写这一行为可以追溯到古典时代，其拥有属于自己的拉丁隽语：文字愈增，爱意愈浓。

我曾经跟随一队林业工作方面的专家做了一次山毛榉观光游。同行人群中有房地产经理和大庄园主，他们查看着彼此的林地的长势，与自己的林地做比较，或者与某种抽象的理想树木生长率做比较。对山毛榉这种“残缺的怪物”能如此长久地生存，他们感到愤怒。当地一位大人物咆哮道：“这些树就是垃圾。它们简直是对林务员工作的侮辱!”我最近一次见到这位大人物，地点就是在他家的山毛榉林，当时他正在铲走一摞摞男性杂志，就像是在铲走腐叶。他们讨论山毛榉对行人造成的危害，讲到了烦琐的保险索赔。大家一致认为，必须立刻把这片林子砍掉，种上“合适”的树木。但这片山毛榉的拥有者（全国托管协会[①]）回想起来，这片树林在 19 世纪圈地运动中就差点儿遭到灭顶之灾，多亏了当地的强烈抗议，才使它幸免于难。因此，该组织采取了自己的措施，张贴布告说：“为了保护自然和历史遗迹，我们负责管辖这片区域里的老树和枯木。树枝容易脱落，建议公众依照路标指示牌行走。”可公众拒绝听取建议，他们和前人的想法一样，认为他们对于这些树木的爱随着树木年龄的增长而增长。

在那段日子里，观看皇后山毛榉成了我为友人们准备的节目。我领着大家走过路旁迷宫般的灌木丛，去看皇后山毛榉，这样的过程犹如魔术师从帽子里取出鲜花。自然就是如此顽强，我记得我曾对他们说过这句话。一棵树会成为那样一副模样，这要超出我们对于“完美”以及“实用”这两个概念的理解。但我们的理解很片面，如同先前提到的那位大人物的看法，我们希望大自然能为我们指一条明路，这想法实在太过不切实际。这些日子，我在皇后山毛榉树下想了很多，我久久伫立，凝视

---

① 全国托管协会（the National Trust），全称为“全国历史古迹或自然名胜保护基金会”（National Trust for Places of Historic Interest or Natural Beauty），是英国一个保护名胜古迹的私人组织，成立于 1985 年，宗旨是保护英国英格兰、威尔士和北爱尔兰的历史建筑、纪念碑和风景名胜。

着它，感觉自己如此渺小。我终日思忖，如果某个生物栖息在皇后山毛榉树顶，去俯瞰那起到支撑作用的巨大覆盖物——我们这些地面动物称其为树冠——这棵树在这个生物眼中会是什么样子呢？它有着怎样的求生攻略呢？它又是怎样看待形状，生产力以及意义的？我记得童年的我们倒挂在树枝上，那时眼中的世界都是颠倒的。如今，一切如昨，但顺序有所不同，层次也有所不同。

捷克诗人米洛斯拉夫·赫鲁伯写过一首《猫长于树的简思》。在诗中，诗人以一只鼹鼠的视角去阐释树木。鼹鼠们出现在不同的时段，去报道地上的实际情况。第一只鼹鼠看到了树枝上有一只鸟，就报告说“树上长着鸟”。随后来到地面的第二只鼹鼠看到一只猫，就认定猫才是树上结的真正的果实。鼹鼠首领被两只鼹鼠弄得晕头转向，有些焦虑，便亲自去察看：

那时外面的世界一团漆黑，

受人尊敬的鼹鼠首领宣称两只鼹鼠都不对。
鸟和猫是光线折射产生的视觉幻象。
事实上，树上和树下有一样的风景，

只不过黏土没有那么浓密，

顶部的根须在风中耳语，

除此之外并无不同。

我们对山毛榉的认识同样很肤浅，并不比鼹鼠强。我们身处我们的文化洞穴之中，对着这些树眨眼，眼中只有我们想看见的那些东西。在我们眼中，山毛榉是美的典范，浪费了很大的空间。它们是危险的赘生物，是众神的栖息场所。此外，我们还看到了它的实用价值、它的装饰功能、它的投资前景，看到了它在人们制作荆棘花冠和橄榄枝时，可以充当原材料。无论是对于国家、对于人类，还是就生活本身来说，山毛榉都充满浓浓的隐喻色彩。如果说森林在人类的意识中一直是一个滋养文明却又与文明对立的矛盾体，那么构成森林的树木也具有相同的特性。历史上，树木曾是人类面临的一大挑战。它们伟岸、长寿、顽强，不断向周围的土地扩张。它们不甘心退居幕后，更不愿在边缘地带生长。树木占据空间。它们巧妙地融入各式各样的环境。树木是旱地的救星。人类历史上，曾反复出现树木与我们对立的案例。

很多时候树木都站在我们这边。农业的起源、城市的建立、依赖矿物燃料的能源系统的创建，这些都以砍伐树木为代价。世界上树木的总量在过去 5000 年呈现下行趋势，不过我们永远无法完全抛弃它们，这不仅是因为它们提供了我们呼吸所需的氧气，更是因为它们能让我们认清自己。树木是我们失落的家园，大自然的缩影，是我们评判自己好与坏的基准。说得平实一点，没有树木，我们便难以立足。

因此我们试图与树木达成某种和解。我们把它们塑造成各种角色，并与它们谈判。比如，在采猎社会里，有些约定俗成的做法：安抚被砍倒的树木，让其灵魂得到安慰。剥去一段树皮，以此来释放树的灵魂。在土壤里撒一把草药，作为还愿的祭祀品。到后来，至少在温带地区，存在某种相当于仲裁仪式的世俗性活动：人们会在不砍伐树木的情况下摘取树上那些摘掉后又会重新长出来的果实。自然会自行完成更新。然而，在过去的三个世纪，我们越来越喜欢标榜自己给了树木再生的机会。我们将树木打造成景观树，就好像它们自己没能力长在那些景观之中一样。为了满足自身的木材需求，我们将树木当成作物来培植，也执行种植和收割两道程序。我们借助树木来美化环境，彰显人类的发展。我们鼓励孩子们植树，鼓励他们爱护树木，以此来培养他们对大自然的感情，仿佛这些树木是宠物一般。我们很少认为树木也会为自己而活，也很少将其当作独立自主、从远古时代进化而来——不仅自身生命力顽强，还能帮助人类生存下去——的物种。人类和树木共生共存的关系正在被遗忘。伦敦有位房主竟断言：“树木晚上释放的二氧化碳毒害了我。”看着街道上那么多的“侵略者”，她感到非常惊惶，并且报告了当地环境卫生局的官员。

很显然，树木依然以这样或那样的形式覆盖了三分之一的陆地。它们是一种自然生物，无时无刻不在我们视野之中。不论是种植园中千篇一律的树木，沙漠中矮小的树木，还是原始森林中的参天大树，它们一直都是将太阳能转换成实在资源的主力军，这些资源提供了其他生物所需的食物和荫庇。同时，它们还通过光合作用为这个星球提供大量的氧气。没有树木或类似的生物，地球上现存的生物，包括我们在内，都无法生存。

不过，有什么是可以替代树木的吗？树木在进化过程中不可避免地发生了一些变化。这种变化是为了抵抗地心引力，让生命拔地而起，同时也为了突破自身现有的局限。树木是进化过程中的建筑高手，是地球上其他生命的“脚手架”。许多大相径庭的植物家族，比如棕榈树、石松、牛舌草，便是这样的“脚手架”。如果你想设计出一种如磐石一般坚硬与耐久的植物形态，那么答案一定是树干。与其他生物成长历程不同的是，树木的生长是三维的，它们的形态会越来越复杂、越来越精细。随着树枝变得越来越繁茂，树枝上便产生了一些凹洞。一棵发育完全的树会有细密的枝叶、腐孔、断枝和裂隙。即便是一段小树枝，也会有形同建筑一般的复杂结构，包括一片片树皮，嫩枝折断后留下的瘤状物，闪耀着丝绒般光泽的苔藓。要准确测量树的表面积是不可能的。这也就是数学家所谓的“分形”维数①，即你越是近距离地进行测量，其数量越会无止境地增加。美国作家安妮·迪拉德②在《听客溪的朝圣》中这样问上帝：“你想营造一片森林，以此来守住土地，锁住太阳能，并释放氧气。但是用一些化学物质和一英亩人工草皮来替代它们，岂不是更加简单？”

地球上的一些擎天巨树，例如加利福尼亚沿岸遒劲挺拔的海岸红杉，其实就曾改变过地表结构。这些树是真正的造型师，既保护自己的未来，又碰巧保护他人的未来，就像在河上筑堤的海狸③一样慷慨。当红杉的根被水淹没时，它们会垂直地长出新根，然后把这些新的侧根扎入新的淤泥层，将整棵树固定在地面上。在一些沿海地带的河流沿岸，千年来的洪水将整片区域的海平面提高了 9 米，那些同样活了千年的红杉则相应地形成了多层根部系统，仿佛矗立的宝塔，牢牢地扎根地面。

---

① 分形维数是现代数学的一个新分支，其本质却是一种新的世界观和方法论。它反映了复杂形体占有空间的有效性，是复杂形体不规则性的量度。

② 安妮·迪拉德（Annie Dillard），美国作家、诗人、博物学者、语言大师。代表作《听客溪的朝圣》曾获得普利策奖，并在美国文坛激起巨大的回响，其影响力至今不衰。

③ 海狸是世界现存最古老的动物之一，有动物世界“建筑师”和古脊椎动物“活化石”之称。当进入新的栖息地或栖息地水位下降时，海狸会用树枝、泥巴等筑坝蓄水，以保护洞口位于水下，防止天敌侵扰。

不幸的是，像红杉这类生性机敏的树种也没能逃过人类的“文明洪水”。比如海岸红杉的姊妹——生长在内华达山脉的山脉红杉就成了美国西部大开发中最有名的受害者之一。1852 年，一帮穷困潦倒的矿工首次见到了山脉红杉，他们就像看到了木材中的黄金一样。这些红杉大得让人觉得不可思议，树围达到了 30 米及以上，人们一眼望去都看不到树顶。这种树五个人花三周时间才能砍倒一棵，每棵相当于 1 万立方米的木材。约塞米蒂国家公园中的红杉林一度成为某种植物游乐园。一处两车道宽的保龄球场就是沿着红杉的半边树干建成的。人们利用一棵被砍倒的红杉的树桩，铺设了一座舞池，供游客娱乐。有位企业家在此举办了一场表演，他说：“三十二个人同时在这舞池里跳四套沙龙舞，仍然可以做到互不影响。”但是在之后的十年内，人们对红杉的态度发生了转变。那些依旧挺拔的红杉被视为美国历史文化遗产的重要组成部分，成为美国古老神圣历史的见证。1864 年，那时南北战争正进行到白热化阶段，亚伯拉罕·林肯签署了创建世界第一座荒野公园的法案，确定了山脉红杉对加州的意义——“为了人民的利益，为了人民的休闲和娱乐，让这些红杉始终成为该州不可分割的一部分。”

短短十年的时间，官方的态度就发生了转变。然而，随后的一百年间，官方的态度却几乎回到了原点，北美洲古老的森林再次受到威胁。在全球范围内（尤其在英国，也就是欧洲森林砍伐最早也最为彻底的地方），人类一边表示自己认识到了树木的重要性，一边还在不断地砍伐树木。这种行为导致的后果人尽皆知：水土流失，洪水泛滥，物种灭绝，以及地域文明的式微。而今我们想知道，砍伐树木是否也对气候的变化产生了影响。乱砍滥伐，特别是焚烧森林，是造成全球变暖的原因之一。更重要的原因是，原本被安全地锁定在树木和土壤中的碳，更多地释放到大气中，从而对气候产生了影响。还有一个停止伐木的理由。在以前，起码有好几个世纪，释放到大气中的过量二氧化碳，可以被一千万平方公里的新植林地所吸收。这一面积与我们从工业时代起在全球范围内损毁的树木面积相同。但今后，随着树木的死亡和腐烂，二氧化碳会慢慢释放。可替代能源供应商称，重新造林可以为我们争取时间来解决上述问题。有人抱怨，重新造林只能带来短期（二百多年!）效益。可替代能源供应商觉得这些抱怨者有种酸葡萄心态。他们坚信种植新树木很重要。不过，就目前来看，在文明社会大量植树困难重重，这种困难源自社会和政治的双重压力。鉴于此，我们便采取了一些象征性的行动，例如在学校里种几棵树，回收一摞新闻报纸。这些确实有帮助，但并不是我们渴望的那种壮举。

长期以来，我们与树木、与自然的关系都处于一种十分矛盾的境地：起初双方相互依赖，彼此尊重；随后人类开始狂妄自大，企图摒弃、主宰和控制自然界；最终，人类为失去纯真而悔恨，呼吁重拾热情，请求自然界的宽恕……愤世嫉俗的人可能会说，这是一场爱与恨的博弈，一场悬而未决的拉锯战。但是，这样归纳总结对改善人类与自然界的关系毫无帮助。大自然和人类都太复杂。哪怕人们将树木视为大自然的缩影，这一观点也会引出许多疑问，导致人们将其视为颇具象征意义的生命之杖和图腾柱。树木的生存有一套基本原理，包括阳光照射、新叶长出、树叶制造并释放大量氧气。接下来发生的一切既特别又令人赞叹。树的身份不仅以最基本的方式对自身，而且对所有与之共存的其他生物都有重要意义。加州的山脉红杉在其鼎盛时期遭遇砍伐戕害，而今，新苗再度从那些残缺的树桩长出。如今，在那些一百多年前被砍掉的千年巨树的周围，已经长出了一圈又一圈的新林，这些超过 50 米的树都是由千年巨树再生的新芽生长而来。没有人期望这些红杉能够成为为数不多的针叶树林，也没有人期望这些红杉树会真正不朽。树木是独立的个体，每个物种都有其生存习性和秘诀。近距离观察森林里郁郁葱葱的各式树种会对我们有所助益。

温带地区的人们向来特别关注橡树，这是一种具有极强实用性和适应性的树种，为技术产业的发展提供了必要的木材。橡树的用处十分广泛：可做斧柄，树皮可做鞣革，制成木炭后可做铁炉燃料，可造战船，甚至书写第一部自然历史书所用的墨汁也是来源于橡树上的瘿瘤。

美国树艺家威廉·布莱恩特·洛根就橡树在全球的使用提出了大胆的建议。在《橡树：文明的框架》中，他指出，正是橡树这样家族庞大、实用性强的树种，才能让人类实现从狩猎采集到定居耕作的转变。考古学家通常将人类这种转变归功于中东的荒原，认为是这片荒原让人类实现了农业、饮食、村落以及劳动分工的发展——由此形成的生活方式不论好坏，已经传播到了全球。洛根的另一个论点也颇令人玩味。他画了一张图，在图中，他标注了温带地区早期人类定居的位置分布，这些位置正好与400余种橡树的种植位置相吻合。他以北美大陆、美索不达米亚平原以及墨西哥高原的文明为例，指出在这些地方，在谷物种植时代到来前，早就明显存在一种介于游牧采集和农业为主之间的生存方式。我认为，可以将其称为混合觅食，即人们共同开发利用当地的资源。该种资源即橡树，其通常被应用到了多处。橡子是橡树赠予人们的首要礼物，它们产量高，营养丰富，可烹煮又可储存。洛根认为，橡子是世界上第一种主食。而橡木本身也是一份无与伦比的馈赠，它结实耐用、容易劈开。讽刺的是，橡树对公民社会的形成产生了重要作用，人类用它创造了栅栏。此外，橡树还被用于制作船只，搭建沼泽地上的木质走道，从而为移民提供了可能。

洛根为我们描绘了一幅十分和谐的图景，也很具有欺骗性：

人们从原始社会到文明社会的过渡并非仰仗大刀阔斧的农业革新，而是自然而然、水到渠成的。不过，就像所有宏大的理论一样，洛根的理论夸大了橡树的独特性，高估了它们对人类文明的影响。事实上，在吉尔吉斯斯坦，半游牧社会的人们赖以生存的不是橡树，而是胡桃树和野苹果树。意大利亚平宁山脉和南欧某些地区的文明则得益于甜栗树，它们是栗子粉、建材和柴火的来源。早期的土耳其人利用松树、榆树和桑树建造持久耐用的船只。即便是在盛产橡树的英格兰南部，为伦敦提供燃料的不是橡树，而是山毛榉——山毛榉也为威尔德地区钢铁和玻璃生产提供了所需的燃料。前工业社会和树木之间总会存在某种互利共生的关系。除了树木，其他资源无法同时充当食物、燃料和原材料。树木具有多重属性，而人类的独创性让我们有能力利用身边的资源制造出产品——更巧的是，橡树唾手可得，可以随时加以利用。

橡树如此普遍，如此实用，以至于遮蔽了其他树种的价值，同时也让人们对树木的形象产生了误解。橡树结实长寿、富于开拓精神，这些优良品质使它们成为“嘉树”的典范。它们生长的地方有时甚至被视为“风水宝地”。在 17 世纪的英国，橡树象征着国家的骄傲，海军的抱负，还是人们“橡树之心”[1]的物质与精神来源。也许，这个例子可以说明“只见树木，不

① 《橡树之心》乃英国皇家海军的官方进行曲。

见森林”到底是什么意思。

其他树木的成长史构建了文明史的其他部分。比如，小叶椴树，曾经是北欧最常见的森林物种，也是用来做木雕的绝佳材料。榆木，早期游牧民族最青睐的饲料来源，同时也能充当建材，其用途仅次于橡树；此外，在很早以前，它还深受疾病的侵害，乃死亡的象征。榛树，是一种先锋物种，早期人类的坚果蛋白就是从它们身上获得的，同时它们也为人类搭建房屋提供了材料。

2

在这本书中，我以山毛榉为写作重心。正如我在前文所说，此举部分出于个人原因。我的大半辈子都与山毛榉相伴，因此我对山毛榉的了解要胜过其他树种。当然，山毛榉自身也古怪有趣。首先，它们不符合“嘉树”的形象。“嘉树”应该枝干挺秀、亭亭如盖——这种形象才是我们眼中的典型的正确形象——但大多数山毛榉却奇形怪状：有的细长，有的矮小，有的如公牛般笨重。虽然这些山毛榉虬枝盘曲、苍劲有力，却不能用作建材。它们既优雅，又多灾多难，经常遭遇狂风和干旱的侵袭。没有人会歌颂“山毛榉之心”。一些作家（包括过去的我）尝试赞美山毛榉的独特性，对橡树和山毛榉进行诗意的对比：橡树挺拔高大，而山毛榉通时达变；橡树喜光，而山毛榉耐阴；橡树稳稳地扎根于沃土，而山毛榉艰难地生长在贫瘠之地。但是，这些差异并不是绝对的，现实要更加复杂。所有的树木都需要阳光，都要扎根泥土，都要从土壤中汲取矿物营养。1987 年，一场大风暴将一千五百万株树木吹得七零八落，这场风暴显示，几乎所有树木的根系都比大众想象中的要浅得多，即便如此，它们还是能汲取那些矿物营养。相比橡树，山毛榉更喜欢汲取矿物质，它们多扎根于石灰土，这种浅层扎根使得它们处于极不稳固的状态。橡树和山毛榉都能在贫瘠的酸性土壤中蓬勃生长，但在排水性良好的沙土中，它们的幼苗很难吸收营养，从而很难繁衍生息。这也许便是相互制衡。甚至它们各自对阴影的反应也未暗示两种树有天壤之别。如今，橡树好像只能生长在开阔空旷的地方。但事实上，直到 1910 年左右，橡树还可以在自己的树荫下茁壮成长。（之所以会产生这种变化，大概是因为 1906 年一种美国霉菌的入侵。这种霉菌削弱了橡树幼苗，尤其是生长在湿度很强的树林中的幼苗的生命力。）人们通常认为，山毛榉既提供了树荫，同时又受制于树荫，其幼苗需要冲破遮天蔽日的树冠，才可以生长。我们只能这样总结山毛榉和橡树的关系：山毛榉树高叶密，这一优势可以让其在短期内超越橡树，但因为山毛榉扎根不牢，这种差距终究会被抹平。但在现实中，山毛榉更像是个冒险的演员，它们大面积地存在，但随时有可能轰然倒下。

然而，树木却打破了人类给它们下的所有结论。山毛榉能在飓风中存活下来，但它们的基因却会让它们显得有些“分裂”。它们对干旱环境很敏感，可如果它们的根部浸在水中，它们可能也活不成，可你又偏偏能在沼泽地里发现它们。纵使人们再怎么努力，也很难用一些固定的条条框框来限制山毛榉，其难度堪比将一条蛇捋直。

约在九千万年前，包含了橡树和山毛榉的山毛榉科家族从葫芦科植物中分离出来。之后，山毛榉又从橡树中分离出来。当时，山毛榉只有十个品种——亚洲有七种，中北美地区有两种，欧洲有一种。生长在欧洲的品种叫欧洲山毛榉，现已广泛种植。在欧洲大陆的东部，这类山毛榉比橡树更普遍，占主导地位。这种野生树木的种植范围从瑞典南部一直延续到土耳其北部。那些树干裹着苔藓的古山毛榉，可在大西洋湿润气候的比利牛斯山麓上生存，而那些变白的截了梢的山毛榉则可在干热的希腊山区上存活。野生的山毛榉树林绵延无边，它们从欧洲中部开始，越过诺曼底、阿尔卑斯山脉以及德国的中心地带，直到亚平宁山脉。在捷克共和国和斯洛伐克的牧草地，山毛榉与银枞一起生长。在英国的白垩丘陵带，深色的紫杉和银色的白面子树也与山毛榉相伴相生。在地中海中心地带的科西嘉岛上，有一片土生土长的山毛榉。如果你从炎热的沿海地带开始攀爬行进，走过迷迭香和岩蔷薇，穿过每年落叶的橡树带，越过银杉林，你将来到另一片阔叶林带，那里有漫山遍野的山毛榉。它们生长在海拔1500米高的雪线边缘。有一年早春，我走进这片树林，那时山毛榉还未吐新芽。这些山毛榉是欧洲山毛榉的缩影，它们色泽较浅，风度翩翩，高耸入云，给人一种脱离尘世之感。即使没有树叶，这些山毛榉也能遮天蔽日，其落叶散落在番红花和仙客来丛中。在平地上和瀑布边，有一些被砍伐的巨大的山毛榉，这证明，即使在这些偏远地区，人们也一直辛勤劳作至今。

在干旱的地中海低地以及寒冷的北欧山脉中并没有野生的、自发生长的山毛榉林。人工种植的山毛榉能在这些地方生存，但受干旱或霜冻影响，它们可能无法成功繁衍。山毛榉对气候很敏感，这制约了所有的山毛榉的生长，使得它们的枯荣常在一线之间。

多亏了山毛榉的根部，这场冒险才得以持续许久。经过进化，它们能适应贫瘠的土地，根系的次级毛细根系伸入土壤吸收营养，从而支撑着山毛榉的生长。根系汲取土壤最上层的营养，这导致周边的其他树木无法生存。在很多地方，山毛榉的根系仅仅深入到土壤的0.3米到0.6米处，在深层土壤，至多可达1.2米。干旱时期，它们的根系向上生长，裸露在地表，以便第一时间得到雨水的滋润。当然，持续高温会让土壤的顶层变干，山毛榉会因此而脱水。外围的树枝会枯萎，不够粗壮的树枝可能会死掉。根部周围的贫瘠土壤会变成沙尘和干土。山毛榉的根部能够尽可能汲取水分，如同建筑一般精致，此时它们就像暴风雨中的蜘蛛网一样不再奏效，也很难将整棵树稳稳地固定在地面上。

山毛榉的根部形态既决定了山毛榉的生长地带，又决定了其生长方式。山毛榉需要生长在树林的开阔地带，或者边缘地带，这样它们的根系可以向四面八方伸展，也方便它们舒枝展叶。若生长在空间和阳光不足的密集树林里，其树干朝上迅猛生长，根系却无法向两侧扩张，无法汲取更多营养。在狭小拥挤的人工林，山毛榉甚至会面临生存威胁。由于人工林的出现，山毛榉的生存范围已远远超出其原本的“舒适”区（例如，它们已经延伸到了苏格兰北部），只是在如此的高密度的生长区域内，山毛榉特别容易受恶劣天气影响。

山毛榉的整棵树都靠主干支撑，在其根系和主干相接处，会长出向外展开的板状根。长在低处的长树枝让山毛榉能够降低重心。若周围的树木浓荫蔽日，在山毛榉接触到阳光时，这些低处的树枝会早早地从树上脱落。在树林里，山毛榉可以长到 40 米高，前 20 米可能不会长旁枝，这就是所谓的“乔林”山毛榉的自然形态。在开阔地带，因为空间足够大，山毛榉的旁枝会更低。华兹华斯曾这样描述萨默塞特郡的山毛榉：“如菩提树般，挥动双臂击向大地，然后向上伸展。双臂弯曲再弯曲，像匍匐前行的蛇，有着蜿蜒的体态。”山毛榉有很强的适应能力，能充分利用生长空间，在其生长环境遭到破坏时也能做出适时调整。比如，因为橡树长得棱角分明，其伸出的旁枝在弯折处会有一些突起，此时旁边的山毛榉会据此调整自己枝干的生长方向。山毛榉树枝会弯曲向上生长，嫩枝形同花洒。树上的疤痕被打磨得很光滑，仿若陶艺家手里的黏土。我见过一些长得像巨大的烛台一样的山毛榉，在与周围树木的生存竞争中，它们外围的树枝直冲云霄。我也见过盆景山毛榉，树龄百年，可树高不到一米，它是被人从峭壁的缝隙中采来的。我确信，在东欧的岩溶平原的某处，有种卧式山毛榉寄身于阴暗潮湿的岩缝中，就像在英格兰北部，有许多尘土积在水泥路面上。

在山毛榉树冠的顶部，新芽会在原有的叶片舒展开后在来年五月长出；八月前，这些新芽就长满了树梢。它们在四月末五月初孕育，然后以飞快的速度让山毛榉改头换面，让树上满布翠色欲滴的青枝嫩叶。我曾认为，这些苞芽轻而易举便能长开，几小时内便可彻底成形。如今，我更加仔细地观察过它们，我在细枝上面绑上带子，这样方便辨认每一片叶子。在某种意义上讲，山毛榉的树叶确实会长开。这并非有机生长，因为没有细胞分裂。这些蓬勃生长的新芽吸收了水分，变得鼓鼓的。

两天后它们就会膨胀，挣脱棕色的外皮，直到完全抽枝展叶。与蜻蜓孵化相比，这一过程的时间要更长，不过这两者的生长模式存在某些相似之处。在新芽期，它们收缩的样子都像一面旗帜，展开后又似扇叶，折痕跟叶脉平行。新芽舒展时，叶面沐浴着阳光，就像晾干的翅膀，形成一条条八字形的嫩枝。每片叶子上还有软毛，像睫毛，又像新生婴儿的汗毛，会在叶子的边缘继续存留一段时间。每片叶子以及每束叶子的形态重现了整棵树的形状。

不足 40 年树龄的山毛榉不会开花结果——如果树林密度过大，林荫蔽天，它们可能要等到树龄满 80 年才开花。山毛榉的花朵微绿，不显眼。雄花是带茎的穗，雌花则成簇状。山毛榉在五月开花，那时它们已枝繁叶茂。它们依托风力传授花粉，夏末时分会结出带刺、有壳的三角形小坚果，即山毛榉果。然而，山毛榉在这一关键时期也很脆弱。花朵极易受冷空气影响。若前一年夏天的光照不充分，山毛榉就压根不会长出新芽来。春季 1.5 级的霜冻就能冻死这些新芽。就算逃过此劫，花芽结出的果实也不尽人意，每隔 3 到 6 年，山毛榉才有个丰收季。（尽管有这段时间，山毛榉已足以完成再生。）1934 年至 1944 年期间，英格兰的山毛榉都歉收。种子要么丰收，要么就歉收，这也许是山毛榉采取的一种策略，以确保其下一代能够存活下去。相比那些以收成稳定的小型树种为食的动物，以山毛榉果实和新芽为食的动物，其数量更可能出现骤减。

山毛榉果实收成好的年份，遍地都是它的幼苗。如果这些幼苗能够生存并长成大树，长成一片生机盎然的树林，那么它们一定会形成一个部落。长在它周边的其他树木将愈发难以生存。山毛榉的树枝纷乱交错，遮蔽了阳光，除苔藓以外，地面上其他植被深受其负面影响，甚至新生的山毛榉也不能在那样林荫蔽天的环境里生存。只有当树冠因树龄或天气原因断裂，阳光借机射进来，新苗才能生长。但是，成功繁衍下来的山毛榉依旧十分神秘。这种弱小又坚实的山毛榉果实，在得不到风力帮助的情况下，是如何在林中生根发芽的呢？新生的山毛榉是如何借助足够的树荫让自身根系潮湿温润，同时抑制周围竞争者的生长，却依旧能获取充足的阳光来生长呢？

你若去观察山毛榉的种种微妙之处，便会觉得，它们作为物种生存下来一定是奇迹。山毛榉本该成为自然进化过程中的牺牲品，或者生长在温暖潮湿的神秘土地上。它们本该有着跟亚特兰蒂斯①一样的命运才对呀。几乎同样令人惊讶的是，山毛榉并没有威胁到邻树的生存，它们没有进化成超级生物，其树荫并没有威胁到其他树种的生长空间，也没有霸占生长所需的

---

① 亚特兰蒂斯（Atlantis），又译阿特兰蒂斯，位于欧洲到直布罗陀海峡附近的大西洋之岛，传说中拥有高度文明的古老大陆，于公元前一万年被史前大洪水毁灭。最早的描述见古希腊哲学家柏拉图的著作《对话录》。

顶层空间。在一些地方，它们的确至少暂时会威胁到其他树种；在人们看来，它们好似巨大的灰色建筑，时而使人感到畏惧，时而让人觉得单调。就这点而言，山毛榉实在是一副生态霸主的模样。它似乎违反了如下生态规律：其一，树木的生长会丰富生态环境；其二，它能为其他物种提供一席之地；其三，它能够促进生物多样性发展。在有其他树种的林地里种植山毛榉，将改变树林的格局，这种能耐是其他树木无法企及的。山毛榉可能导致森林的荒漠化，它可以将森林变成仅供树叶、树干和土地存在的场所。这里林中无鸟，地面无虫，地面零星地散落着几个物种，例如耐阴的原野风铃草和车叶草，以及可以在浓荫蔽日的地方生长的兰花。不过，这种凄惨的景象只是我们这些地面动物的浅薄之见。山毛榉有它们自身的神秘生活，它们生活的时空状况都是人类未曾探索的。尤其是在古代，山毛榉可以成为与众不同、适应性强而又质朴的生存者。在树梢枯死前，一棵未被砍掉的山毛榉可以存活大约200到250年，截过梢的山毛榉存活时间则可以翻一番。不管哪种存活形式，衰老的山毛榉都可能是树干内部先死，然后树枝，甚至整个的树冠都可能凋落。疤痕组织会出现在坏死的一端和树洞的周围。腐洞出现后，其他树种的幼苗可能根植于此。窟窟眼眼的树洞是昆虫的天下，也是地衣、蕨类和真菌类的生活场所。这种代谢是合乎自然的，它并不是一种恶性衰落的象征，而是树木延续生命的方式。

山毛榉并不受其日渐增长的树龄的制约，但它在极端天气面前异常脆弱，这一点会使其受到制约。在那种窘况下，山毛榉的生存状况愈加糟糕。山毛榉对干旱和暴风雨很敏感，使它们可能成为全球变暖的受害者。人们普遍认为英国的气候变化无常，这也会牵连到山毛榉的未来。根据“低温”模型的预测，21 世纪 20 年代，冬天的平均气温将增加 0. 5 度，到 21 世纪 50 年代则会增加 0. 9 度。而“高温”模型则预测，在 21 世纪 20 年代，冬天的平均温度将增加 1. 4 度，到 21 世纪 50 年代则增加 2. 3 度。到 2050 年，在夏季出现旱灾——年降雨量不及长期以来的平均值的一半——的年数将增加十倍，如今的概率为每百年出现一次。破坏性大风也会出现得更为频繁。

每隔十年发生一次严重干旱，这几乎不会带来长期的压力。可是，干燥区域——例如东英吉利亚、肯特郡、汉普郡南部以及瓦伊河谷——的山毛榉数量很有可能因此慢慢减少。林业员已经注意到，“山毛榉的状况”出现了恶化，这让他们有些不祥的预感。在最近的干热夏季过后的几年里，英格兰南部的树木出现了一系列相关症状。它们的顶端变瘦，“树冠密度”减少了四分之一。细枝枯萎、树叶脱落，因此树冠上树叶很少，看起来“光秃秃”的，正是因为我们肉眼能观察到这些变化，我们才会做出上述判断。由于水分缺失，树叶变小、叶边卷曲，树叶可能会因此失去原有的色彩，过早地凋落。面对干旱的威胁，山毛榉可能更容易染上真菌病，更容易遭遇昆虫或啃食树皮的松鼠的侵害。在极端情况下，它们会死去，就像在 1976 年和 1994 年的干旱夏季所发生的那样。在奇尔特恩地区，有一大片茂密的山毛榉林。林业员曾预测，生长在白垩土上的山毛榉将会在 20 世纪末消亡，结果却并非如此。这些山毛榉尽管没有长成商业种植者所青睐的那种浮夸模样，却依旧枝繁叶茂。山毛榉会因为干旱而枯萎，但仍能持续生长。

在未来的日子里，山毛榉会因干旱而面临种种问题，但这利弊兼有，上升的温度也会给它带来一些益处。冰河时期以后，野生山毛榉树扎根在英国。可事与愿违，它们没能扎根在诸如康沃尔这样的地方。理论上讲，若能在这些地方生根发芽，山毛榉的长势会更好。杀死花朵的霜冻出现的次数将会减少，这意味着山毛榉的果实产量将会上升，它也有机会拓展其生长区域，也有机会在高海拔地区生长。

我们在设想山毛榉可能拥有的未来时总是非常悲观，总是把它们看成脆弱的孩子，或是树形的宠物，有时候，我们还会把它们看成为人类承担错误的替罪羊。人们常常将短期的天气或疾病问题夸大为即将来临的大灾难，造成“树木恐慌症”。在 20 世纪 80 年代，人们普遍认为“鹿头”现象（需要节约水源时，树木会采取这种经济策略）是“英格兰橡树之末日”的前兆。后来人们发现这种看法明显不对，便将注意力转移到了橡树上面的“瘤状虫瘿”，导致橡子畸形且无法长成橡树，看起来很像起皱的中世纪的帽子。虫瘿乃大陆黄蜂的幼虫侵害所致，这类幼虫可能会长期破坏橡树的繁衍能力。20 年后，这种黄蜂依旧存在，仍旧会在少数橡树上产下虫瘿，但是这并没有影响那些可孕育橡子的橡树。之后的百年里，新的担忧又出现了，即“橡树猝死病”，到目前为止，这种病仅对少数的与橡树无关的园林灌木产生了影响。

当然，树木所患的疾病会造成大灾难，尤其是外来生物带来的疾病，因为本地物种没有进化到拥有防御此类疾病的机能。在 20 世纪，一种来自日本、会导致溃疡病的真菌给美国的甜栗树带来了毁灭性打击。化石证据表明，荷兰榆树病在史前已出现在英国；当一种新型有毒菌株出现在从加拿大进口的木材中时，荷兰榆树病几乎毁掉了英国的榆树，大部分小叶榆树被摧残成灌木。一些报纸的头条新闻谈到了七叶树遭遇的新威胁，媒体将其称为“三重打击”——干旱、茎秆溃疡以及欧洲七叶树潜叶虫的攻击。“七叶树果颗粒无收的秋季”闹得人心惶惶，学校为此更加严厉地实施有关健康和安全的禁令。自 20 世纪 60 年代起，真菌便开始入侵七叶树，自此，这种树便走向了消亡。更多的七叶树则过早被人们砍掉，因为他们认为这种树很危险。山毛榉也历尽种种灾难，例如蚜虫病和软腐病——这些疾病在干旱的夏季后会愈加严重。

奥利弗·拉克姆[1]讲了一个警世故事，一则关于希腊西北部品都斯山脉的古山毛榉的故事。该山脉远离工业中心，非常偏僻。可是，在20世纪80年代，那里的山毛榉饱受另一种常见灾害——树木因酸雨而亡——之苦。它们的症状较为常见：从树的顶部开始出现枯梢，叶子变黄，树叶过早脱落。尽管这样，当时有很多活了300多年的巨树。这些巨树被茂密的苔藓覆盖，此乃空气未被污染的迹象。它们的年轮很狭窄，这表明，数世纪以来，它们都处于一种萎缩状态。它们之所以能活下来，是因为它们的活力下降了。

关注所有树种乃明智之举，在环境快速变化的时代尤其如此。但是，自然衰老、与寄生虫相伴相生、缩减生存成本，这些都不是“疾病”，而是树木与环境在很久以前达成的协议。相反，我们更担心的，是那些看起来完全“健康”，不受虫害困扰，不被真菌病侵袭的树木。它们的生存环境充满了有毒物质，这又说明了什么？

我们对树木脆弱性的很多担忧都被夸大了，因为我们往往

---

① 奥列弗·拉克姆（Oliver Rackham，1939—2015）：英国剑桥大学学者，主要研究生物以及英国乡村管理与发展。代表作有《古老的森林》（1980）、《乡村历史》（1986）。

把它们看成是人造之物，有时甚至是人类本身。我们像担心人一样担心树木，仿佛树木和人类一样，能感知疾病、衰老和死亡，但事实并非如此。疾病只是一件不太要紧的烦心事，它不会被治愈，无法让树木就范，与其他生命体隔离开来。成熟期和衰老期是树木生命中漫长的一段时间，在此期间，树木变得更坚韧，更高产。山毛榉能充满活力地生长数百年，这被称为“过熟”状态。

此外，我们将“依托农业与园艺来生长”这一概念与野生树木结合了起来。我们担心，如果“土壤不够肥沃”，会影响它们的生长。确实，树木的生长需要从土壤中汲取矿质营养，但不应该全是那种深厚肥沃的腐殖质，这儿的土壤也不是我们自认为的“土壤”，能让植物完全浸泡在硝酸盐和磷酸盐之中。这样肥沃的土壤在野生环境中不常见，在植物残体堆叠的河流冲积平原以及山谷底部才会有。经过演化，树木能充分利用贫瘠土壤。在这样的土壤中，它们的树干虽然长得慢，却长得非常结实，还能够储存营养成分；比起那些长势更快的低矮植物，它们的生命力要更强。在雨林区，树木在非常小块的土地之上就可以繁茂生长，它们吸收的所有营养都会在体内充分循环利用。在地中海地区，纯石灰岩地带的山毛榉长势不快不慢，但寿命很长。若是目前所扎根的土壤里再多一点矿物营养，大多数树木比在野外的常见环境中会长得更好。可它们很难适应营养丰富、充满腐殖质的耕地。过度肥沃的土壤偶尔会毒害地下的真菌和细菌系统，而大部分山毛榉的根系会跟这些真菌和细菌交织在一起，这终将置山毛榉于死地。

20 世纪 30 年代的乡村作家 H. J. 马辛厄姆熟谙山毛榉。在他的职业生涯中，他常陷于矛盾中。他是土壤协会的联合创始人，倡导回归土地生活。他坚信，土地是人类和自然之间所有合理关系的基础。“有一种与宇宙秩序类似的音乐，它通过土地渗透于人类生活……人若是失去与土地的有机过程的联系，便会渐渐污染自己生存所需的资源。”马辛厄姆在奇尔特恩地区生活过一段时间，并写下了一些描绘截过梢的古山毛榉的充满激情的文字。

> 为了维持缓慢、沉闷、原始的生命，山毛榉将其矮小、巨大的木质躯干扭曲成蛇形，或如大象那般笨拙的形状……它们把巨大的根系扎进土壤，紧紧抓住土壤，像蟒蛇一样缠绕着树桩，又像扎在土壤里的猛犸象。这就像郊区游乐场！这些树木最好的友伴便是巨大的蜥蜴，它们带有鳞片的侧腹会在树上蹭来蹭去。

“郊区游乐场”指的便是伯纳姆山毛榉，它们生长在距离伦敦 20 英里的西部，是这儿比较常见的高大林木。乔治 · 奥威尔的作品《让叶兰继续飘扬》中的主人公曾短暂逃离此地。马辛厄姆关于伯纳姆山毛榉和土壤之间关系的描述一点也不含糊：他把山毛榉看作爪子、钉子、卷须。这样描写植物和土地的关系，与他之前大部分作品中所表现的不同。在其作品集《英格兰和农民》（1941）里有一幅生动的主题插图，图中画着一位不知姓甚名谁的农民（只有在这里，他才以人的形式存在），他一手抓着碎土，双脚种在土地里，臂膀上的静脉扩张得很厉害。土壤变成鲜血，而鲜血——这幅插图名为“英国土地”——则变为国家。

山毛榉很好地诠释了这些概念，也解释了有时与其同时存在、令人感到担忧的道德与政治观点。山毛榉常出没于无法耕种的白垩山，有着酸性土壤的边缘地带，以及狂风肆虐的高山，而农民对这些地方都不感兴趣。与其说山毛榉依赖土地而生，不如说它更依赖阳光和水源。如果非得给它一个固定的文化形象，最好是把它们塑造成气生植物、目光朝上的幻想之树，且任由环境摆布。

第二章　心中之林

理想树木——“纯自然的”山毛榉的探寻之旅。这趟旅程是怎样影响我们对原始山毛榉林的认知的？山毛榉又是怎样来到这个国家的？

1

1787年，卫理公会的创始人、魅力非凡的传教士约翰·卫斯理试图以山毛榉为原型来建构一种立体的布道方式，想以这种生物模型来阐明他的世界观。我觉得，他有此举动，并非将山毛榉幻想成知识之树，而是因为山毛榉韧性十足，可作为和解之树。卫斯理带着任务，前往北爱尔兰利斯本的工业废地，住在沃尔芬登一个朋友家，这儿靠近兰姆博格。这片区域并非山毛榉的自然分布区，不过公园里却长着山毛榉幼苗，卫斯理用两条嫩枝环在一起，戴在头上，以此表明他渴望新教徒和英国国教团结起来。对于一个狂热的基督徒来说，这就像交感巫术：捻接树枝，结合信仰。

但山毛榉有自己的树性。卫斯理编织的这两条嫩枝起初和谐地交织在一起，相互缠绕契合，但之后会崩离，两根嫩枝会朝相反的方向崩开。教派的形成也会跟这两条嫩枝一样，共存的同时也会有纷争，甚至还会有古怪专横之派。两个世纪以来，卫斯理的山毛榉不仅是一则简单的寓言故事：它们携手扎根野外，这种共生的创举让人感动，且值得赞赏。两个世纪来，这地方已是欣欣向荣的山毛榉林。山毛榉树干的上段和下段就像脱节分离了一样，连接交汇处长出两根新枝，这是再生的山毛榉。卫斯理以山毛榉为载体来布道已成为一种创世神话，可谓剑走偏锋。

人类与树木关系的历史可视为一场辩论。人类觉得树木应该适应人类，树木却遵循自我生长的复杂规律。若我们愿意，我们可以立即取得这场辩论的胜利——而且我们的确屡次获胜。但是，就算是技术娴熟的林业员，他们也不愿将自己的成功视为对树木取得的胜利。树木代表、见证并提醒着我们的生物学地位，也是天然原材料。因此，就隐喻而言，我们更想表达的是提升与管理，而非统治。我们“管理”树木和林地，希望树木能欣欣向荣。我们拯救它们于“衰老”之境遇。18 世纪到 19 世纪之间，园艺师和庄园主对“理想”树木的界定达成共识——高大整齐、木直叶茂、发育良好、与环境相辉映、精心修剪过、能产出良材，还能满足时代对美感的要求。对“理想”树木的培植极好地呈现了一种理念——直到“理想”树木满足人类艺术和工业发展需求后，它们的自然价值才会耗尽。有些伐木工仍用“处女”来形容那些未被砍掉的树木：它们尚未遭人“玷污”，但一旦如此，其价值可能会得到提升。

有人坚信，树木要完成自身的使命，必须要有人类的干预。这导致一种古怪且难以控制的结果，产生了一种现代神话：树木之所以生长，仅仅是因为人类有意种植。树木被砍伐后，它们存活的唯一办法就是重新栽种。若我向某人展示一棵古树或一片远古森林，我总被人问道：这棵/些树是何时种植的？树木自身有良好的繁衍系统，这样的观念看起来已经被淘汰了。

与之相反的，则是探寻“自然”树木、“处女”树木，某种未被人类破坏的世外桃源。在这片林子里，自然万物按其天性发展。在人类历史中，原始森林——野生树林——总是一个矛盾角色。它既是混乱、无法无天的领域，又是自由、纯洁的象征。人类对它既充满憎恶，又有怀旧之情。有个非常动人的神话：在古老的欧洲，遍地都是参天巨树，林木葱茏，绿叶扶疏，其中橡树占了大部分，树冠干云蔽日，一直延伸覆盖到所有干燥的地方。这些树木从未凋零，从未枯槁，也不必在意小树苗难看的样子。它们就这样扎根于此地，完全成形，由古至今。

当今，发展自然林地的想法似乎既紧迫，又争议不断。这既是伦理上的需要，也是科学上的需要，还是浪漫爱情的需要，也有可能解决一系列的环境问题。这个想法完全与定义相悖。这种自然林到底是从前消失的原始林呢，还是重新再造的树林呢？或者说，树木的生长从未被人类干涉过，还是树木逃离了人类的干涉？这个定义是否是人类判断“非自然”林木的另一个标准？如果“自然性”——不管其定义如何——是一种理想品质，那么其是如何阐述人类在生态系统中的角色的呢？在这场辩论中，山毛榉是主要辩手。无人确定山毛榉的适合——自然——归属所在。鉴于山毛榉极易受气候变化的影响，采取非自然性的手段来拯救它们看来也势在必行。山毛榉在外形上具有可塑性，这意味着，很难将粗犷的，受人摆布的，遭砍伐的山毛榉和经历了一场风暴的古山毛榉区分开来。

卡米耶·柯罗的油画作品《枫丹白露森林》（1834 年）可能是描绘自然山毛榉最具说服力的尝试。这幅画描述了仲夏里的树林，生命仿佛停止在了原始的静谧中。枫丹白露坐落在巴黎的郊区，画中的情景俨然是遥远荒野的源头。画中的山毛榉向上舒展，远离底角处那片荫蔽的林中空地。山毛榉看上去温和静谧，但是创作时，柯罗并没有遵循向古典主义以及 18 世纪风景画的创作方式。画中的山毛榉树真实可信。枝干挺秀，枝叶繁茂，树身微斜，蓬勃向上，树根从岩石的裂缝中蜿蜒盘旋而出。这些山毛榉就是典型的自然之树，一种未被人类双手触碰的树木。在山毛榉树林中间，油画的底部，有一低谷，流淌着潺潺溪水，一直延伸到油画的深处，在远景处弯曲，溪流中有两块巨大的砂石，这种砂石是枫丹白露市的特色——虽然不知溪水流向何处。画中没有传统上的中心焦点，没有教堂，没有大房子，没有勤劳的农夫，也没有高贵人物。这里只有“远离”城市的乡村，鲜明又朦胧。

油画的左下角有一个长着一头乌黑秀发、心情愉悦的女子。她赤脚，身穿开领的衣衫，赤褐色的吉卜赛裙衫，俯卧在花丛间。在油画的目录中，她被描述成一位“农民”。画中的她沉浸在书本里，聚精会神。到 19 世纪 30 年代时，枫丹白露已成为巴黎艺术家和放荡不羁者热门的常居静养之地。柯罗可能也想把画中女子塑造成这类人，她虽是局外人，但在这巨大斑驳的林围，她却非常放松：文化与自然相处时，一点也不拘俗。这幅画诠释了完美的平衡：光影不断变化，主人公非但没有占据场景，反而被场景容纳了进去。这幅画表明，人类可能成为自然界的公民，而不是其压迫者。

柯罗创作这幅画时置换了时间，把一位现代女性安放在原始森林里——永恒的原始森林。作者熟知，数千年来，人们在枫丹白露生活和劳作，但他却没有在油画里表现这一点。因为人类和树木各有其时序，而神秘的传说也渊源于此。如果树林和人类拥有相同的寿命，那么我们便会失去有关它们起源和宿命的许多故事。一片林子在同一个地区存在数千年，一直在那，一直变化，我们这些凡夫俗子很难理解这个道理。

树木不仅比我们长寿，它们生命的每一阶段都有它们自己的节奏，而这并不为人类熟知。大多数树木在幼苗时期便夭折了，但是一些成年的树木，比如阔叶林，它们被砍后仍旧不会死，时机成熟时还会再抽新芽，枯木再发荣，并随时间而越长越茁壮。人类植树，是为了尽量延长树木的生命，扩大其影响。从种植，移植树木，到树木成熟，这中间要经历整整几代人，经历一代代的文化态度。林务员对树木的选择与时代的变迁和加工制造无关，即便是贵族的纪念林也可能会因为其家族消亡而成为杂乱无序的灌木丛，因为政治目标遭到了放弃。一棵古老的山毛榉的一生也许能见证一些文明完整的兴衰过程。

树木随时间越长越茂盛。它们身上承载着过往的记忆。因侵蚀而留在树干上的各种痕迹，树木的纹理，这都是记忆。与其他有机生物不一样，树木是一种日积月累的记忆库。即使树心有一部分可能已经死亡，细胞像骨头或皮肤一样不再持续更新，但是一棵存活了 400 年的树木的树干会包含每一年的植物组织。其经历深深地印在这些组织里。树干所增加的每一个年轮都记录了树木的生态环境；其经历的干旱、风暴、虫咬，都会通过年轮的宽度与纹理显示出来。

科林·塔奇在《树的秘密生活》① 中，把树木想象成是四种元素的组合体，将空气、水、土地和火（太阳的热量和光）变为实实在在的组织。因为这种魔力，中国人把木归为五行中的第五行。树木确实有第五元素：时间。时间不仅与过程有关，也是一种固定物质。木材和树木都包含了第五元素。它们随着时间的流逝而变化，也让时间定格。我们难以应对这个悖论，长久以来，我们都把自然想象为抵抗变化的堡垒，将自然视作“不受时间影响”。

树木的形象随时间变化。每一个时代都有其理想的山毛榉，人类视其为不可改变的原型：无与伦比的薪材来源，象征着智慧的圆形支柱，木质的大教堂……佛罗伦萨一位富有想象力的植物画家雅克布·利格齐，曾经画过一幅破土开花的当归属植物，形若阳伞，又似星光点点的地图。他也是首个用画笔准确表现山毛榉的人。1607 年，他在皮埃蒙特的方济各静修院工作，

① 《树的秘密生活》是一本主要与树木科学相关的书，作者运用现代科学的手段，告诉读者与树木相关的知识。书中的内容包含树木怎样诞生、树木的种类、生长分布及其成因；它们在自然界中如何生存，与周围的生物如何竞争与合作。

在那儿他完成了这幅画。整幅画他只用一种意象便把山毛榉发育的可能性和象征意义表现出来了。拉维纳山的麦当娜山毛榉是一种单干树木，比其他原始森林中的山毛榉要壮实宽大。其底部拱形的树洞看起来像教会的静修所，或基督式的坟墓。它蓬勃向上，形似老旧的十字架，圣母与圣子依偎在曲木之中，如同正在栖息的鸽子。四百年后，一位树木鉴赏老行家休·约翰逊描写了鲁昂附近耸入云天的山毛榉（它们的形状主要通过法式林业技术修剪而成）：“人们不禁想到，伟大的诺尔曼教堂的灵感源自这挺拔高大的树木祖先。”我们心目中树木的自然形态和我们强行修剪出来的树木形态互相映照，渐行渐远。

2

年轻的苏格兰艺术家西德尼·帕金森乘坐约瑟夫·班克斯的奋进号看到了澳大利亚的林地——这是他看过的最原始的森林——他只能以英国人的角度去理解这片森林：“这个国家看起来舒适惬意，土地肥沃；没有灌木丛干扰的树木，看起来像是一位绅士的花园中的人工林一样。”

我的自然之林，我的原始之林，我的启蒙之林也是在一位绅士那里找到的。其主人是格雷厄姆·格林的叔叔查尔斯。我家的房子建于20世纪30年代，刚好建在他的领地里。格林家的住所是一栋格鲁吉尼亚式的豪宅，在伯克姆斯特德主街的东部。这时的格雷厄姆·格林尚未成为小说家，但已是个幻想家，他常常造访这座宅子，在豪宅的屋顶上有一处秘密基地，在那儿他傲然俯视下面的草地和林地："我常和表兄图特坐在这里，一起品尝用每周零花钱买来的甜品……讨论我们可能拥有的未来——畅想着成为海军军校学生，或南极探险家——这两个梦想都未实现。我们身处隐秘之处，非常安全，形同上帝，看着那些没有发现我们的人们在院子里和马厩中忙碌着。"

三十年后，附近的穷孩子也将加入这群人，我们都有过相似的梦想。20 世纪 20 年代房地产市场崩溃，这座宅子和它所属的土地都被卖了。但是有一块相当大的土地——包括靠近这所大房子的景观区——在 20 世纪 60 年代末之前都处于未开发的状态。这片土地便成为我们的魔术毯，成了我们接近自然的大门。我们并不关心这片土地的由来，让我们高兴的是，它没有被大人们控制，为我们这群孩子所有。我们把它称为"欢乐场"，仿佛地球上只有这一处这样的土地；它成了我们儿时共同的记忆，是一块野生的世外桃源，在这里人人平等。网球场变成了块块田埂。宅子的遗址还留有手工制造的砖、大理石水槽、橡木主梁残料，以及一些文明生活的陪葬品，这些"遗物"堆成两大堆，像石器时代的古坟。园里的树木，原本是美好愿望的象征，现在却成了枯枝残叶，杂乱无章，跟以前的形象大相径庭。时过四十年，我依然清楚地记得园里每一棵树的样子：有棵俊秀挺拔的甜栗树，当时被大风刮倒，是我们将其扶正；酷暑天悬铃木是我们的遮阳伞；白桦树皮是引柴；第一声布谷鸟叫声从山丘的白桦树丛中传来；还有矮壮结实的圣栎树；有一棵紫叶山毛榉（普通的山毛榉树并不多）；我们曾摘下一棵胡桃树的果实，兜售给返乡的上班族。

但是那张带有注释与索引的私人地图在花园重建前一直印在我的脑海，如同一本野外指南，充满了成年人的观点。重回20世纪50年代，我甚至怀疑自己是否叫得出一半树的名字，更别说去了解它们在风景中是什么模样。我打心眼里觉得它们就是藏匿之地、露营之地、鸟类栖息地、薪柴来源地。从这一视角来看，山毛榉并未得到重视。它们树皮平滑，不能攀爬，确实是一种有景观价值的树，适合成人。我们用来做图腾的是黎巴嫩大雪松，它们分散在花园边缘，像是后冰川时代森林的残遗。雪松林是我们的罗经点，我们所居住的地方叫雪松之路！雪松林给人一种古代纪念碑的感觉，但并不让人觉得遥远。我们像狐猴一样爬上了这些树。

身处雪松树距离地面两层楼的高处，就像身处一处废弃谷仓的阁楼。巨大的侧枝顺着枝尖的方向横向长出，铺开了松软的一层，像是错综复杂的空中走道，如蜘蛛网一般，密密麻麻、生长了数十年之久的针型叶子覆盖其上。我们在这里待了一整个下午，以不同的姿势坐在它们的枝干上，畅谈闲聊，无牵无挂，看着这片树林，幻想着原始生活。然后我们回家喝茶。

我十八九岁时，有天清晨——那时，我早过惯了不去雪松树林的生活——一阵陌生的哀鸣将我惊醒，声音是从花园方向传来的。我从窗户向外看，发现有棵雪松树消失了，在所有人知晓之前被砍掉了。又过了几年，又一阵哀号在黎明之际传来，当地规划官员将公园边缘上的雪松树砍掉了，这是第二棵。他们砍伐的理由是，这些树木很危险，且给人带来不便。时下，只要地产商突发奇想，这些古老的树木就难逃其难。这些人在黎明突袭，在大部分人睡醒之前就将砍伐计划实施了，为的是尽量避免惹起众怒。其实，这种行为本身就是承认人类对树木的矛盾态度。数十年来，在睡梦中响起的伐木机锯链声仍让我一阵痉挛。

*

我们对树的个人情感是否在某种程度上反映了我们对它们的文化态度？万物有灵论、相互依存的状态正让位于人类的管理和评估吗？狩猎采集时代正发展为林地地产开发时代吗？我们是否在不同时代里重塑了树木的形象？如果是，我们何时开始拥有这样的历史意识，去探寻它们的起源问题？

我摒弃了青少年时期对大自然隐秘的狂想，这不仅意味着我的视野开阔了，也意味着我对树木有了新的认识。我再看这些树木，发现它们承载了大量的象征意义，如里程碑、幸运符、年鉴书等。我在自家附近那小片树林中散步时，总是严于律己，坚决不踩踏连接铺路石的林木。我喜欢近距离接触道路右侧的黑刺李篱笆墙。凝视着那片废墟，棕柳莺在那里歌唱，角落处还有株哨兵山毛榉。在土耳其橡树下我掏出初恋写给我的信，当时我们的交往受阻。就在此地，我当时正打破自己的界限，用感官去划定自己的领地，并承认——因为有人安慰我，即使在那段焦躁不安的青春期，生活还是要继续——我曾在当天或当年点头承认的那些事。威廉·哈兹里特在散步中坦言："驰目远眺，行而又止，转身顾盼，欲遁入幽径僻路，裹足不前，但恐记忆。"

山毛榉于我而言仍然是最遥不可及的树木。我在远处凝视过它们，但极少关注它们，也很少思考它们到底是什么。我强迫自己回忆往事，仿佛我正寻找某种我看不太清的东西，在这往事里，其中一片景致里满是山毛榉。我眼中只有浪漫的英格兰，又或许是某种我过分溺爱的幻象。在梦幻状态下，我凝视着这片土地，满眼都是林木苍翠、青枝绿叶。狭窄的山谷蜿蜒向南方，直达奇尔特恩山。在某些冬季，一条浅浅的小溪流穿过山谷，地平线上的树林依稀可见。当地的传说将这条溪水称为灾难之水，既是过去的麻烦，也预示未来的麻烦。而在我看来，它预示了兴奋，暗示了生活里的各种可能性。此等田园景色吸引着我，让我几乎生出一种宗教体验。我不知离山谷半英里处有一团绿色的生物为何物，它有些难以辨认，异于榛树树冠和山楂树丛。它就是一片原始山毛榉，被称为异教徒的树林。若我早就知晓这一点，我怀疑这片山毛榉会让我对这片土地的过往感到好奇。树木也存在于过去，存在于当时。

我吸收了很多成年人对山毛榉的正确认识。老师告诉我们，这种树木是从罗马引进来的，当时被视为有文化、有魅力的树木。我们父母说起山毛榉，都认为它们是“绿色的大教堂”，是森林魅力的缩影。它们优雅地衬托出了更为粗线条，更具男子气概的橡树，不过也许它们更像是女性，而非更具女性特质。多年之后，我读到了保守党记者保罗·约翰逊的一篇文章（也许他在写这篇文章时想到了首相，他非常热心地支持首相的事业），他赞美奎恩托克山区的一棵截梢树——“一棵错综复杂到令人惊叹的皇后山毛榉”——将其视为树中的亚马孙女战士。

> 这棵树是无所顾忌的女巫，是麦克白夫人，比高纳里尔[①]和里根[②]还恶毒。我渴望迪士尼能为它制作动画片，把

---

① 莎士比亚《李尔王》中李尔的大女儿，在父亲“让国”后将其驱逐，并为了国土与情人毒死了妹妹里根，罪行暴露后自杀。

② 莎士比亚《李尔王》中李尔的二女儿，在父亲“让国”后将其驱逐，后因与高纳里尔的情人艾德蒙有染，被姐姐高纳里尔毒死。

它塑造成哥特式话剧中可憎的反面女主角，用它贪得无厌的枝干紧紧抓住牧羊女，白雪公主，或金发姑娘，公然对抗树林中善良的绿色精灵，阻挡它们施救。

比起长辈们对树木无声的敬畏，我更欣赏上述这种描述。事实上，山毛榉仍然披着神秘的面纱，仍然是当地众多木材中的一种。当浪漫的青少年时代远去，我成了最为热情的业余博物学家之一，在山毛榉身上投入越来越多的时间，但是，我探究的不是山毛榉，而是它们周边的生物。当我首次了解文学生态学的先驱吉尔伯特·怀特——《塞耳彭自然史》的作者，我前往他生前所在的汉普郡小村。悠闲地走在空旷的道路上，走在他深爱的山毛榉树林里，我低头看着地上的花朵。我看到地上的嚏根草，正好长在他两百年前所描述的位置上，远处的灌木丛中传来夜莺的歌声。回家后，我的脑海里还浮现出斜坡上的一排排山毛榉，它们离皇后山毛榉很近。在识别毒菌和树叶这方面我越来越熟练：狗蛇头菌有粉红色的尖头，像丑陋又逼真的尖刺；姬凤梨，拱形般长在落叶层之上，犹如肿大的海星；散发出萝卜、茴香、椰子气味的菌类（所谓的“高贵红菇”）。在这里，我第一次看到了山毛榉树丛，瓷真菌，还有典型的山毛榉寄生物。这些寄生物长在主树干上，像是分泌蜡一样，苍白、黏糊糊、半透明。随着年轮扩大，它们开始下垂，就像是萨尔瓦多·达利所作的怪异油画《记忆的永恒》里的钟表一样。有一次，我看见了一棵滚入河流的山毛榉抽的芽，看起来像黏黏的睡莲。可是，在林中，我目之所及，最高处是一些丛生植物，树木依旧是林子里的背景。正如十月份我乐呵呵地在日记中所写的那样："在树林中，你需要尽可能注意你的脚下，就像你在草地中采蘑菇那样。"

从20世纪60年代末起，我开始坚持写自然日记，严格记录天气异常、所见鸟类和花草植物。除了偶尔记录一些老派的浪漫主义者和新式博物学家之间的激情对峙外，日记里没有任何蛛丝马迹透露了我对树木的看法。我第一次参观新森林①时，那里有北欧最为壮观的原始山毛榉，但我所学的知识并没能帮助我理解这片山毛榉。我简短匆忙地记下："这片山毛榉是自发生长在乡村，还是有人故意在如今的通勤居住带里划了一片专门的生长区呢?"我不太确定当时我心里想着的是哪种呆板的景色分类，但至少，我被那些鸟儿吸引了：秃鹰在旅馆上方盘旋而过，低地上的杓鹬在石南属植物中吐着泡，啄木鸟在山毛榉树上不停地敲打。自然界的森林犹如一个舞台，在这里上演的表演就是它蕴含的重大意义。

① 新森林（New Forest）地处英国南部地区，在人口聚集的西南英格兰保留着大量的无围栏牧场，低矮灌木丛和森林。它的名字与新森林国家公园相关。此外，新森林地方行政区是汉普夏郡的下属机构，管理着森林大部分面积和附近一些不再属于国家公园编制内的土地。

我知道，当时我的感觉并不肤浅，也不随意，但是我并不确定我的相关记忆是否准确。我们对自然的态度往往被自己的期待和事后的回忆所束缚。我也很容易将那个更年长的自己的情感投射到当时那个年轻的观鸟者身上。有一则真诚的记录足以让我想起我曾在某个一月时漫步于奇尔特恩山。这则记录的语言十分简洁："身处艾温霍的山毛榉林，远方灰白色的天空吹来一阵微风。数周以来，从未如此漫步，这里的微风和空间犹如吸入剂一样穿过我混沌的头脑。"但我清楚地记得那一天的情景：嘈杂的圣诞节末，短时间内一片惨状，有时会在一月中旬出现某种关于春天的模糊预感。

然而，我的情绪并不适合写自然日记，我情绪激动：世界上没有人能够了解我此刻的心情。山毛榉吞噬了我的情感。它们就像一个垂直的迷宫，变换着诠释"树"的概念。山毛榉有着与其他树不一样的疏朗感。它们不会被侧枝所阻挡，也不会被疯狂生长的灌木所阻碍。你经常可以一望到底，就像深邃的山洞一般。银灰色的树干像石笋样平滑冰冷，光泽穿过半透明的树叶，仿佛阳光的涟漪。有时我会放慢脚步，沉醉其中，山毛榉给了我对风景的最初观感。

山毛榉仿若生长在水中，它们形成的林海，一直是艺术创作的主题。在20世纪20年代，西尔维娅·汤森德·沃纳把冬季山毛榉林描述成“如同海贝壳内部一样黑暗且洪亮”“光秃秃的山毛榉林有规律地振动作响，如同海浪冲击形成的洞穴”。身处山毛榉林时，我会陶醉其中。奇尔特恩山的山毛榉林中最为醒目的栖息生物之一是橄榄色的林柳莺，整个夏日它都会在树冠上高歌。但是现在，这片地区的林柳莺消失了，因为天气变化，它们更改了迁移路线。我在我的第一本自然文学的作品里曾试图描绘其生存状态。

> 五月来天气头一回很温暖，你依然可以透过枝叶相交的空隙看到天空。报春花已经盛开，黑顶莺和园莺在灌木丛中歌唱，从独唱到合唱，其间总会有一只独立的林柳莺，颤音高唱。它站在距离我不到 12 英尺的瘦小的山毛榉幼苗上，即使没有双筒望远镜，我依然可以看到它喉咙的振动，发出每一个音符，唱出清澈的歌曲，沐浴在斑驳的阳光中，就像是半透明绿色山毛榉树新叶中的一部分。

我这个业余爱好者，绝不是第一个将山毛榉林中的林柳莺视为两栖动物的人。第一个区分林柳莺及其姊妹棕柳莺和柳莺的是吉尔伯特·怀特，他在塞尔彭的山毛榉林中聆听这些鸟儿的歌唱，它们“在高高的树林上发出颤颤的声音”。诗人爱德华·托马斯所描写的山毛榉林距离塞尔彭南部仅仅十几英里。

在20世纪初，他写过一首歌，形象地描述扑面而来的林柳莺："犹如在清澈的天空撒下一小波珍珠，闪闪烁烁地散落在珍珠海的岸边。"有一位匿名作家写道："它们散落在树叶中就像点点雨滴。"格雷伯爵认为"柔和的绿色树叶和黄色的鸟儿交织在一起，十分协调，鸟儿们的欢快让片片山毛榉树叶也生机勃勃起来"。英国博物学家W. H. 赫德逊把这些鸟儿看成是山毛榉林中的女神：

> 林柳莺的歌声就是夏天里山毛榉的声音，它是高耸挺拔的山毛榉的青枝嫩叶发出的声音，半透明的叶子在开阔的空间里泛着盈盈的绿色，辉映着阳光，光影斑驳，交织汇聚。鸟儿啼叫声回响荡漾，但这并不会惊吓到你，相反倒像是树叶中弥漫的风声……鸟儿的歌声带着光影交织的感觉，像风一样升起、消失，适时而变，像风吹树叶一样颤动。

我们似乎没有想去探索它们歌声里的意义，因为那仅仅是鸟鸣。林柳莺不仅仅是居住在"高高林木树冠上"的生物，它们也会把巢穴筑在地面的枯叶上，筑在低低的山毛榉树枝上。它们在"高高的绿色、半透明的叶子"上高歌是圆形露天竞技场发出的请求吗？它们颤动的音符是为了穿过浓密的枝叶，响彻天空吗？树木和鸟儿很相像，它们都被塑造成人类的角色，其自身却被忽视。

我认为，山毛榉林海在风铃草绽放时最盛。风铃草极其耐阴，是南方山毛榉林的代表性花草。它绽放时，所有的树木都湮没在蓝色中。据我所知，在奇尔特恩山的一些地方，风铃草开花与山毛榉树叶抽枝是同一时间。漫步在蓝绿相交的森林中如同游览水族馆一般。诗人杰拉德·曼利·霍普金斯曾说，风铃草生长的地方“像湖水一样湿漉漉”。他在1871年5月9号的日记中写道：“在峡谷中/透过光/风铃草的天蓝色波浪冲刷着山脊和大地，让它们铺满了静脉般的蓝色。”他在两年后的5月11日写道：

> 霍德树林中的风铃草全部朝着一个方向下垂。我尽力去理解同伴讨论的圆叶风铃草的美丽与可爱/去理解人们所说的/能吸引我们的“优雅”，圆叶风铃草在距离地面一英尺高的空中晕开了蓝色/阳光在光滑的风铃草中均匀地洒下光辉，这种蓝色可以让人们的怒气烟消云散，如同流水冲刷掉了心里的压力……

“冲刷山脊和大地”——长在山毛榉林里的风铃草的特别之处在于，它们在树林里起伏不断，其他花朵很难有这种感觉。这些风铃草仿若流水，漩涡般流入平静的水池中，在春末之际会褪变成冰灰色，在最灿烂时，它们也能呈现出流水的感觉。我曾看见过一群杂色的花朵，其中大部分是白颜色，点缀在风铃草的蓝色中，就如同在蓝色水彩颜料中浸泡后褪了颜色，变成白色。

我不确定我将山毛榉视为一种水生植物是否仅仅出于审美，抑或是我的潜意识开始窥视它们基本的生长原理——内在的、某些不可捉摸的东西。它们长在阴暗处，缓缓融入森林。有时候，我觉得自己就是一棵山毛榉，滑入蜿蜒曲折、色彩温和的深海中，彻底远离我熟知的外部世界。我漂流在林海中，漂浮在那些不曾熟知的树木上。多年之后，在一个山毛榉树雕塑公园中，我看到了一种“鱼树”。这棵树的骨架是铁的，在树干的末梢上挂着金属制的鱼类，锈色的秋天与绿色的春天形成对比。奇怪的是，旁边的真山毛榉树看起来却比它更像是一群鱼。

20世纪80年代中期，我对山毛榉这种水一般的特性有了顿悟。那时正值秋季，我打算去老地方再发掘点新东西，结果碰到了倾盆大雨，我迅速跑到了附近的山毛榉下躲雨。雨太大，雨点不断地打在树叶上。此时，整片树林的颜色发生了变化，树干慢慢变成了瓦灰色，新树芽闪闪发光，像蜜饯一般。距离我几步之遥的祈愿山毛榉树，有纳尔逊纪念碑①一半高，四年前

---

① 这座纪念碑是为了纪念19世纪初在著名的特拉法尔加海战中牺牲的英国海军上将霍雷肖·纳尔逊而设的，高度大约有53米。

被吹倒在地。我看到它遇雨水而溶解，像是一锅汤汁，像黑色的木炭，又像海绵木，或是真菌。我躲在山毛榉树下，看着大雨冲刷着它，仿佛看到了事物的开端与结束。

我曾遇到过这样的倾盆大雨，但从不惊讶。自20世纪70年代中期以来，天气变得愈发异常。一系列的干旱、热浪、破坏性大风随之而来。弗里斯登山毛榉一棵棵地变矮，林地开始演变成林木阵一样，树木像灰白色的纪念碑一样点缀其中，根盘斜插入土。祈愿山毛榉也没能实现祈愿的功能，它壮观地倒在地上，直径为一米半的树干被一分为二，一半露在泥土之外。内部已经腐烂，长满了真菌，像蜂窝一般。树心周围已经焦黑，就好像躲过劫难后重新生长一样。而树干周围则像是遭遇了雷击或者是被篝火烤过，同样焦黑一片。那个夏天，蜜蜂在残缺的树桩上筑起了巢穴，这是一种古老的再生信号："甜的从强者出来。"① 树干剩余部分全部被真菌覆盖，腐洞里藏着浅黄色的帽形物，我叫不出名字，它们大量分布在枯枝上。树干上有各种各样的颜色，都是鲜艳明亮的，有紫色的肉质囊盘菌、粉色的朱红丛赤壳、黄色脑蕈的胶状褶被、白尖黑爪的多形炭角菌。整个树干像是着了色的秋叶，七彩斑斓。

---

① 《圣经·士师记》记载，以色列首领参孙给非利士人出了个谜语："吃的从吃者出来，甜的从强者出来。"后来非利士人以一个反问句作答："有什么比蜜还甜，有什么比狮子还强的呢？"

这时，大雨从西南方向袭来，雨水浸透树干。它就在我面前开始溶解。树皮开始剥落，被烤过的树心也掉落出乌黑色的沉淀物，山毛榉树的内在精华滴落在林地上，像炼金术士蒸馏器中流出的油。祈愿山毛榉树变成了拉撒路之树①，是复兴的象征。它平躺在大地上时，得到雨水浇灌，它会以另一种生命形式重生。这种奇怪的现象被描述成“死亡”，我目睹了它绚丽的分解仪式。

一定是在这个时候，我首次近距离见识了皇后山毛榉，见识了最真实的它们，这次它们不再是毒菌和鸟儿们的背景。我相当肯定，我曾设想，这片扭曲、被砍伐过的山林是纯天然的，晚年的山毛榉的外形都是如此模样。

3

我想说，如迷宫般的山毛榉深深地激起了我探寻其起源的好奇心，令我不断地想去追寻原始山毛榉的轨迹。这里又引出我日记中记录的另一个更加平淡的故事。那是 1973 年秋季，我

---

① 拉撒路（Lazarus）是《圣经·约翰福音》中记载的人物，他病危时没等到耶稣的救治就死了，但耶稣断定他将复活，四天后拉撒路果然从山洞里走出来，证明了耶稣的神迹。

在苏塞克斯大学参加一场关于“英国橡树”的大型会议。各位先驱者做了精彩的演讲，探讨了历史生态学这门相对来说比较新的学科。我回家之后，脑海里都是山毛榉的形象，仿佛是万花筒中的各种图像。它们不断地变化着形态，在光线之下闪闪发光，随着时间的变换不断重组。而我们正是制造这些图像的人。

两天之后，我满怀热情地再次出现在艾温霍山毛榉林：

> 对光线、水分、土壤和斜坡面所产生的微妙影响都有了新的认识。发现树林里的欧洲刺苞菊（一种生长在白垩低地上的物种）长得异常迅速。长在边缘处的一棵山毛榉已经死亡，午后的阳光尽情射进树林。顺着光线的方向，我可以看到一处新的带斑点轮廓的发光区域。那是白垩草地上的另一个物种——旋复花，是野生罗勒属植物。第一次在光照条件下看到了整个山毛榉林：树顶非常古老且浓密，光线稀疏，地面没有植被。在树林边缘处，也就是阳光投射的位置，开放着车叶草、铃兰、紫罗兰、绿藜芦、桂叶芫花等等。边缘的灌木丛里有白面子树、桤叶荚蒾紫、小紫杉、草地、百里香、媒墨角兰、龙胆草。还看到了树桩上的多形炭角菌，旁边有一只丢弃的袜子。

我心中那个爬雪松的小男孩还没有完全消失。

橡树研究大会上的主角是剑桥大学青年生态学家奥利弗·拉克姆。其论文研究的是商品林时代树木繁荣神话的破灭。他描述从新石器时代以来一直被沿用的耕作制度，以及树木通过再生长或种植来实现重生的能力。“与大众的想法相反，对林地的开采并没有毁掉树林。人们砍掉一棵树的时候，会期望另一棵树来替代它，而且通常不是通过人工种植。”他谈论了原始林地的持续性，也谈论了某些技巧——本质上来说，即对“已知”林木的开采——如何能够保持林地结构以及物种的多样性，这种方法与移植林木大相径庭。多年之后，在他的经典之作《农村史》中，它把原始林地比喻成文本，把人类对历史景观的做法比作是对巨大图书馆内藏书的毁坏：

> 其中有很多书采用的是最近才解密的远古语言……每一年会有一千卷图书被随意带走，并且以羊皮纸的价值售出……还有一千多卷图书由业余装订工进行修复，这些人会摒弃古老的装订，裁剪页边，扔掉他们认为损坏或不好看的纸张……有人责骂图书馆的委托管理者忽视了他们继承的遗产，委托管理者却答复，保存不等于保护，当初写这些书的作者，一个都没有活过十八世纪；结论便是乞求获取更多资金在明年购买两千本小说。

了解这种观点后，我变成了树林的寻访者，寻访它们远古的迹象，寻访暗示着连续性的编码标记。树林是以它们的行政区命名的，而不是以某些自高自大的庄园主的名字来命名的。栽种的树木形状很是奇妙，其种植边界摇摆不定，并没有按照栽植规划而定，里面还出现了中世纪的岸堤和沟渠，一些老灌木林和小池塘。那些没有被人为管理的植物：酢浆草、五叶银莲花、车叶草都长在初生的原始树林中。我首次关注自然界的结构，关注原始树木和幼小树苗的生长分布，光线的变化，从山坡到高原，从干旱土壤到湿润土壤，树木密度和物种的变化。所有的特点和性质都给每一片原始林木打上了独特的印记。我当时写道，它们“如同漂流在历史河流上的木筏”。

我花了大把时间看地图，穿行在灌木林中，探寻树林的轮廓和位置，搜索其中的信息。树木零散分布，我想办法找出它们的规律，仔细查看它们的名字，看看是否能够借此推测其原产地。通过仔细查看测量我家使用的地形测量表，我发现，这片林子正是我青少年时在山谷发现的那团朦胧僻远的树林。从前我遥望过它们，但未曾探访过，地图上标注了它叫异教徒之林。我想象不出这个名字意义何在。那是恶魔之地吗（我知道有“恶魔之林”）？是为了纪念勇敢的启蒙主义无神论者吗？我十分想去看看，进入这片林地却完全是另一回事。这片树林坐落在陡峭山脊的顶部，它的三面都被一个名声不太好、脾气暴躁的农场主围上了铁丝网。剩下的一面则长满了难以穿越的落叶松林和长在白垩地上的多刺灌木。这些松林和灌木看上去像是一道安全带，极具浪漫主义色彩。很幸运，我找到了一条小道，能通到这片丛林的边缘。我走过一个獾穴洞，穿过一片榛林，还俯身寻找动物走过的荆棘小路。等待我的是一片令人惊奇的植物，双叶兰和兰花。蝇兰就像无翅、柔软的昆虫，闪着金属光泽的蓝色。还有一丛颠茄，冠顶上有金色的雄蕊。后来，我才知道这片土地的主人奥古斯都·史密斯在150年前就发现了这种颠茄（后来他成了伯克姆斯特德山毛榉的拯救者），这一系列意外发现让我激动不已。

胡乱搜寻了几分钟后，这片灌木丛便展现出来了。偶尔会看到一些小山毛榉树，更多的是兰花，白火烧兰，它们还没有完全盛开。我置身这片山毛榉树林，遨游在正在褪色的风铃草中。我还是对这片树林的名字心存疑虑。无论怎么想，都想不明白它为什么是异教徒的“绿色大教堂”。在这高木林立的幽暗的静修处，你可能会心怀虔诚地去寻找林中之神。树林中有樱桃树、冬青，还有大量的山毛榉树，它们的树龄都不长，也就一百年左右。农场在西边给这片林木开了个口子，阳光趁机倾泻而入。像往常一样，我情不自禁地往地面看，这片树林的地面植物群令人惊叹，有大量的罕见植物以及原始森林物种。风铃草中点缀着盛开的紫色兰花，这在其他地方很难看得到。还有一大片我从未见过的花儿，珊瑚兰属植物，以及开着淡紫色花朵的草甸碎米荠。草甸碎米荠通过奇妙的珠芽进行繁殖，这是一种长在叶腋中的黑色小珠。在树林边缘，我还看到了少量真正的黄花九轮草，距离萨福克郡的中心地带有一百英里。前一年我就看到附近树林中也有少量黄花九轮草。此时，我在想这两片树林会不会曾是连在一起的大片树林。闻着黄花九轮草淡淡的杏仁般的气味，我沉浸在与原始森林的神交中。祖先留下的这片森林，从奇尔特恩山一路延伸到东安格利亚，林中的各种植物也许没被破坏过。

回到家，我站在大门口。年少时我经常站在这里遥看那片树林，以为它是一片杂乱的林木。对于刚才奋力穿过的林木层，我的脑海中有了清晰的认识。那些是二战时由意大利战俘栽种的落叶松，非常茂盛。也许在20世纪30年代农业大萧条时，它们就已经长在了白垩低地里，现在留存下来的，却仅剩下坐落在山谷入口处山脊上的山毛榉。此时再想想这片林子的名字，觉得有道理。看起来这是18世纪庄园主喜欢的山顶种植园，他们希望能栽种自己幻想中的树林，从而表现对异教的崇拜。但是，如果这就是这片树林名字的起源，那么这些原始林木是如何栽种到那里去的呢？顺时而变的山毛榉对我而言仍是个谜。

讽刺的是，这次的发现居然让我失去了对其他许多山毛榉林的热情，我才刚刚开始探索它们。其他山毛榉树很少能如这片“异教徒之林”那样迷人。珍贵的地面植被在一些山毛榉林中很少见。从地图上可知，大部分山毛榉林都生长在原始林地的山谷。但是，在过去的两百年内它们被“简化”了，为了满足商业林的需求，要么过度种植，要么重新种植，甚至变得稀疏。我确信，“天然的”山毛榉林中的那些树木（不管那意味着什么）肯定有更多种变化，物种、树龄和树形都应该多种多样，就像皇后山毛榉周围的山毛榉一样。木材型的山毛榉看起来也很脆弱。它们整齐划一，这放大了它们固有的缺陷。密集栽种导致其浅层根部系统无法在土壤里伸展开，这样一来，它们就很容易被大风吹倒。灰松鼠把它们那浓密整齐的根部当作便捷的食物。越来越多的鹿也令自然生长的幼苗难逃劫难。在一些排水性极强的白垩土壤上，山毛榉贫弱的根系尤其难以应对干旱。20 世纪 70 年代中期，规划者和林业员预测山毛榉将会有一场大灾难，它们会在这许多不利条件的突袭之下大量减产。但并非林业员的我，看不到问题所在，觉得这些平凡的种植园与我所认定的自然条件相似。

20 世纪 70 年代末，奇尔特恩山常务会议发布了一则常规声明，说山毛榉的生长条件愈发令人忧心。他们担心灰松鼠啃食树皮会阻碍树木的生长，也会杀死幼木。不断来袭的干旱令一些老山毛榉树更加缺少水分，这样它们应对暴风雨的能力会更弱。会议总结，树林正在“老龄化和衰退”，而且“专业林业员达成的广泛共识是……在未来的10到20年里，那些大量未被管理的林区将会面临树木死亡的威胁”。一些庄园主已经不再种植山毛榉。解决上述问题的办法是进行更加集约化的管理——重新种植、喷洒农药、控制松鼠、隔离鹿群。就算采取这些措施，“那些根基稳固的树木可能得花上25年才会被人视作景观中的树木，若想长成像他们所取代的那些巨树那样的庞然大物，花的时间则会长得多。”如果把这份声明看作是19世纪有抱负的园艺师的一种呐喊——渴望心中期望的山毛榉迅速诞生，这样说并不公平。这其实是一种担忧，是基于林业员对“良木”的需求而产生的一种可以理解的担忧，这也是公众对山毛榉应该长什么样所固有的看法。在我看来，这样判断奇尔特恩山的山毛榉是比较草率的，这是不愿遵循树木自我生长规律的表现。

一个当地的林地管理组织更加夸张地断言：“奇尔特恩山的山毛榉正在死亡！我们必须采取措施，否则这些树木将会在腐烂中死去。”哪些林木来替代腐烂的树木，这一问题并未得到清楚的解释。也许是浓密的灌木丛，因为它们生命力旺盛长久。这可能会“对景观的树林特征有所帮助……但是更进一步看，它并不能替代真正的林地”。那么，何为“真正的林地”？是某种原始森林的古老意象吗？还是永远处于盛年、不允许显露出年幼或暮年姿态的某种树木？地中海山区里矮小的原始山毛榉算不算？有没有既定的最低生长高度或树围？“真正的林地”这一说法听起来就像一直在找寻的圣杯物归原处，像是“天然”或“理想”的林地。在林业员的眼中，他们认为疯长的野生荆棘显然不属于真正的林地，哪怕它会庇佑幼树。景观建筑师纳恩·费尔布拉泽在1970年出版了颇具影响力的作品《新生活，新风景》，在书中，她表现了对这种自命不凡的植被的蔑视。“初生的灌木丛经常潜伏着，它们只是被暂时压制：它们是景观的原罪。”这种反乌托邦式的观点正是原始林木的浪漫想象的对立面。她指出，只有不断提高人类的警惕性，受外来松鼠啃食、受极端天气侵袭的英国林地才能得以生存。灌木丛是正在形成的林地的一部分，它既是一种野心勃勃的植被，也悲凉地预示着未来的英格兰将回归原始状态。

4

早在20世纪80年代初，我便想拥有一片属于自己的树林。之所以有如此渴望，也许是因为怀恋那些原始的土地，比方说我少年时那个遭人遗弃的公园。人类对树木的态度就如挑剔的家长，我们一边反对树木可能会变得原始且独立，一边又佯装关心它们的生长，这其实是一种控制它们的深层欲望在作祟。我想近距离观察树木怎样生长，以此来检测我的预感——哪怕只有少量的人类干涉，树木也能以自己的方式欣欣向荣。

我已讲过一些关于哈丁斯林地的故事，也讲过其地作为社区项目在别处开发的故事。现在，我意识到，我当时并未提及山毛榉的故事。当时，我仍觉得山毛榉不合时宜，它与大家普遍接受的古老树木格格不入。哈丁斯林地生长着这样成片的山毛榉。它们就像高挂在威金顿区干燥山谷上的吊床一样，生长在两座山脊之间的山顶上。这片山毛榉距离一侧村庄仅有半英里，而距离另一侧的弗里斯登山毛榉约有三英里。倘若我能爬到皇后山毛榉树冠上，兴许能越谷远望那片山毛榉——那片长在奇异陡峭山谷边缘的绿色山毛榉。其实，那里有一老一新两片林地。古老林地面积最大，生长着本地橡树、角树、白蜡木、樱桃树、冬青树和榛子树。在老林区，多数树木都是在上次大采伐之后生长起来的，有的在原有木桩上抽枝发芽，有的则从树种中获得新生。老林区还有从未遭受砍伐的山毛榉，这些山毛榉粗大茂盛，足有 120 年的树龄。在绿树阴浓中，不少山毛榉长成了烛台的形状。林中有细瘦修长的新生树苗，大概是山毛榉分株繁殖的结果。这种美国山毛榉的繁殖方式并不多见。欧洲的紫叶山毛榉在野生状态下，偶尔也会出现这种分株繁殖的状况。在春季的傍晚，紫叶山毛榉在满目翠色中缀以暗紫色，颇有秋天将至的感觉。老林区旁是一个大型农场，那里的山毛榉树活了 90 岁。这片农场大概占了哈丁斯林地 7 公顷土地中的三分之一。但我在那些年里极少关注这片农场。

在决定购买这片林地前，我曾无数次在林地踱步，幻想在林地里栽树。老林区的树木枝繁叶茂、林荫蔽天，阳光被严实地挡住了。只要有阳光，你就会瞥见林中茂盛丰富的植被，非常诱人，难以忘记。林中有许多常见的花草：香车叶草、黄色天使菊和酢浆草。珍贵的山毛榉成群生长，与外界隔离。簇生的欧洲大麦草，月月开花的紫罗兰。盛夏时节，人们很难在绿树浓荫中注意到这种小花，纤细小花点缀在林荫中，宛如颗颗紫色水晶。我看见一株野豌豆——这个发现令人震惊。人们之前只在奇尔特恩见过这种植物一次，距今也有一个半世纪时间了。虽然这株野豌豆在浓荫下并未开花，但是我知道它那芬芳的、带有淡紫色条纹的花朵一定在某处开放。我将这株野豌豆视为林地未来发展的护身符。

战争时期，这片古老的林地被人买下，大量向外供给木材，只有少数古木得以幸存。后来，英国布莱恩特与梅[①]火柴公司提供津贴，于是林地所有者种植适宜制造火柴的树种，将小黑杨与自然再生的茂密树木套种在一起。可惜，干燥而略带酸性的土壤并不适宜杨树的生长，杨树开始出现苍白的病态，并逐渐病倒死去。现在，古老林区中有不少树木属于新生灌木，也有

---

① 布莱恩特与梅（Bryant & May）是19世纪中期创立的一家火柴公司。它最初的工厂位于伦敦堡路。

浆果类树木，人们很难找到这些树木的种子。悲观主义者认为，这些树木交相掩映，蓊蓊郁郁，杂乱无章。随着时间的推移，这些树木会自我调整，有的会枯死，枯死的树冠还会有裂缝产生。社会的飞速发展带来了机遇，我与奇尔特恩伐木工人一样失去了耐心。我也想要一片“真正的林子”。我想要成片的林中空地，也想在春季到来时，看到片片花海点缀在林中，看到夜莺在林中筑巢安家。我想在我拥有林地所有权期间，看到新的一茬幼林长成参天大树。

然而，在我第一次尝试招募林区志愿者来“打理”哈丁斯林地时，我发现除了希望树木能够符合我的预期——长成“自然”树木之外，我压根就不知道我们应该怎么做。如果“打理”的做法并非自然之举，那索性让林中树木顺其自然地生长。招募助手也不是一蹴而就。我向当地小学讲述我的项目时，我惊讶地发现居然没有一个学生去过那片林地，村庄距离那片林地才有四分之一英里远。我读小学时做的那些事，眼前这群孩子压根没法想象。村庄里多数成年人也没有进过林子里。他们听我说后，却担忧起来，担心我们的所作所为会改变很多事情，比如肆意砍伐树木，从镇外带来一拨拨旅游者来骚扰这片林地。

结果，林区第一个工作组中的外地人就远远多于本地人。其中，多数人具有林区工作经验，工作组中还有几位动植物保护专家。我们坚信，是时候做些有意义的事情了。但我们只是坚信我们必须做些什么，却没有确切的理论去指导下一步工作。为此，我们采取现场民主表决的办法。如果我们还没办法以林子自身的角度去看待问题，至少我们可以各抒己见，取长补短。所以每次行动前我们都要仔细讨论。我们坚信，林场需要整修，但是要在哪里进行整修？要如何整修？哪些树木需要保留？哪些树木要砍掉呢？有些志愿者指出让阳光照进林中池塘是重中之重。这样，我们将切入点放在将阳光引射到池塘水面。又有志愿者指出开垦林中空地很有必要。因此，我们在池塘周边开垦了空地。砍掉了多余的美国梧桐和杨树，不过，因为惧怕超自然力量的报复，没人敢碰神圣的深青色冬青树。砍掉的树木被整齐地堆放在一起，以便将枝干中的水分晒出。

我们当时的所作所为看来是大张旗鼓，自以为是。可是因为胆怯又缺乏技术，我们做得笨手笨脚的，有点儿第一次抱小猫咪的感觉。我们更多的是去修剪树木，而不是把杂乱的树木除掉。等到第二年的夏季，我们来到那片阳光照射的空地上，希望看到新的幼苗茁壮成长，它们的确成长了，却都没有超过一根手指头那么高。多年后，树冠上修剪出来的洞口也已经重新长满了枝叶。我想出了一个滑稽的警句，希望我们的热情能够更为现实，更为质朴：“我们可能是加速器，而树林才是引擎。”

事后看来，我们的工作似乎恰到好处地收效甚微、杂乱无序。我们所做的这些工作对于林子的影响与自然对于林子的干扰一样，例如当地的大风，蜜环菌的侵害，和鹿儿的啃食。在这片树林里，我们沿着獾的足迹开挖了第一条小道。之后出现的道路则是天然形成的，是沿着灌木丛中的间隙，或者在寻找树木和光斑时走出来的。这片树林的社会和经济交易都是小范围行为。记录在册的薪柴交易主要是作为一种额外津贴，给那些为我们提供帮助的人，他们会亲自带走薪柴。多余的薪柴我们也会卖给当地的酒吧，有时也免费送一部分给格林汉康蒙的和平营地。枯死的杨树上的小部分苔藓会被花艺设计家收集。嫩枝则会用作豌豆藤的支架。我曾计算过，500 个工时能生产 25 吨的薪柴，按照当时的物价计算的话，这意味着将会有每小时 50 便士的收益，这还没考虑到那些不合格的薪柴。

如果说这片空地上的阳光并没有泽被新栽种的小树，但我们知道，至少这里的花儿受益于我们的辛勤工作。银莲花遍布整片树林，在暖春的下午，它们会大片开放，香气扑鼻，闻起来有甜甜的蜂蜜味道。桂叶芫花是我们这片林木中的达芙妮[①]，每年第一个开花，在老山毛榉树下盛开。野豌豆在我们开拓的道路旁生长，汲取着这新照进的阳光，扎根在松动的土壤中，绽开美丽的甜豌豆之花。三年工作快结束时，我们记录了 28 种物种，它们都是奇尔特恩山原始林地特有的物种，对于仅有 7

---

① 希腊神话中的月桂女神，曾被太阳神阿波罗单恋。

公顷的这片林地来说，这个数字实在了不起。

在这片自然生长的林木区旁边有个山毛榉种植园，大约有百年历史，它的起源无从知晓。这些树木壮丽极了，挺拔苍劲，葱绿苍翠。有几个林业员负责检查这些林木，他们把这些山毛榉看作是未来木材的主要来源。我却对此抱有恶意。每当我领着参观者游览时，我们只在这片区域做短暂停留，只是为了让游客知道我对这片种植园贫乏生活的蔑视。当我们开始在这片古老树林中工作时，我们忽视了那些高大耸立的树木，它们与我们目前所做的事情格格不入，它们挺拔高大，历史悠远，还像我儿时看到的那样。我曾不那么认真地考虑过砍掉它们去换钱，以及哄骗古老的林子去夺回古老的领地。根据我的价值体系，这片山毛榉树并不是“真正的林地”。

并不是所有人都会像我一样对这片树林嗤之以鼻。当地的小学问，他们是否可以在这片树林中举办复活节庆典活动。他们选择的是这个山毛榉种植园——这里就像个绿色大教堂。每年五月，孩子们都会走半英里来到这块地方，聚集在刚抽芽的树林的空地上，为新生活和圣餐仪式献上颂歌。之后，他们会把皮带绑在树上，在树林里嬉闹玩耍，小天使们顷刻变成了闹腾的小淘气。

但是，除了散落在小路旁的风铃草外，这片种植园依然没有花朵。想到哪天我们可能去林子里传递福音，我们便适时修建了一条森林小道。为了修建这条小道，我们砍掉了一些杨树，并让村里的小孩采集一些报春花和蕨类植物，由他们自己负责栽培。大家各尽所能，发挥自己的聪明才智。挖掘机师傅莱恩从前是伦敦东区的钟表匠，他负责开挖这条小路。正是他让这条毫无生机的小路充满美感，新挖掘的小路蜿蜒曲折，伸向远方，犹如小溪一般，夕阳落下，充满诗意。早春时分，孩子们会把他们养的蕨类盆栽带回来，将它们种在布满再生植物的小路边缘。

尽管林业知识的匮乏经常让我手足无措，但在树林中工作确实是一段令人鼓舞的经历。对于树木生存的方式，树木如何回应人类的干扰，我都知之甚少，这让我感到很难过。曾经的我，满脑子神秘的想法，还有点骄傲自大。我曾以为，如果在浓荫蔽日中好好修剪喜阴的鹅耳枥，它们肯定能长得更好，结果事与愿违。我也曾想象过在林子的最底层有那么一片区域，土壤肥沃又湿润，没有栽种树木，却更适合小型植物生长。但树木比我更清楚，它们因氮气而窒息，从而迅速死亡。我曾对管理树木一事有所怀疑，最终还是亲手管理起了树木。

之后，我学到了从未想过的管理技术，学会了曾经一度厌恶的链锯的使用技巧，学会了如何分离已经砍倒的杨树，知道了树林中金凤花喜欢在什么地方生长（半阴环境，沿着宽阔小路的边缘）。我发现，这份工作——也许是这种职业伦理，让我不断地改变对自然界的原有认知。有时候，我会尽量享受在树林漫步那种简单的感觉。有时候我发现自己在管理方面陷入一种坐井观天的境地。我经常出神地凝视树冠，计算着有多少光线能透进来，搜寻适合幼苗生长的土地，检查我们为数不多的野生山毛榉，防止它们被松鼠啃食，列出了一系列需要做的工作。我需要努力去放松，尽量去记住树木自身的生长节奏和喜好。

只要行动了就会有价值。我开始寻找我喜欢的地方，坐在那里想着此时此刻此正发生的事情。我最爱做的是欣赏稀薄酸性土壤上长着的野生山毛榉、无柄橡树，看长满树木的半隐半现的斜坡上矗立着一棵孤独的冬青树。春天，银莲花飘落在落叶上，岸边的苜蓿随风摇曳。不到10厘米高的风铃草稀疏分布，还有朵朵矮小的金银花。十年来唯一变化大的就是风铃草的叶子。风铃草通常以山毛榉的枯叶为肥料，这些枯叶附在风铃草上形成飞边，风铃草汲取腐烂树叶的营养，这极有利于其生长。

我知道这样一方宜人之地不会持续太久，但是我喜欢坐在那里，想象着树林的千变万化。冬季，树林的变化更大。大风横扫山毛榉种植园，其顶部枯枝被风吹断。每逢此时，这片林地看起来光线充足，阳光从树冠上倾泻而下，照耀在断树残枝的伤口上。大雨之后，突如其来的严寒期接踵而至。那些老树，像海绵一样被雨水浸透，当雨水变成冰块的时候，它们开始爆裂。而当大雪降临时，冬青树外部的枝干会被压弯，直至伏贴地面，并像焊接一样被定格在那里，保持裙子的形状。山鹬有时候会在这些树木上栖息，离开前它们大声啼叫，像是在窒闷环境下的喘息声。它们展翅划过被大雪覆盖的荆棘丛，最终消失在阴暗里。

秋季的大风和冬季的暴雨会改变树林内部的风景。秋季的落叶布满林间小路，冬季雪花纷飞，林中小路裸露在风雪中，覆盖雪花的小路又像是一条新路。漫步其中，仿佛从未来过一般，让我看到了熟悉树木的另一面。一个下午，我艰难地走在一条小路上，我们称为“陡峭之路”，浏览着路边的景色，爬上斜坡去看笔直的大道会是什么样子。风扫残叶，树叶飞向了北面的树林，形成了一条落叶堆叠的小道。我简直不敢相信这纯属偶然。挺拔高大的山毛榉和最古老的山楂树就排列在这条堆满落叶的小道上。一时间，我意识到自己发现了多年苦苦寻觅的古道。这条路线在 19 世纪早期的地图上有标注，它是从山村直达山谷大道的主要路线，途经这片树林。但是，1853 年，因整个行政区强制进行圈地运动，这条主线以及其他十二条古道和人行道都被弃用，警方以“我们需要”的借口张贴海报禁止这片区域使用这些道路。结果，地图上标注的任何一条小路都找不到。我确定我的“发现”很奇妙：任何长期修建的古道都会在地面和树林里留下标记。当我拿着地产经纪公司的销售单第一次踏入这片林地的时候，这片林地给我的感觉并不荒凉。

我认为我们的工作除了加快了这片树林的发展外，确实也为此地增添了一些东西。我们拯救植物于灭绝的边缘，给予它们足够的光照，让它们开花结果。我们在这片树林中创造了一些非常自然的生长环境——池塘、陡峭岸堤、林中空地，它们经常会在那些特别小的“岛屿”中消失，大多数林子都会变成这种特殊的“岛屿”。我认为，下列经历让在林子里工作和休闲的人的生活更加丰富：比如，与生物真正亲密相处的时刻，改变自己观念的一些经历，例如亲眼见证小树自发生长。

这些年来，我了解到这个地方更多的历史，了解了在此工作的人们。哈丁斯是16世纪威金顿一位居民的名字，他可能是这片土地的主人，也可能是一名看管森林的佃户。1766年的地图是我能找到的最早的地图。根据地图显示，我们这片树林是一个大森林的一部分，大森林有一英里半长，最宽处也有一英里，一直延伸到伯克姆斯特德的边界。19世纪之初，大森林的三分之二消失了，变成了更加容易盈利的耕地和牧场。仅留存下来五个小岛，哈丁斯便是其中之一。1841年的什一税减税图清晰地展现了这片树林在20世纪时的轮廓，唯一有变化的一点是，如今的山毛榉种植园从前是耕地。12年后，整个的行政区都因议会法律的影响而被封闭。这片树林逃过了劫难，但郁郁葱葱的公共景观以及周围的灌木都被彻底破坏了。第二年，行政区来了一位新任命的牧师，他负责拯救这片荒野林地。他注意到这片区域的别名叫“邪恶的威金顿”，他重新命名为“一处邻近的未知领域”。他给教区主教写了封信，陈述了封闭该林区的后果。这封信被密存了150年，因为主教害怕得罪当地贵族，而没有站在村民的立场上去想问题。“所有风景如画的地方都没有了，”他如是写道：

> 可能相关的诗歌都不会再出现。这个地方到处是杆子和铁路围栏。但是我相信，这种变化将会改善人们的道德状况：这里的人们不再粗鲁，不再野蛮，不再落后。我无法判断这是否应该发生；无法判断一些人的预言是否准确，“邪恶的威金顿将会变成正义的威金顿”……但是当我回过头来再看，思考着这种圈地从人们手中夺走了多少权利，我非常惊讶他们竟然耐心接受了圈地的现实。

那时，哈丁斯的拥有者是一位伐木者，名叫约翰·加勒特，他将靠近树林的一小块土地租给了当地的佃农——伯奇先生。这块土地大约有半公顷那么大，在地图上，这块土地被人们嘲讽般地起了个名字，叫作“百亩之地”。如今，它已经变成了林地。在其边缘有一棵截梢的山毛榉，枝繁叶茂。作为长在开阔地带的树木，其硕大的形状在当时看来已经是破纪录了。之后，这片树林被罗思柴尔德收买，他拥有此地大片的土地。在这几个人占有土地期间，山毛榉种植园发展起来，园中还种植了一些苏格兰松树作为保育树，其中有一些依然留存了下来，数量并不多。20 世纪 20 年代这片林地再次被售卖时，留下了遗物——契约转让书。在契约书里面标注了权利，允许附近的居民把污水排入树林。这些管道的排水口污染了树木底部的泥土，导致我们种植的每棵树都死了。

上一次战争让林木大量缩减，之后这片树林被转交到一位在外的木材商人手中，他除了保留一些杨树外，将其他树木都砍了。1981 年我购买这片林地时，对整片树林持的是妄加批判的态度。

如果从个人对树木不断变化的态度可以总结出其历史渊源，那么，我认为我应该生活在维多利亚时代的中期。我会是一名不合格（虽然很务实）的采集者、一个十几岁的万物有灵论者，一个年轻的浪漫主义者，一个严谨的启蒙博物学家。而今，我自认为是一个相当霸道的林地鉴赏家。现在看来，人生的后半段我开始追求真实。我已经加入了追求理想、原始、“真正林地”一族，我觉得自己的这种角色就像乡村规划师一样。

我相信我依然拥有自己的神话信仰和不合理的信念。但在与这片小树林近距离接触二十年后，我的那些信仰和信念——特别是将森林视为静态的实体，相信森林完全依赖人类管理——有了些许动摇。不论我们如何做，哈丁斯林木都按照它们自己的规律不断生长。虽然我们给山毛榉砍出了生长的空隙，但是它们却没有在空隙处生长，它们的幼苗依靠自己扎根生长，并没有长在大树周围。林中那些罕见的、不可挪动的、繁茂的蕨类植物都是我们通过皮卡车运上来，栽种在林间小道两边的。冬青树分布广泛，霜冻压弯了树枝，有些垂到了地面。幼小的梣木到处都是，俨然要成为林中新一代的主导物种。我脑海中有一幅图，记录着树林中的每一个细节，但是每当圆叶风铃草从腐烂的山毛榉树中钻出的时候，这种地图就显得过时了。

5

有没有一种令人信服的平面图可以告诉我们，原始山毛榉树林到底是什么样子的？布冰斯基森林是捷克舒马瓦山里的一处原始森林。那里，山毛榉、云杉和银杉高耸林立。据说，这样的地方在欧洲原始森林中少有，是未被人类探寻的遗留森林之一。那儿没有人工种植树木，死去的枯木也没有被带走过。1847 年，一位名叫约瑟夫·约翰的生态学家制作了一张图，记录的是几英亩作为样本的林区里矗立的和倒下的树木。这是一张非凡的鸟瞰图，就像挑棒游戏①一样，只是游戏里垂直的全部

① 挑棒游戏，也被叫作游戏棒或撒棒。适合八岁以上年龄，是老少皆宜的一种益智小游戏。可以单人或多人共同参与，按照小棍的颜色或多少算分。

是棍子而已。他将倒地的树木按比例画在图上，其中大部分都又长又直，也有一些比较短。图中有些树的树根裸露在地面上，被冲刷得很干净。为数不多的树木倚靠着矗立的树木，可能还没有完全倒下。倒下和腐烂的树木有 43 棵，直立的树木有 38 棵，还有 190 棵稍小的树木——这种比例常在古老的森林中看到。

1868 年，布冰斯基森林成为国家保护区。1954 年，约翰的林区开始定期检测所有矗立和倒地的树木。这样一张树林记录图已经不是某种定格的记忆，而是依照时间和树木的生长节奏而记录的过程。古老的树木逐渐衰老腐烂：有时候就如同缓慢燃烧的小蜡烛一样。矗立时它们已经开始腐烂，有时它们挂在临近的树木上，直到所有的枝干折断才会倒地。尽管小幼苗生长缓慢，但因为树木倒地，不再遮蔽日光，树冠便有了空隙，阳光趁机倾泻而入，沐浴着幼苗，这些新生树木，其充足的数量足够填补林区失去的林木。正如许多类似的森林一样，山毛榉慢慢成为林子里的主要树木。

在布冰斯基森林里，并不是所有的景象都与约翰画的图一样清清楚楚。“Prales”是捷克语和斯洛伐克语中对原始森林的一个概括性术语。但是，当地人对专业生态学家所称的“原始”有着不同的理解。他们不赞同森林里完全没有人类活动。他们指出，森林应该要进行适当的狩猎和放牧。当地农民当然也需要进林取柴过冬。像森林里的动物那样行事的人类怎么可能破坏森林的原始性呢？自从铁幕[①]崩塌以来，布冰斯基森林已经成为旅游景点。这里开辟了一条小路，旁边设有低矮的栅栏，曲曲折折地穿过林木。这条路线是根据倒地树木的位置设定的，像迷宫一样弯弯绕绕，带你穿过这片树林。此路沿线有稀疏的树木，可是英国人认为，这里的树木理应更密集点。因为至少有栅栏在保护着这片林地。总而言之，走在弯弯曲曲的林间小道上，穿过欧洲最为原始的森林，你会感觉自己迷失了方向。

我们勘探自然界，对比人类历史和树木历史，这其中存在着一种悖论。人类出于天性，对事物进行命名、分类，探寻它们应有的模式。人类已经演化成这样一种生物，我们依然可以在树林里依照自己的兴趣而行动，倾听灌木丛的声音，躲避阳光的照射。但人类文化不会流失，这就激发人类探究森林生长历程和起源的好奇心。森林一方面描绘我们想要的答案，另一方面蕴含了它们自己的故事。一旦树木承载了人类的想象——包括界定、绘制、保护、记录、取样、标记，从某种程度上说，它们随即就被定格在那个瞬间。人类把它们看作一帧帧精确的照片。最糟糕的是，它们成为博物馆的陈列品，像蝴蝶标本一

---

① 铁幕原意指封锁某国家或某集团，后来也指某国家或某集团对自己实行铁桶似的禁锢。

样挂在展览板上。就这一点而言，甚至“自然”这个观点本身也成了老生常谈，成了检验树木的标准。

欧洲山毛榉的早期历史来自这些简单的印象。树木留下了它们生活的痕迹，这一物证表明，其扎根地下的深度或周遭的环境——变成化石的叶子，可辨别的木炭碎片，残存的花粉——可以确定其生长年代。花粉能保存很久，很难被彻底清理干净。如果花粉被吹入泥炭沼泽或湖底的淤泥里，可以保存数万年。与其他树木相比，山毛榉花粉较少，且较重，所以它们一般不会离树太远。如果湖的附近有山毛榉，那么泥土层里仍可能有少量的花粉。从史前幸存至今的山毛榉并不总会留下它们生存的瞬间记录。

但最后一次冰川时代——约公元前 1 万年至 7000 年间——结束时，山毛榉在欧洲南部留下了花粉的痕迹。在气温较低的区域，它生长的海拔高度比今天要低一点：比如在普罗旺斯海拔 300 米处、距意大利的马蹄那若湖 200 米处、距科西嘉岛的沙勒西亚 30 米处，还有希腊和整个亚得里亚海的东北部的部分地区。至于花粉如何传播，如何落地生长，以及依靠花粉孕育的山毛榉是否高大笔直，是否生长在封闭的森林或开阔的大草原上，是否生长在与开放草原和灌木丛相交的地方，这些问题的线索很少。在半日花科和薰衣草之类的灌木丛中几乎没有留下花粉记录，这些淡淡的花粉痕迹可能表明，树木之间有大面积的灌木丛。

随着气候变暖，山毛榉开始从这里向北面和西面延伸。公元前2000年左右，它延伸到法国西南部的朗格多克，当地是炎热干燥的地中海气候，山毛榉在这里扎根生长。在中欧和东欧的大部分地区，它一直是占主导地位的树木。公元前7000年，它们出现在巴黎南部的枫丹白露森林，还有西北的瑟里西森林——距后来的英国南海岸只有120英里，现在仍然连在欧洲大陆上。“陆桥①”一词在这里意义不大，它给人的感觉更像是多佛尔和加来之间窄小的堤道，后来被新生的英吉利海峡整齐地剪掉。其他地方被分割得比这里更厉害。比如，一个宽阔的洼地森林和盐沼——狩猎采集者经常光顾的地方——会将现在的汉普郡和多塞特郡与诺曼底海岸线连接上。山毛榉是最后一批流入英国的树种，紧跟在橡树、桤木、椴树、榆树和灰树后面。公元前5500年，在英吉利海峡开通前的五百年，山毛榉的到来正合适，它成为一种真正的英国本土树。这对于不依靠风力传播种子的喜阴树木来说，是一种巨大的进步。

山毛榉来英国至少比第一波从地中海来的农民早一千年。最早的花粉沉积物出现在新森林附近的砾石和沙子里，从那里向北向西延伸到多塞特郡和萨默塞特郡，德文郡和南威尔士州

① 因地壳上升或海面下降，被海峡所隔的两个大陆或陆块由露出水面的陆地连接起来，这种陆地宛如桥梁，故称陆桥。

的部分地区，以及苏塞克斯和肯特·韦尔德，似乎也有小型的山毛榉生长区域。在东安格利亚区的多沙地带布雷克兰、西约克郡的部分地区和林肯郡荒原，都发现了史前的痕迹。奥利弗·拉克姆曾经在达拉谟附近见过古老的低矮灌木，他们的种植历史可以追溯到山毛榉移植此地之前。

尽管气候已经相对温和，可是山毛榉的生长区域为什么不能进一步延伸到今天非常适合树木生长的地区呢？如米德兰平原和西部大部分地区。对此，我们还不清楚。山毛榉暂时中断蔓延，这是一大奥秘，说明它们的生长是不均衡的，也是不断发展的。如今它们已经能在放牧动物和自然湿地的景观中生根发芽，应该有足够的间歇可以进一步延伸。今天，山毛榉在成熟的森林覆盖区内生长没有任何困难，为什么史前的山毛榉如此羞怯呢？找出这个问题的答案很有价值。也许是因为在面对早期的气候变化时，山毛榉曾止步不前。

但是，山毛榉所扎根的地方形成了唯一可以被称为天然山毛榉林的林区，这片山毛榉林在人类进行有组织的干预之前就存在。花粉的证据表明，这片树林比我们所熟知的山毛榉林更复杂，这里除了山毛榉，还有灰树、橡树、榆树和其他树木。这些原始山毛榉的样貌如何，它们是怎样生存的，都难以捉摸。这些各不相同的树木是在自己的领地独自生长，还是相互混在一起生长？树木紧挨在一起，其浓密的树冠只有在一些树木倒地后才会有缺口吗？因动物的啃食造成的缺口会越来越大，长久存在吗？山毛榉在这里统治了多久？单棵树能活多久？是否存在原始的山毛榉病？为了应对天气变化和动物的啃食，山毛榉在低矮处杂乱无章地生长，人类顺时而变的机制难道在它们这儿已经有了雏形？无论山毛榉有着怎样的生长状况，它们来到英格兰的时间只有一千年。公元前 4500 年，来自地中海的第一批移民抵达此地，并开始砍伐山毛榉。

公元前 500 年，山毛榉迅速扩大生长范围。它开始扎根科茨沃尔德、奇尔特恩山以及南部韦尔德地区的白垩和石灰石土壤。山毛榉扎根于这种土壤，似乎是因为这种土壤不适宜种植农作物。但这也让我们更加好奇，山毛榉是如何成为今天这个样子的？今天的山毛榉更像一个间谍，从现有林地的内部来扩充森林的数量，而不依靠从外面入侵。

不管山毛榉是怎样到达英国的，公元前 10 世纪初，它们就已经在奇尔特恩山上茁壮生长。皇后山毛榉的血统正是从这个时候开始变得不再纯正。中世纪初期，山毛榉有了 boc，bece，boke 等许多古英语名字，还有德语名字 buche，荷兰语名字 beuk 和 book。词源学家将这些词与“书（book）”联系在一起，因为它们的词源有着某种相似之处——欧洲最早的文字正是刻在山毛榉树干或树皮上的涂鸦。（一千年之后，古登堡①用山毛榉

① 古登堡（Gutenberg，1400—1468），德国活版印刷发明人。

做材料，制造了第一个印刷板。）但是，牛津的字典编纂者们对此心存疑虑，面对动人的词源解释，他们的态度十分谨慎。约翰·科利尔在《成熟的语法学家的字母表》（1778 年）中，提到了山毛榉名字的起源："例如，拿起石头或斧子敲打树时，我不由得想象，树在说'wood'！就好像字母自动形成或者我们脱口而出的单词一样清楚……我把它叫作上帝的语言，自然界的语言，常识语言。"

也许世人普遍认为白金汉郡是山毛榉之乡。可是，随着大量的斧头撞击在大量的山毛榉身上，白金汉郡奇尔特恩山的树林无论如何都会被自然语言入侵。

第三章　树墙

至少三千来以来，“最可爱”的林木当属那些可用于生火的林木。它们之于中世纪的伦敦，就如北海的油气之于现在的伦敦。但它们不能用于建造船只，因此在17和18世纪的海军军备竞赛中弃而不用。而对速生木材的需求催生了人工林，这将永远改变树木的景观布局。

1

假如你从牛津平原出发，一路向东，穿行至奇尔特恩区，五英里之外你便会看到陡坡——被山毛榉覆盖的暗色山脉，从天际一端延伸至另一端，形成一道绿色的墙壁。从这个角度望去，你很容易相信，这是英国林木密集度排行第二的林区。这些天，我经常从相反的方向穿过树林，欣赏这些很少看的美景。但是，我也知道，这景致也有些失真。几百年来，奇尔特恩区一直被看作原始森林可能留下——而且可能很危险——的遗迹，一座南部的舍伍德[①]之乡。圣奥尔本斯地方志曾经满怀希望地声称，在诺曼征服之前，“为了提供更安全的道路，（他们的修道院院长列欧夫斯坦）砍掉了从奇尔特恩区边缘（过渡地带）一直到伦敦的绿树阴浓的老林……因为当时整个奇尔特恩区是一片林木葱茏、枝叶婆娑的林地”。1627 年，旅行者约翰·斯皮德写道，奇尔特恩区“被山毛榉所占领，很难通行，已经成了盗贼们的乐园和避难所，他们整天伤害徒步旅行的人们”。威廉·吉尔平认为，它们俨然是“土匪”的巢穴。所有这些观点的观察范围只有方圆五英里多一点。

走近点儿再看，这片林子呈现出迥然不同的景观，山毛榉千变万化，其适应环境的能力非常强大。假如从东边返回，我要穿过皇后山毛榉附近的树林：道路一边是低矮的截了梢的山毛榉，一片片新生的山毛榉、桦树和荆棘。我从西边驱车经过一个又一个山峰。朝哈丁斯树林望去，满眼都是经暴风雨洗礼过的山毛榉，树尖直冲云霄，参差不齐，其下方是梣树柔软的

---

① 大约 700 年前，在诺丁汉以北广阔的舍伍德森林中，有一伙以罗宾汉为首的绿林好汉，他们揭竿而起，劫富济贫，专门打击贵族官僚，道貌岸然的修道院院长、主教等。

树梢。在南方腹地中有条惹人喜爱的车道，穿过沟壑里的山毛榉林，通向红鸢村。这是一片以商业方式管理的林地，深挖的斜坡改变树木生长模式，掩映在许多层摇曳的树叶间。春天，这里俨然成为山毛榉瀑布，苍白色的树干像是荡漾在绿色的海浪中。

另一片树林景色迥然不同。亨利镇北面梅登斯格罗夫的峡谷深处有一片山毛榉丛。它们看起来如同深暗色榛树，矮小、圆胖、多茎，树茎周围密布着新的小嫩枝。这些都还是小嫩枝，可能是由于不断有鹿来啃咬。但是，最大的那些根茎却是人工砍伐所致。山毛榉丛看起来就像小灌木林，上一次砍伐可能发生在维多利亚时代——尽管当地人似乎不记得曾有这种惯例。在今天的英国，山毛榉被修剪后好像无法很好地重新生长，这也许是因为鹿群的破坏，也许是因为晚霜冻坏了它们的根茎。砍伐行为持续了几百年，在这些再生的树木中，常规的修剪砍伐作业都是挑选那些再生能力最强、容易繁殖的树木来进行。砍伐和修剪后，很多新生树木会变得粗枝大叶，它们遍布整个大不列颠南部，从德文郡一直到诺福克北部。梅登斯格罗夫的山毛榉丛具有惊人的当地特征。在新生的幼苗中，总有一个相对粗壮的中央茎干，这难道是伐木工故意为其重生留存的生命线吗，就像伐木工处理苏赛克斯的榛树一样？此举是为了让树木抵御初春的寒冷么？

定期采伐正在生长的树林，这种行为几乎与历史上持续开展的清理树林的行为同时发生，其目的是为农业耕作腾出空间。但是，只要不是连根拔除的砍伐行为，那些阔叶林的新芽还会从树墩里冒出，枯树生华。那些被霜冻损坏、被大风刮断或者被食草动物啃咬过的树木也将枯枝再春。无论是年幼的枝干还是新苗，都有蛰伏的嫩芽，当老树枝被修剪砍伐后，这些嫩芽就迸发出生机、蓬勃再生。阔叶树经过进化，有很强的再生能力，几乎可以无限再生。因此，野生和人工的阔叶林随处可见：它们大多有圆形的树墩、坑坑洼洼的疤痕组织，多节、多新枝。刚修剪过的阔叶林，有时看上去就像一个个独立的树干，或是从树墩侧面冒出新芽，弯曲向上，垂直生长。动物可能反复啃咬这些重生的阔叶林，但是它们要彻底咬死这棵根部茂盛的阔叶林着实不易。

对树木进行定期的人工修剪，便是矮林作业。传统上，修剪作业间隔时间往往在 5 到 15 年之间。若间隔时间过短，再生的树枝就很细，只能做柴火用，别无他用。若间隔过长，则再生出更粗大的树枝，这可用于制作诸如简陋家具之类的产品。产出的过程比最终的成品更重要：山毛榉林是天然的可再生资源，可以提供你所需要的任何木材。

新石器时代，人类首次有组织地开采可再生的自然资源，以获取燃料、牲畜饲料和建筑材料。沼泽地区木制古道的遗迹表明，植树也可以是因为特定的工作需要。萨默斯特的斯威特小路是最古老、最完善的道路之一，它使用的木材笔直、整齐，据此几乎可以断定，这条道路使用的木材不是随便哪棵砍伐后的矮树。所有的橡树、梣木和冬青树的木材似乎都经过了精心挑选，从而满足建筑中的不同用途。似乎在矮林中进行了长期轮伐，才挑选出了这些木材。根据放射性碳测定年代法①可知，斯威特小道建于公元前 4000 到公元前 3000 年，这正好是第一批农民定居的时期。

像其他树木一样，山毛榉也被修剪成矮林——尽管不久之后发现，在新石器时代，山毛榉虽然可用作燃料和饲料，却无法用于户外道路的建设和修缮。另外，由于它容易腐烂，所以几乎不能当建材用。不过，山毛榉是全能型家用木材，能用作燃料、制作成木碗和简易家具。截至中世纪，其作为木炭来源的价值已经众所周知，还被广泛应用于欧洲工业。

再生树木的修剪时间大约是 10 年一周期，要长成所谓的“标准树”一般需要 80 到 100 年，这些成才的矮林就成为首例人工管理的林地——自然界中没有同样的林地。在某些方面，这类林地顺应了自然过程，就像那些被动物咀嚼后再生的树木

---

① 放射性测定年代法是根据放射性核素衰变的速度不随地球上的物理条件而变化的科学原理，应用现代放射性核素计时来测定年代的先进科学手法。

一样——但砍伐后再生的树木正在被人为地加速生长、修剪和管理。春天的花朵和重生的树木每隔 10 年就会光彩重现，可谓大自然之奇迹，但是这却要损耗树林中三分之二的自然生命。地面上的树木的成长期不会超过 100 年，树高也不会超过 15 米。高高的树冠、衰朽的老树、永远隐天蔽日的林荫，这些是“天然”林地的重要组成元素，依赖这些生存的动植物在人工林中无法存活。永远隐天蔽日的林荫貌似不利于树木生长，可是苔藓和真菌却离不开它。朽木的树皮、洞穴、空心树干中的干燥通道为昆虫的生长提供了重要的栖息地。由于“生长期”的树木可能占野生林木的一半，因此有相当数量的有机物依赖其生长。通常，人工矮林不会出现死亡的树木，也不存在存活超过 10 年的树荫的绿洲。

矮林是人类的一项独创发明，受到了自然过程的启发。矮林维系了它们发源地——野生林——中的许多树种，为喜光生物提供了栖息地，也是人类可持续获得树木的来源。但是它们只展现了林地的几个方面，与“自然”一词还相距甚远。

茂密的山毛榉矮林遍布整个欧洲，它们是最佳燃料来源之一。在苏赛克斯潮湿的山谷，地中海的高山地区都会进行砍伐。在这些地方，我看到过巨大的被砍伐后的树墩，它们肯定有 1000 多年的树龄。在文艺复兴时期的意大利，山毛榉有了新的妙用。在意大利北部地区，山毛榉成为造船所需的专门木材。利古利亚地区高山上的山毛榉，则成为热那亚海军的专用木材。但是，在当地人眼中，山毛榉更普遍地被应用到日常生活中，这种用途似乎与爱国的义务毫不相关。他们借助一种叫“ronco”的做法砍伐树木，当场焚烧树枝，在树墩间播种谷物，然后让树木重新生长——这是地球上最为奇异的作物轮作方式之一。如今，这里的山毛榉林还有一些活着的巨大树墩，这便是森林作业的遗迹。甚至连意大利的当代“林中人”毛罗·科罗纳，都在其畅销书《树林的声音》中采取了一种近乎神秘的视角，他提出了“树木社会”的观点，将山毛榉视为森林工人。由于贫瘠的土地上难以开展山地农业，德国部分地区也曾采取过类似 ronco 的做法。这种名为 Hackwald 的内容包括：利用砍伐和焚烧矮林作业之后产生的灰烬来肥沃土地，随后在林中空地播种可耕种的作物——一般是黑麦，但有时候也播种小麦或土豆。

在英格兰南部，一直到 18 世纪，山毛榉都是罗马玻璃制造行业的主要燃料。在南威尔士卡迪夫附近，在铁器时代制造的壁炉中找到了山毛榉木炭。10 世纪的威尔士法律规定，一棵山毛榉的价值是 60 便士。在威尔士，山毛榉通常用于内部建筑修复。1286 年在格拉摩根郡建造的郎格兰海湾城堡就是用山毛榉木材来装修的。但是，就像其他地方一样，砍伐后的山毛榉更多地用作家用燃料，以及新兴的铅铁熔炼行业的燃料。16世纪，威尔士有一系列诗歌哀悼了山毛榉因燃料之用而遭遇砍伐的命运，叶廷之子、里斯之孙托马斯曾经这样哀悼格拉摩根郡的一片树林：

炼铁毁掉了让科德马斯特尔阴凉地，
也耗尽了薪柴。

托马斯控诉了当地将山毛榉用作建材的行为。这种行为不仅损害了山毛榉，还伤害了野生鸣禽、獾、榛子、山毛榉果实、喂猪的橡子，甚至破坏了情侣幽会的场所。这样的控诉是献给山毛榉幼林的挽歌，对英国殖民主义的憎恶又加剧了此等悲痛心情。但是，假如砍掉所有高大的山毛榉，那么一定还会有山毛榉矮林存活下来。美国人口中的“原始森林”将会变成山毛榉矮林。南威尔士树林继续为不断扩张的当地熔炼行业提供柴火，直到出现了煤炭。大量的矮林被用作柴火——尤其是山毛榉和橡树，这已由当地炼铁行业的记录证实。在16世纪中期的格拉摩根郡，统计被砍伐的木材时，通常使用“考得”这样的单位，这是测量堆放着的木材的一种方式。一考得长2.4米、宽1.2米、高1.2米。四考得将产出一车木炭，五车木炭可生产一吨铁。为了供应一个火炉的燃料，每年需要伐木9611考得，即超过 28000 立方米的小径材。

如今还存活在南威尔士煤田附近的一大片引人注目的高山山毛榉林地，过去由人工管理。它们孤独地长在绝壁上，陡峭的山坡上矗立着多节的矮林树墩。有些长在海拔 500 米的高地，这些山毛榉成为英国最高的天然山毛榉林，这也是欧洲最西北的山毛榉林。二月的一个早上，我走过布罗林格树林，这是埃布谷以东 6 英里处的一座隆起的砂岩山。前一晚下了整整一夜的雪，肆虐的大雪疾风让树木看上去如同幽灵一般，覆盖着白雪，时隐时现。我几乎分不出树的种类。但是当我走上斜坡，趟过大约 20 厘米厚的积雪，经过一棵棵树木，我发现“帕森的树林”原来是一座宽阔的教堂。截了梢的榆树、高耸的森林山毛榉、拦腰砍断的橡树墩与一丛丛灌木混杂在一起。最近一次砍伐这些树的时间很可能在 20 世纪初。在北部树林边缘，有一排排被截去树梢的山毛榉，其银丝般的树冠顶部，仿佛已经化作柔雪，在暴风雪中难以分清。

我迎风从布罗林格向南行走，来到潘奇博尔，这片树林长约 400 米。一路上我看到高大的山毛榉，弯弯曲曲地种植在这片林子的边界处。看上去是山毛榉决定了这片林地的形状，而不是林地的形状决定了山毛榉的种植方式。随后，潘奇博尔映入眼帘，我的地图显示，这是一个林木的漩涡，其中心是一个小型的人工湖。我不敢独自前往寻找。雪已经停止，地面却湿滑陡峭、岩石遍布、布满车辙。我不断地滑入肉眼见不到的洼地之中，膝盖都陷了进去。但是这真的值得一看，哪怕是林子的边缘。存活 300 年之久、截了梢的山毛榉群，高大挺秀，枝繁叶茂，其树枝与地面水平生长，一直伸展到坑坑洼洼的小路边，几乎遮蔽了道路。站在树林的最高点向外看，我能够看到整片林子的景观，大雪让这片林子看上去干净利索，目之所及唯有石头、空间和树木。模糊不清的小灌木林与北边相距不足一英里。边界处的树木比较稀少。潘奇博尔林区稀疏杂乱，但大部分地方曾经也是树木葱茏，植被丰富，既是葱葱郁郁的牧草地，又是柴火燃料供应地。

中世纪，官方矮林作业区域没有实行严格的控制隔离——这种做法只出现在林木匮乏的年代。假如周边林地莽莽苍苍，只要人类有需求，那么很多树木就将遭到肆意砍伐。而有些树木则被砍去树枝，或者截去树顶，与人比肩，目的是方便人们开展下一步作业。假如阳光充足，这些被砍掉的树木会像矮林一样，在砍伐处抽出新芽新枝。如果这种砍伐行为是有意为之，且是有规律的周期性行为，这就被称为“截梢剪枝”。假如截梢剪枝后再生的树木长得够高，那么这些树木就不会遭受食草动物的啃咬，这意味着可以在同一片土地上实现树木生长与牲畜养殖。

相对于矮林，我们更熟悉截梢剪枝这样的传统。其常见于城市道路上剃须刷般的欧椴树，也经常出现于阿瑟·拉克姆[①]的蚀刻版画以及托尔金的作品，比如“人头树身”和“树人”的形象。大多数树种会每隔15年至20年进行一次截梢剪枝，修剪到约2至3米高。这样，所有的树木都保持在同一高度，之后新枝会从树干一处弯弯曲曲、逐渐扩大的伤疤中冒出。不过，在再生过程中，山毛榉常比其他树木长得更好更快，每次都会长出洛可可式装饰品一样的新树枝。

在欧洲森林茂盛的地区，牧场上有一些截梢树的区域——“林地牧场区”——区域里有临时性护栏保护幼小的矮林再生；植被、矮林或混在树林中生长，或在树林边缘与林中树木和谐共生。德语的森林（wald 和 weald），荷兰语的森林（bos，bosch 和 holt）和古法语的森林（bosc）后来都融入英语，这些术语似乎可以普遍用来称呼那些未经耕种、部分被树林覆盖的林地，而不管这些林地通过何种方式管理，也不管这些林地的树木有何用处，这些术语主要用来区分耕地和林地。后来，这些术语需要再添加特定的语义，以区分开放式林场和密闭型矮林。比如，描写早期的开放式林场最好选用 savannah（大草原），这是西班牙语词汇，最早用于形容北美洲的开阔平原，后来用

① 阿瑟·拉克姆（Arthur Rackham，1867—1939）是19世纪末20世纪初的英国插画家，擅长为幻想文学绘制插画，他设计的角色形象、描绘的手法都非常独特，引得当时很多插画家效仿。

于描述非洲树木稀疏的平原，如今则广泛用于描述长有零散树木和树丛的林场，不管这些林场是人工的还是天然的。

中世纪的奇尔特恩很可能便是这种混生的林区。从南部的泰晤士河至北部的文多弗，有一片200平方英里的丘陵地，其中一半面积——主要是贫瘠陡峭的斜坡和高原——被矮林、公用林地以及少量封闭的木材林所覆盖。这一比例比当时英格兰林地的普遍情况高出一倍。花粉证据和早期的文献记录表明，当时的混合型树木，其种类比今天更加丰富。牛津大学的默顿学院曾拥有伊布斯通庄园，根据其文献记载，其林地混合了山毛榉、橡树和梣树。靠近斯托纳的克尔瑞举林区的一份租约提及了“山毛榉、橡树、柳树、枫树、山杨和白面子树”。山毛榉当时常见于整个地区，虽然其群落并非总是高大、整齐。1310年，有份签署令要求砍伐布勒德楼林地的3000棵山毛榉。再往南的陡坡下，威廉·斯托纳爵士为了“腾出桑德斯和格林菲尔德的土地”，出售了500棵山毛榉。

与花粉沉积物相比，账簿和特许证提供了更加专业化的情况介绍。这些记录呈现了树林的调查情况，包括砍伐和销售记录。大卫·罗登、莱斯利·海柏尔和艾莉森·多格特三人详尽地检索了奇尔特恩区的资料库，并选择性地记录了一些人的观点。他们中有的与树林之间存在利益关系，有的或对树林充满野心，或因债务危机而对树林抱有想法，有的则清楚知道自己需要哪些树木、懂得这些树木的价值。此前，很少有人描述在林中劳作的工人以及他们对树木的感受，也未曾发现任何无名作者写的林地诗歌，甚至于早期对于林地特征的描述也极为罕见。

然而，在公用林地上，平民的权利范围则体现了一定的人情味。通常情况下，庄园主有权砍伐树木，截梢剪枝。平民则有权砍伐树枝，搜集枯木，用它们作燃料和修缮房屋。有时候，相关法令法规也会规定采集树枝的时间和数量等。比如，沃特林顿附近薛伯公用林地，只有在特定星期才可以去采集薪柴。在奇尔特恩悬崖边的教区内，可以在公用林地行使的权利就是“护林”。1293 年对普林斯里斯伯勒所做的一次事后调查记载：“在两块界外林地（出自 forinescus 一词，指领地上的公园之外的林地）上，四个城镇的所有男人都拥有免费的公用地，庄园的自由佃户在养猪时不用付给林主放猪费……所有佃户共同拥有的林地被称作‘Le Hellewrk’。”所谓的放猪费，指的是平民为了获取让自己的猪在林地拱地、吃山毛榉果实和橡子的权利而需要支付的费用，不过牛和羊通常不用付这笔费用。

被砍伐树木的销售单据提供了更多线索，涉及山毛榉供应链的目的，以及相关目的地和营生情况。斯托纳庄园 1482 年的木材销售单据包括这些条目：制钉机所需的木材，鞋匠制作鞋楦所需的山毛榉木材。亨利·帕尔文“在博内尔山上砍伐了11车矮林”。更多数量的山毛榉木材用马车从西南树林拉到马洛地区的泰晤士河，然后用平底载货船运送至伦敦。1677年，亨利公园的约翰·泰勒同意向威廉·霍金斯（威斯敏斯特地区的一名木材商贩）提供1000车的薪柴，售价为540英镑，运送至格林兰的泰晤士码头。

哈丁斯林地的山毛榉是否历经长途跋涉，用马车运送至泰晤士河，然后沿河送至达萨瑟克区，最后用人力将山毛榉原木挑运到村庄？整个地区的薪柴交易之所以繁荣，是因为通过河流就可以方便地把木材运往伦敦。17世纪末，甚至连塞缪尔·皮普斯对此都做出了评论。在其1688年的笔记本里，有一页的标题是“亨利公园开采薪柴记录”，其中写道：“我亲自咨询过山毛榉木材的问题。据说山毛榉木材易燃、更干净、无火花，能烧制出更优良的木炭。虽然作为柴火，橡树比山毛榉燃烧时间更长，但是，制作成木炭，山毛榉却比橡树燃烧的时间更久，二者计量方法和价格相同（我认为他们是这样告诉我的），或者相近。”50年以后，丹尼尔·笛福在《不列颠全岛纪游》（1725）一书中写到了拜访马洛的场景，第一次详细地阐述了山毛榉的用途和重要性：

这里的山毛榉树也被大量砍伐，比起英格兰其他地方，白金汉郡的山毛榉长得更加繁茂。就某些用途而言，相比英国其他树木，这些山毛榉无疑是最有用的，缺少了它们，伦敦市内的生活将更加困难。

1. 根据城市法的规定，车轮包铁的马车不允许行驶在伦敦街道上。只有木质车轮的马车可以进入伦敦街头。而大马车的轮毂（木质车轮边缘）就是用山毛榉做的。因此，因为有了山毛榉，油菜推车、垃圾车以及其他诸如此类的车辆才能时常往来于伦敦街头，运送货物。

2. 用于国王宫殿建设，为薄板、火石玻璃房屋以及其他此类用途提供木材。

3. 用于制作跳水的跳板，特别是制作桌椅和车工工艺品。山毛榉遭遇大肆砍伐，数目之大令人难以置信。此外，长满山毛榉的乡村也出现过类似的大肆砍伐情况——砍掉的山毛榉售价十分合理，而且也不用担心此地的山毛榉会出现短缺。

当地也有一个非常繁荣的山毛榉薪柴交易市场，至少包括一个亨里玻璃工厂的大型工业客户。但是在奇尔特恩区，几乎从不使用山毛榉来做建材，因为橡树做建材具有更好的防风雨性能。

笛福记录了当年山毛榉的需求情况。那时伐木作业或计划作业的规模非常大，对山毛榉木材的需求确实令人难以置信。1721年，根据评估人沃尔特·奈特和约瑟夫·科利尔的清点，在薛伯地区的上林和下林区总共有49380棵山毛榉，价值为3514英镑。但是，一位有意向的买家帕克爵士并不信任这些评估人，他咨询了一名当地农民——约翰·图威。约翰严厉地评论了奈特和科利尔二人的评估结果："我认为他俩代表着一批人的利益，他们购买山毛榉木材的目的就是为了毁灭它们。"并展示了他自己更为勤勉的调查技能：

> 我并不十分赞同沃奈特和科利尔两人的统计方式。我找了一个对树林有良好判断力的人，同时还邀请了一个姑娘作为测量员，与我们一同前去计算山毛榉的数量。她给了我一块铁器，要求我跟着她一起边走边在树木上做标记。我的一名工作人员跟着她走了两英里，目的是估算二人之间山毛榉树木的数量。其方法是，她走动时他也走动，等距离行动来计数……当然，我们的调查结果并非没有误差。但是我们提供的调查结果必定不会差于其他人。

约翰·图威的调查结果更合适，比奈特和科利尔两人的调查结果更具包容性。根据他的计算，山毛榉树，包括剪下树梢的木材，其价格是7便士每英尺，合计2402英镑。

我被这些一线基层林业工作者所感动。他们在山毛榉林中的工作缓慢开展着，技巧娴熟的乡村姑娘走向前，在树木上做标记，在与她肩膀差不多高的树干上绑上一条带子，以测量树围；两名计量人员紧随其后，依据这些相关信息估测山毛榉的数量和价值，以方言草草记下他们的估算结果。山毛榉就好像被无形的绳子捆住一般，保持其固定距离以确保不会被重复计算，或者遗漏，最终得到测量结果。

他们的调查展现了奇尔特恩区山毛榉的分布状况。20 年以后，薛伯恩上林区从地图上消失，不是因为它们被砍伐殆尽——至少从铁器时代开始，山毛榉树林被砍伐之后总能够完美地再生——而是因为其生长土地已经被转换为非林地。1747 年，约翰的一名亲戚瑞克·图威与其他两人共同拥有这片土地，他们挖断树根，深挖土地，然后拉开了精明的地产投机行为的序幕。他们扩建了一座农舍，搭建了一间茅草谷仓和马舍，在尚未开发的可耕种的土地上竖起篱笆，将整个庄园命名为“波多贝罗农场”，这名字源自英国海军的一次胜利。然后他们以 10 先令每英亩的价格将庄园租给丹尼尔·韦斯特。

整个奇尔特恩区以及英格兰南部的部分地区（包括哈丁斯林地的三分之一）的林地都遭遇了相同的命运。因为玉米价格上涨，可耕种土地的价值上升速度超过了林地。伦敦地区也可以轻而易举得到煤炭，这意味着山毛榉薪柴交易市场正在失去其最为重要的一部分市场。庄园主发现越来越难找到理由来保留自己的林地。安东尼·曼斯菲尔德估计，在1600年至1800年间，奇尔特恩区南部林地占总林地面积的比率从一半缩减至三分之一。尽管如此，许多古老的山毛榉林地仍旧存活下来，保留至今。薛伯恩下林区的部分林地如今仍然茂盛，布勒德楼、格林菲尔德和亨里地区的大篇林地（与上述其他地区相比）也很繁茂。

山毛榉林地特征的变化之大，正如同其面积变化一般。随着林地缩减，"山毛榉化"的现象日益显著。在如火如荼的造船和建房时期，橡树几乎被砍伐殆尽，这为19世纪山毛榉林一枝独秀的发展铺平了道路。正如当地农业作家威廉·埃利斯于18世纪30年代所评论的那样："这现象普遍发生在奇尔特恩地区，当橡树林被砍伐殆尽后，山毛榉林就自发地生长；但是一旦山毛榉成为林中主角，它们总能想方设法地成为这里的主人。"

2

截至18世纪，新森林的林地肯定也如同上述地区一样，开始"山毛榉化"。长期以来，有这样一个趋势，其周期要远长于山毛榉胜过其他树种的周期性趋势：史前莱姆树曾占据优势地位，中世纪橡树成为林中主体，而今山毛榉脱颖而出成为主角。

没有人知道其中缘由，这可能是土壤中矿物质缓慢耗尽所致。17世纪晚期到18世纪这段海军危机时期，新森林成熟的橡树逐渐变少，这里便日益“山毛榉化”了。

如今，从林德赫斯特向外望去，透过石南，向马特里树林望去，除了山毛榉衬托着的暗色冬青灌木林之外，几乎看不到其他树种。我于11月中旬来到这里，山毛榉的叶子在晨光下呈现铬黄和橘黄色的光辉，这让其他树木黯然失色，乍看起来，它们像经过了打磨抛光一般。地面有些许霜，拂去了树下凋零的石南花上的尘埃。如果秋天提前到来，那么当山毛榉树叶呈金黄色时，石南花也还盛开着，与树木的色彩交相辉映。今天几乎难以想象出那样的美景。我有些不安地注意到，停车场张贴了萨马利亚人的海报：如此生机盎然的景观竟然可以吸引忧郁症患者，还真是奇怪。

我上一次来新森林还是10多年前，我去那里学习了截梢树的相关知识，以便写一篇文章。不过，我一直都是固定访客，同时也比较随性，无论何时经过南方村落，都是想去就去。卡德曼地区首个牲畜栅栏发出的咯咯声都曾让我异常激动。这是英格兰的另一种特色，畜牧区没有栅栏，特别蓬乱，不整齐。我第一次来这儿，是与我学校的童子军来野营。第二次来是观鸟假日，来这儿观看荆豆上的达特福德莺鸟、小路上以尘土洗浴的欧夜鹰。我成年后，虽然四处奔波，仍旧会挤出时间在皮科特鲍斯特逗留，欣赏令人眼花缭乱的东部景观——绵延 10 英里未设栅栏的森林和欧石南丛生的荒野，一直蔓延至索伦特海峡的炼油厂。

但是，就像之前在奇尔特恩区一样，我也极少注意到这些树木。对我而言，这些树木只是另一个舞台上的固定设备和装置，一个环境的背景而已，并非充满生机的生态群落。不过当它们作为新森林的一部分进入我的视野时，我惊讶地发现，这样一片土地居然可以完好地存活于工业发达的英格兰南部海岸。我可以想象，从 11 世纪开始，也可能从铁器时代开始，它们几乎没有变化。古树丛与石南平原和沼泽地混在一起，风光如同大草原，这曾经是我们人类最原始的生存环境，也是英国第一批乡村定居者的家乡风景。这是一个充满生机的林地，是史前晚期的一块公有地。1087 年，征服者威廉征用此林地，将其打造为皇家捕猎森林，这片森林也许是因他的缘故而免于耕作和开发，可是他并没有造就这片林子的性格。

让我震撼的并非是这片森林有多古老，而是这片森林给人一种新颖的感觉。新森林重获了新生。它似乎正缓慢地呈现生机。其边缘明显形成了植物竞争的格局。风拂溪边柳，枝头露新芽。石南花和欧洲蕨悄然潜入倒下的大山毛榉树边，生长开花。冬青和黑刺李丛中惊现橡树幼苗。整个林区似乎处在微妙的地盘争夺战中，植物用尽解数，更换搭档。在维多利亚时期，地质学作家 E. 布里斯克·艾尔常出没于这片森林，他用一句话精准地描述了这种动态的张力：“连接荒原和树林低地的斜坡，因植被混长，已成为一块尚存争议的土地（在我看来）。在那里，石南已经渗透进粗犷林地，在不断扩张其领地。”

但是，在新千年的这个秋日早晨，我没能看到更多尚存争议的土地。草原被不断壮大的马群啃咬。树林和石南的边界似乎比原来更分明，显得有些突兀。在前往“木格栅”——这是“老景观林”之前的名字，十分有趣，但没人能解释——的途中，我没有看到一棵橡树或山毛榉树苗。我加入了由一群富有才干的自然主义者组织的旅行，这群人是我的老朋友，摄影记者和作家鲍勃·吉本斯招募的。其中包括自由生态学者尼尔·桑德森，他对我们很多人不曾注意的有机物有着广泛深入的了解，还有克莱夫·查特斯，他是新森林国家公园办公室的主席。我们行走在融化的霜冻中，绕过古树中间的幼小桦树和橡树。山毛榉映入我眼帘的那一刻，我着实惊讶。整个山毛榉群赫然独立、恢复了原来的生长状态：巨大的截梢树；高大耸立、未经修剪的树枝；像用作木材的树种那样笔直挺立，却没有它们那样齐整的山毛榉；烂了一半、形同峭壁的树木。有些山毛榉分了叉，有些则有细褶或网状树皮，还有些有单漩，其树干像一个低矮的瓶塞钻，仿佛被龙卷风扭曲了。这也许源自其易受影响的青年时期。虽然大风是山毛榉的强力造型师，但是很多山毛榉的形态和树皮特征都属于先天遗传，在野生天然群落中经常可以看到。也许它们生来还有种分裂的趋势。我们面前是一棵开裂的山毛榉，有三层楼那么高。还有一个向外突出的牛排霉菌，如同向上伸着的2米长的牛舌头。一棵道格拉斯杉树幼苗，长在裂缝中，根长五米。一棵冬青生长于腐烂洞穴之中，根长10米。我曾经看到空中撒播的树种让比利牛斯山的林地得以再生。在一些郁郁苍苍的古代树丛中，树木没有倒地，而是在原地腐烂，然后就像六角手风琴一样把自己折叠起来，轻轻地倒在与它们共同生长的幼苗下面，化作松软的堆肥渗入土壤中。

在这里，老树腐烂倒下滋养幼苗的现象并不常有。但是大多数山毛榉幼苗植根于地面上正在腐烂的树干中，或者生长在砍伐后留下的树墩里。这些地方的营养物质可能更多，也可能是这些地方远离了地面捕食者，对山毛榉来说更安全。许多生长于树墩上的幼苗，其根部离地面一米以上。但是五年树龄和五十年树龄的山毛榉幼林几乎没有，自然再生现象似乎停滞不前了。我们与克莱夫·查特斯谈论新森林的漫长的周期性变化，这既是一个生态问题，也是一个社会问题。自从威廉颁布《造林法案》之后，担心林木发展的皇家狩猎者与将牲畜放养在开阔空间啃食植被的平民之间关系十分紧张。16世纪，当国王的兴趣逐渐从打猎活动转移到商业木材栽培时，上述矛盾持续发酵，按照布利斯科·艾尔的隐喻来说，林地和石南荒野不断“吵嘴”。当前，放牧活动处于优势，因为新移民的放牧牲畜不断涌入，不断啃食重生的树木幼苗。

这是一种微妙且难以长期维持的平衡。我们都希望我们身边有另外一名非常了解新森林的内行，来为我们解释其中的错综复杂，即已故的科林·塔布斯。科林是20世纪70年代和20世纪80年代英国自然保护委员会的一名森林官员，也是其最忠诚的拥护者之一。他写了两本开创性的著作，关注森林复杂的生态历史和自然历史，并且与乔治·皮特肯一起，研究得出林木自我重生的周期。20世纪60年代和70年代，业界普遍认为森林不会再生，事实也的确如此。这是时代的反思。森林业一意孤行地追求木材项目，将林地等同于工厂化农场经营。土生树木被认为产值低，受到轻视。人们不顾长期的经济效应，污染古树林，在它们周围过量种植快速生长的针叶林。幼林没有被认可为木材，除非它们可以一年又一年地快速生长，就像黑麦草①那样。

皮特肯和塔布斯指出，新森林的幼年山毛榉和橡树在1970年左右已经停止生长，这种现象几乎肯定是因为过度放牧造成

---

① 黑麦草为四倍体一年生黑麦草，具有抗寒性好、不易倒伏、发芽快、再生迅速和高产的特点，苗期生长非常旺盛，播种45天后即可收割第一茬鲜草，以后每隔15天就可刈割一次。

的。但是，通过仔细研究历史文件和森林树木，他们也发现，树木停滞不长的状态在其长期再生过程中是不变的规律。而存活下来的粗约 6 至 7 米的巨大山毛榉和橡树，初长于 17 世纪光线良好的环境里，随后它们便遭遇了大规模砍伐。第二代树木，大部分的树龄介于 150 至 200 岁，混合了山毛榉、橡树、桦树、山楂树和花楸，它们在老一代树木被砍伐之后的空隙中生长。最近一代——大多数是桦树和橡树，山毛榉的数量还非常少——生长在林间空地和边缘处。整个 20 世纪，只要动物啃食得不那么厉害，这些树木就会间歇性地抽新芽。这些偶然出现的植被再生现象，完全足够恢复新森林中林木的覆盖范围，奇怪的是，这样简单的运行机制却经常被忽视。例如，若一英亩的古老林地中存在三十棵树龄为 300 岁的山毛榉，如果每隔百年有十棵新树苗达到成年状态，这片林地便可以获得新生。

在 21 世纪早期，曾经出现了大量的新树苗，但是它们能否存活下去并长成健康的小树，则取决于它们处于新森林的哪一区域。从行政上来讲，新森林只是单独一片地区。作为一个生态系统，它有巨大的多样性，遍布着树林和石南丛。在动物啃食严重的区域，植被再生现象消失。在其他区域，由于几个世纪的树木生长和收割导致土壤中无机物耗尽，几乎没有植被再生现象。它们变为林地之前，可能需要在一段时间内过渡为天然草地。在遍布冬青和矮树丛的其他地方，幼小橡树和山毛榉顺利生长着，此后 400 年，它们在此地逐渐成为“古观赏林”的新生代树木。

不过，塔布斯本人并不自信。1986 年（六年后，他因癌症而早逝），不知道未来将会如何的他提出了一个质疑：截了梢的古树——作为后续几代的母树——是否比他活得更长寿。1698 出台的《圈地法案》规定，在新森林砍伐截梢树、为鹿提供草料是合法的，但用作薪柴则是非法的。令人吃惊的是，在拥有古老历史的公共区域，市民似乎遵守了这项立法，科林关于再生树枝数量的计量，实际上并没有为我们提供 1700 年以后截枝作业的证据。由于不停地进行截梢剪枝，树木逐渐变得头重脚轻，非常容易被风刮断。但是确保截梢树继续存活下去的唯一方法还是继续截梢剪枝，尽管我们可能不喜欢看到这样的结局。

在此次关于新森林内部历史的重要研讨会中，尼尔·桑德森提出了一种自然主义者的论调，即兴讲述了新森林中野生动物如何回应树木的规律性变化。在每年的这个时节，都极少有机会看到新森林里那些棒极了的特色昆虫：生活在枯木上的稀有甲虫和苍蝇，其中某些物种在英国其他地区就没有。不过，随处都有大量的真菌和地被植物。我们走过松软的苔藓①地毯，

① 苔藓植物（Bryophyte），属于最低等的高等植物。植物无花，无种子，以孢子繁殖。能作为监测空气污染程度的指示植物。

在黑压压的山毛榉林地里，这些苔藓像鲜花一样。各种各样的苔藓，有的遍布在小丘坡上，铺就华丽繁茂的颜色，有的打造出圆咕隆咚的天鹅绒坐垫，它们被分裂成更小的青苔球，随风飞舞在树林中。苔藓类暗色丛生植物并没有一个通用的名称：它们生活在森林的阴凉面，太不起眼又相当平常，都难于在当地方言中找到它们的名称。但的确有种青苔是有名字的，这十分讽刺，因为它非常罕见，对生存环境又特别挑剔。它就是山毛榉节孔青苔，它们只生长在树干上有雨迹的地方和浸满雨水的树洞周围的树疤上，但这类树木却也只有在古老的天然林地中才有。可是居然在这里发现了这样的青苔，它们是像一缕暗绿色马鬃一样的丛生植物，生长在腐烂树墩的树根上。这一发现让研究者非常激动，这是新森林的新发现，其证明了古代山毛榉存在于“木格栅”。

尼尔坚持说应该近距离观察，所以我们走近放养小马的区域，这些小马没有咀嚼山毛榉的叶子，它们啃咬树皮和蓓蕾，用嘴撕咬着树枝，仿佛正在吃骨头上的肉一样。毫无疑问，它们将对年幼树苗造成此等巨大灾害。

我忍不住向上看。我头顶上的树干如同一卷卷的半透明羊皮纸，树干上覆盖了一层稀薄、绸缎般的地衣和青苔。我认识几个：浅灰色油漆喷溅式的网衣属青苔，上面点缀着一些黑色的孢子；文字衣属地衣，或称“书写”地衣，其薄衣上似乎潦草地写着象形文字。尼尔虽然忙于捣鼓自己的镜头，却熟知这一切。他向我们展示了新森林的一大“特产”——“地图”地衣，其奶油般的底部被分裂为黑边的马赛克，像早期田亩制度的方案一样。还有一种地衣有个英国名字，叫树藤壶地衣。透过玻璃，我观看这些细小的孢子洞，它们的确像藤壶，并不是我们偶尔随意比作的微型甜甜圈，上面还生长着某些微小的真菌——小型红色象鼻虫——正啃咬着地衣，与小马驹咀嚼山毛榉一样。看着这一长串的生态依赖链，哪怕在象鼻虫的翅膀下还存在着更小的生物，正在啃食它，我也不会感到吃惊。

地衣[①]是种复合型植物，即真菌和藻类共生植物。真菌黏附在树表层的植被中，藻类通过光合作用，向其提供食物。地衣复合物依赖雨水冲洗和树皮上的细流，为其提供水和其他营养物质。因此，不用吃惊，它们属于敏感型、慢速增长的作物，难以适应污染的空气或持续干旱的气候。尼尔解释道，大树上生长的一些地衣群落，它们能适应不同的微观气候，既喜好沐浴日光的树林，也喜欢日照斑驳的树荫。它们生活在“泥沼”群落，依赖着腐烂洞穴周围的潮湿和酸性细流生存；生活在“白垩丘陵地”群，依附受伤树皮流出的碱性物质而旺盛生长。几百年来，生活在这些群落中的个体生物不断蔓延扩张直至边

① 地衣植物，真菌和藻类共生的一类特殊植物。无根、茎、叶的分化，能生活在各种环境中，被称为“植物界的拓荒先锋”。

缘相连，完全将树皮覆盖了，然后进入一种停滞而静态的僵持状态，但是并没有死亡，只是在等待时机。当生态条件变化了，比如湿度增加，或者附近树木被砍伐了，阳光趁机普照树林，它们将继续演替生长，就像林中树木一样。某些品种消亡了，其他物种则涌入它们的领地。

对横跨这些群落的生物群，即地衣，其成长需要稳定的森林条件和长期生存的树木，缺乏这些必要条件，就很难大量繁殖。新森林里蕴藏着丰富的地衣青苔，其拥有北欧地区内最好的山毛榉地衣。我们走在“木格栅”林区的中心地带，这里的古树可以追溯到古代。四个世纪之前，山毛榉正是从这里开始其扩张进程的，地衣可能也是从最多见的橡树移植到这些山毛榉树上的。这里的山毛榉可能代表了更古老的榉树血统，可能是6000年以前，首批抵达英国的第一批树木的第三十代。

我们继续向前漫步，在一片沼泽地里，我们穿过了那些不按任何规律成长的山毛榉。这里空气温润，格外清新，在阳光的照耀下，潮湿的沼泽地散发出一阵阵树脂清香，沁人心脾；我们继续向丛林深处走着，渐渐地看到越来越多枯死的大树，它们横七竖八地倒在地上，发黄发黑的树干上长满了各种真菌、檐状菌等；我轻轻地用手拨了一下压在树木底下的那一大片发黑又发紫的真菌群落（树舌灵芝孢子染色的时候就会变得青一块紫一块的，仿佛是被别人打得鼻青脸肿一般，活灵活现的）——多么令人敬佩的自然涂鸦呀！我特别希望在这里能找到矮冬青。只要将树木稍加截梢剪枝，便能让更多的阳光照到这丛林深处的地衣上。冬青是在新森林里常见的树木，可以说无处不在，冬青和山毛榉一样都是喜阴树木的一种，它们四季常青，其树叶成为马儿的最爱之一。由于它们身型矮小，又常年生活在低洼黑暗之地，冬天缺少阳光时，其树枝经常垂到地面，奄奄一息，仿佛不久于世，令人惋惜。不过来年春天，它们又会重新恢复生机，就好像从冬眠中苏醒一样，朝气蓬勃，一片欣欣向荣的景象。据此，它们被认为是森林中最坚不可摧的树木之一。

新森林的一大特征就是那几乎呈圆形的冬青灌木丛，当地人称之为‘hatts’或者‘holms’，其生长在开阔的荒野之中。通常来说，在这些荒野上，冬青与幼小的橡树（偶尔还有山毛榉）开始形成新的小树林，在此过程中，树苗与冬青一道生长，并受其保护。但是幼小的冬青树与其他树苗一样，也十分脆弱，饱受食草类动物所带来的压力。所谓十年树木，小冬青树短期内成不了什么大气候，而有些许树龄的橡树毕竟也不多，因此在很长一段时间里，新森林就成了山毛榉和冬青的王国。当然事情也不总是这样。1608 年，在海军贪婪地盯上这片森林，并大肆索取之前，布塔斯对这片森林的林木做了一份非常详细的记录。从中，我们发现这片森林当时有 123927 棵可用木材，基本全是橡树木材。118072 棵腐烂和用作柴火的树，大部分是山毛榉和橡树截梢剪枝后的树枝。79000 棵小树苗。次年，布塔斯又做了份更详尽的调查，提供了两个新数据：122954 和 53123，均较去年有所下滑，记录中没有详细说明这两个数据指什么，却指出橡树总量依旧大得惊人。一百年后的调查揭示，情况发生了戏剧性的逆转，现在仅有 21476 棵橡树可供皇家海军使用，这些树木面临着随时被砍伐殆尽的危险。究竟发生了什么，竟然使得橡树总量（至少是那些腐烂和用作柴火的树）急剧减少？

3

十七、十八世纪的英国，政治变革持续不断，这种动乱也体现在当局对树木资源的看法上。英国既要面对国内经济增长的压力，又要应对来自别国的威胁。于政府而言，既要对树木进行短期开发利用，为工业发展提供原料；又要实现对古木材的长期保护，用它们来修建战舰；还要清理林地、种植农作物，为不断增加的人口提供口粮。毋庸置疑，短期开发的想法占了上风。在厉行“专制”的查理一世时期，议会解散期间，迪恩皇家森林被拍卖，成功拍下这片森林的是罗伯特·温德爵士。这位不择手段的企业家拥有惊人财富，还是个钢铁大亨。在一年时间内，他就砍倒了林区三分之一的树木。查理一世在内战中下台时，树木的掠夺者“仅仅是改换门庭而已”。正如西蒙·沙玛所说，“多数人的掠夺取代了少数人的掠夺。”

> 被承包者——不管他是议会派还是保皇派——控制森林多年之后，为数众多的普通民众如同军队一般入侵森林，将视野范围内的树木通通砍倒。在邻居和邻村的人到来之前，灌木、好木材、倒下的大小树枝——所有能带走的一切——都被通通带走。

人们在大肆砍伐可做柴火的木材时，山毛榉同样无法幸免。但总的来说，因为人们最想要的还是橡树，山毛榉因此还得到了一些好处。

如果这就是当时所发生的一切，那么它似乎并没有造成什么长期性的损害。联邦时期遭遇砍伐的树林，包括迪恩皇家森林在内，最终还是幸存了下来。迪恩皇家森林曾经被大肆砍伐掠夺，最终只剩下草地。然而一段时间后，树木又渐渐长了起来。用当时的话来说，大多数树木是被“浪费”了，而非被毁灭。当森林中的参天大树瞬间沦为矮小灌木时，看到这样的情景对许多人而言都很痛苦无奈。但从生态学的角度看，曾经高大的树木被数量更加庞大的短枝矮林所取代，这不过是树木生长期内正常的生命规律。之后的国家危机时期内再次出现类似情况。从19世纪中叶到20世纪后半叶，大片的林地被摧毁，化为一片荒原。

1660年，君主制复辟，英国政府随即决定，对树木的砍伐应当适可而止。国家的战略储备木材处于极度枯竭状态。皇家海军委员要求皇家学会就该问题写一份特殊报告，并提出相应的建议和措施。如今，几乎没有历史学家相信那个时期真的出现过树木枯竭的情况，他们认为，当时若没有足够的本土木材，海军的发展将难以维系。一定要有大量的树木储备才足以成功修建舰队，从而与西班牙的无敌舰队相抗衡。据说，建造一艘舰船需要大约30万年树龄的橡树。这听上去是一个巨大而又惊人的数字。因此，当时英国的树木应该相当多。大部分树木均为向上生长的直树，它们在小灌木林中笔直地生长着；其他长得弯弯曲曲树木则需要借助一些辅助手段来扶直，比如龙骨和弓。在小灌木林中，每英亩地一般能生长20到40棵橡树。原则上，一支包含25艘舰船的舰队需要1000公顷的笔直树木。根据英国地形测量局发布的地形图，英国有16平方公里的笔直树木，弯曲的树木则包括私人公园、皇家森林和灌木篱墙中自由生长的橡树，它们的问题更多。

现实中的问题与其说是树木短缺，不如说是供给不平衡。皇家委员资金不足，而私人土地所有者却又紧紧抓住木材不放，不断提高木材价格。双方都持有各自的政治缘由，振振有词。

这是联邦治国不善的体现，查理一世由于在森林保护上的不作为和利己主义政策，使林地遭到破坏，这也是造成今天局面的原因之一。开放还是封闭现有的林地？这两种主张开始激烈碰撞。庄园主打着爱国的旗号，紧紧抓着“公共用地”不放，他们心里藏着一个计划，那就是成立木材公司。可见政治手腕并不是当代的发明。

约翰·伊夫林是一位职业作家，也是一位想象力丰富的园丁。皇家学会曾委托他撰写一部林业指南——其日后会成为用英文写成的最著名的林业指南——他似乎就是为了写这本书而生的。约翰·伊夫林出生在一个富裕的庄园主家庭（他的祖父凭借制作火药发家）。他本人是一个小心谨慎的保皇主义者，一个游历甚广、才智出众、乐于探索的现代主义者，对于在自家庄园里种树，他也经验颇丰。最重要的是，这位多才多艺且广受欢迎的作家有着记者一样的灵敏嗅觉，能自如地运用修辞。他写过与保皇主义相关的作品，写过艺术类作品和与素食主义作品。1661 年，他写了《防烟，又名论空气的不适与笼罩伦敦的浓雾，以及鄙人对于相关防治措施之拙见》一文。在这个“地球之友式”的早期长篇大论中，有一种令人毛骨悚然的先见之明，其抨击了正在毒害伦敦城的“地狱般的惨淡的煤粉云”，并在他的解决方案中加入了植树造林。

依照皇家学会的委托，他写了题为《树木，或林木的话语，以及陛下治下树木的繁衍》这本书，于1662年10月递交皇家学会，1664年初出版。第二本书涉及政治外交。读者以为伊夫林绝对不敢向国王提要求：为了实现皇家海军和国王的利益，要对那些使用木材的重要企业进行管理，整修皇家森林，改革树木类杂志。但他却提了。而且，当遭到拒绝时，他就亮出了他那著名的论断，将国家的健康发展与树木联系起来："除了一步步削弱国家的实力外，让一个富饶强大的国家走向衰弱破败的致命一击就是掠夺她的树木，这绝对是一个武断而又贻害万年的选择。"在国家与树木关系的辩论中，他也获胜了。他指出，为了需要，应该采取措施保护树木的经济价值和文化价值。凡事无小事：如何保存产量最多的梣树的翅果，如何制作白桦酒；美丽的冬青树"羞红了脸，露出了迷人的蔷薇色"，红叶花楸会高兴地伸展美丽的蓓蕾，预示春天的到来。伊夫林的许多论述来自前代作家，以及他的同时代人。不过，他所做出的贡献依然很有现实意义，产生了重大影响。他不是平庸的伐木工人，不会漠视树木的魅力和活力。他对山毛榉的看法是复杂的。一方面，他认为，山毛榉"只能用来遮阳或者生火"，虽然还可用来制作厨房用具。另一方面，他引用维吉尔的观点，指出山毛榉"窈窕多姿，最重要的是，它们还对困倦的牧羊人来说有很好的提神效果"。他同时又补充道，在细枝上，那冬天留下来变硬了的小蓓蕾可用于制作最完美的牙签。

伊夫林关注的重点始终是橡树，因为它是海防舰队所需的建材，是国家的象征——“国家自由的保障”。伊夫林可能是第一位使用“橡树之心”这一词语的作家，他曾在一段话中赞扬橡树子是一种健康食物，强调“橡树之心”并非给予人们强大的心脏，而是给予人们健康、能量和一种回归自然的生活方式。他详细记录了植树的每一过程，从收集“成熟厚实”的橡树子到将橡树苗运输到“气候温和、环境阴暗、土壤深厚、适宜生长的”橡树坑中都进行了详细描述。对于商品林的发展而言，植树是一张宏伟的蓝图，但需要具备前瞻性的生态眼光。伊夫林特别赞同使用堆肥，不过他也高度赞扬生长在树木中间的橡树，那些树生长在粗糙多石的贫瘠土壤里，缺营养，却生长得依旧茂盛、强壮。与传统观点不同的是，伊夫林认为，树木大幅度减少不是因为造船或工业用料，而是因为迅猛发展的农场将林地变成田野。他主张退耕还林，认为自然界完全有能力协调好自身的发展。但如果仅仅等待“殆尽的木材能够再生”，从长远看可能会导致树林灭亡。因此，不遗余力地植树是最便捷最可行的选择。自古以来，人类和树木的发展并非协调一致。

他一直呼吁人们爱护树木，不遗余力地宣传植树的好处和理念。当然他并不是最先倡导植树的人，因为在古典时期，已经流行种植果园、篱笆、灌木丛等。从 16 世纪起，英国的新型种植业开始发生一些具有历史意义的事件，17 世纪早期，林务官命令树木和灌木丛交错分散种植。实践证明，这样一来，树木在灌木丛的保护之下，会成长得更快更好，并且长出来的木材将更加坚韧优质。到了17世纪中期，在私人庄园里进行小规模播种和培植十分普遍。但作为一种观念、一种政策，林地种植是古怪又不必要的。为什么要浪费时间和精力去种植树木？种那么多树又能给我们带来什么好处呢？伊夫林在其《防烟，又名论空气的不适与笼罩伦敦的浓雾》中提到，种植树木就像制造制氧机一样，可以为人们补给氧气。

《树木，或林木的话语》是本畅销书，重印了许多版。伊夫林坚信私人庄园大量种植树木有长远意义。他告诉国王，只有种植更多的树木才能给我们的后代提供足够赖以生存的氧气。这一理论后来被证实，可惜他有生之年却并未看到这一巨大成果。从1670年前后起，人们开始尝试在新森林种植绿色植被。1698年国家颁布了《广泛种植和保护森林木材法案》，里面详细介绍了多种树的好处。国家每年会拨出80公顷的土地来种植橡树。这应该是近8000年以来，植树第一次得到如此重视。

而伊夫林的“橡树之心”作为一种象征，早已在英国生根发芽。1759年，大卫·盖里克发表了一首欢快的海船之歌，里面就写到“橡树的心就是人类的心脏”。约翰·查诺克是一位著名的海军历史学家，他提出了一个更加生动形象的比喻：

一个惊人但众所周知的事实是，虽然跟英国的橡树种在同一个纬度，但人们往往发现，其他国家的橡树不如后者那么实用，仿佛大自然——如果我们的想法更浪漫一些的话——禁止英国船舶的民族性因使用非本土材料建造而遭受退化。

1763 年，利物浦造船者罗杰·费希尔公布了一份报告——《橡树之心：英国人民的守护神》。报告中多次提起伊夫林的担忧和建议，但是由于想法太激进、抨击太犀利，遭受了当时汉诺威庄园主阶层的强烈打压。后人详细的研究报告也指出：树木的出售和定价不由森林决定，而是由木材经销商和造船工人决定。

费希尔悲观的论断很快就被证实了，在英法七年战争之后，航运业遭遇巨大损失，这引发了种植热。从此，庄园主开始疯狂地种植树木，那场面就像是全国性比赛，庄园主都想要赢得最高奖项。威尔士卡迪根郡长官托马斯·琼斯上校在这场比赛中获得了皇家艺术种植学会颁发的金牌，他声称已经在自己的土地上种植了 922000 棵橡树。他的威尔士同乡，登比郡的亨利·波茨在 1821 年以种植 528240 棵树木获得了银牌，他种植的大部分树木是苏格兰松树和落叶松。接下来的 150 年里，威尔士所有光秃秃待开发的小山坡都成为种植爱好者的圣地，随处可见针叶树、松柏科植物。之后他们强调，除了爱国主义和园艺的诱人乐趣，还有另一种影响在左右着英国的林业观念：德国的林学正在把树木的生长转化为一个精确的数学过程。他们采用了一种经验技术，依据不同树龄的树木所需的不同生存空间，采取不同的种植措施，以保证不同周长和高度的树木健康成长，不会相互干扰。他们还推算出哪种树种最具成本效益，如何能在一定空间内获得最多的木材。正如同亨利·罗沃德所写：

> 人们把科学的有序性应用到原本无序的自然中，德国的森林已经成为这方面的典型。这些森林被科塔（一名早期德国先驱）用作其新科学的一个例证。几十年来，他计划着将这原本杂乱无序的森林变得像棋盘一样整洁。人们的实际目的促成了一种精确的实用主义，而这种实用主义则会使森林的外观像几何图形一样完美。

规整的、修剪得当的树林已经被视为理想树林的典范之一。

就标准木材的流水线生产而言，组织得当、步骤分明的种植还是发挥了作用的。但和砍伐橡树相比，把橡子撒在灌木丛中、相信它们会长成“完美的树”要困难得多；同样的，和花在订单上的时间相比，木材商人花在寻找合适的树种上的时间也要多得多。约翰·伊夫林的一本书让我们对树木的态度发生了巨变。过去认为，树木和木材是大自然赐予我们的礼物，认为树木——树木所结的果实也一样——原本长在哪儿就应该任其在那儿自生自灭。这种观点的影响力日趋减弱，取而代之的另一种观点：树木是一种人工制品，可以服务于木材的生产，从树木的种植到采伐，树木生命中的每一个阶段都贯穿着这样一个实用的目的。人类和树木之间的语法规则变了。过去，在与树有关的语言中，“生长”是不及物动词。树木生长，我们就任其生长，然后再从它们的身上获取我们想要的东西。在森林意义上的启蒙运动中，“生长”变成了一个及物动词。人类是主语而树木是宾语。人类是这些树木存在于地球的某个角落的原因。

除此之外，树木在生长过程中的变化使得一些新景观应运而生。在有些森林里，树木的高度、形式以及种类都在不断变异，生长在春天的花和生长在秋天的蘑菇逐渐被另一些同龄植物所取代——它们品种单一、平平无奇但适应性极强。（种植者甚至可以在《树木，或林木的话语》中找到对其种植风格的美学意义上的评判：在他们的理念中，参差不齐、品种不一的树木“令人反感”，而整齐划一的树木则“令人愉快”。）之前从未在英国森林出现过的松柏科树种（例如道格拉斯冷杉和云杉）近来变得越来越受欢迎，因为它们生长迅速。

至于山毛榉，大家都默认这是一种经济树种。可是，在十七世纪和十八世纪，人们疯狂地采伐和种植橡树，而忽视了山毛榉，只在造船和建房子时想起它，这是因为其作为燃料显得愈发过时；作为野生树种，其生存环境通常在偏远山区，只有那些衣衫不整的平民才会使用它。当时的山毛榉种植园很少，只是零星存在。一个名叫约翰·莫里斯的威尔士大庄园主，在1804到1810这几年之间，在登比郡种植了15000棵山毛榉，当时并没有成熟的山毛榉木材交易市场，老天才知道他要怎么处理这些树。但是，对新森林来说，那些截梢山毛榉和新种下的树木则受益于橡树的灭绝性采伐，大约1620棵幼苗因此成为“木格栅”中最古老的树木。

傍晚，我们在森林里散步，在返回“木格栅”时，我们心中充满了喜悦，因为从彼此身上学到了大量知识，我们心满意足。路上，我们谈到了一些神秘的话题，诸如山楂树的特点以及落叶落得晚的原因。克莱夫向我们指了指路边二十米外的一棵橡树，它生长在一群山毛榉和密集的桦木之中，十分引人瞩目。克莱夫告诉我们，这种树被称为诺曼底橡树，是为纪念诺曼底登陆而命名。它是由一个林业局干事在1945年种下并养活到今天的。这件怪事把我们都逗笑了，在这片绚烂多姿的森林里，这棵直挺挺的、看似平凡的树竟然被选作国家的纪念碑。

但是我们没有任何不敬的意思。森林里的许多老树可能都有与之类似的背景或故事。那棵诺曼底橡树还有很长的日子要过，尽管它也会随着时间的流逝而衰败。至于野性，仅剩余的这些有着四百年树龄的老树还活着，其他都在十七世纪被人们砍伐殆尽了。目前看来，这棵诺曼底橡树不会被砍伐，或许到二十三世纪时，因为它的高贵和美丽，人们仍然不会把它作为一棵树售卖出去。

第四章 树木的即时效应

种植园制度对人类与树木的关系影响深远，它让我们相信树木是我们送给地球的礼物，而不是地球给予人类的恩赐。

1

新一轮种植潮达到顶峰之际，卡那封伯爵二世①曾称树木是“地球的赘疣，是上帝用来抵债的东西”。比起伊夫林倡导的高度爱国主义，这一说法要差劲得多。人工植树很快就脱离了单纯生产木材的目的，成为彰显地方权力、社会地位的象征。约

① 卡那封伯爵家族（Caernarvon）是英国汉普郡的贵族之一。

翰·霍顿曾给庄园主写过信，谈了树木显而易见的价值：“他们特意种植或养护一大片树林，觉得这样就能得到不如他们富有的乡邻们的尊重。”1669年，《系统农学》的作者约翰·沃利奇评论道：“生机勃勃的树木积年累月地见证着财产的传承与延续，还有什么比这更愉快的吗？”这些“见证者”被强制“服务”于人类，还得有序地排列成行。18世纪中叶，诸如“能人”兰斯洛特·布朗[①]的景观设计师建议，将树木作为庄园与周围贫穷乡村无缝衔接的通道，同时又可作为庄园与乡村的隔离带，彰显庄园的优越地位。布朗的原创设计体现了他对树丛的运用，这个聪明又简单的方法实现了他的设计理念。树丛是森林的缩影，是一小块林地。若从露台俯视，树丛揭示了自然的奥秘，却完全掩蔽了真正荒野的样子。汉弗莱·雷普顿[②]的景观调整策略比布朗的更为温和，但其宗旨仍旧是确保“庄园的所有者独占只属于他们自己的魅力庄园，独自享有享乐的权利，并且有权拒绝他人分享其乐趣”。

用作景观的树木主要有橡树、欧椴树和榆树。贵族们也会种些外来的针叶树，这不仅是因为它们全年树叶浓密，还因为

---

① “能人”兰斯洛特·布朗（Lancelot ‘Capability’ Brown），18世纪鼎鼎大名的园艺师，擅长运用更“自然”的方式，改造了当时全英各园林景观，如海克利尔城堡（唐顿庄园原型）、查茨沃斯庄园等。

② 汉弗莱·雷普敦（Humphrey Repton）是英国第一位造园家，他提出了“风景造园学”和“风景造园师”的专有名词。

它们暗示了英国具有广泛的影响力，并且似乎可以无限地从全球各地引进新的创造奇迹。但雌雄同体的山毛榉依旧会遭遇质疑，人们觉得其无法彰显贵族们的社会地位。它象征着漂泊流离，独属于穷人。

19 世纪初，威廉·科贝特用精确的细节描写了种植山毛榉。其著作《林地》（1825）是一本关于种植和管理树木的奇妙专著，书中收录了村民最为坦率的建议。科贝特在序言中提出假设，“靠植树来创造财富的诱因有很多，且具有强大的诱惑力。对大多数有手段的人而言，我觉得无需用言语来敦促他们去使用那些手段。”书中没有任何鼓励没有手段的人的言语。科贝特的植树技术遵循德国的精确风格。土地测量要完全精确，如“挖掘……两杆宽”，然后在垄地之间精心挖掘垄沟，垄沟通向四面八方，有丰富肥料，还能排水。若当地为沙质或白垩土壤，必须耐心处理：“若垄沟中的水上升到顶部，说明种植时机未到。”苗圃里的树应该是小树苗，要修剪根茎，栽种后的第一个夏天就要修剪。修剪后的根茎处理起来比较麻烦，科贝特觉得比处理腐烂的树木还讨厌，尽管有些树没有叶子。他喜欢“树木的长势与色彩协调一致”“大小和高度统一”，而且品种相同。不过，让他难以置信的是，有人可能认为“山毛榉、桦树、白蜡树、榆树和橡树，这些不同的树种能和谐地生长在一起”。尽管他在之前的旅行中，就发现在英格兰南部这种混合林很常见。

有人赞同不同树种需施以不同土壤和养分，不过，科贝特却对此不以为然。当然，科贝特没有学过现代生态学，自然也不知道不同的树木确实需要施以不同的养分。他更同意朴实农民的观点：既然烟草和谷物施以相同的养分也能茁壮成长，那不同的树木肯定也可以。科贝特不懂得欣赏自然之美，这让他有些声名狼藉。他承认自己抱有如此看法：大自然除了土壤肥沃外，哪里有什么风景如画的感觉。在他看来，树和卷心菜差不多，它就是实用的蔬菜，在自然状态下的适应能力不仅不重要，还极其讨人厌。作为一种可以大规模栽种的蔬菜，其栽种规律和产量才是唯一需要考虑的因素。他坚称："人们应关注的是树木的高度和体积，还有木材的数量。"

不过，科贝特至少做好了等待树苗长大成才的准备。他写道，"人清醒时是不会"想到移植大树，而且要"大规模移植，更要追逐利润"。按照科贝特的评价体系来看，亨利·斯图尔特显然不够清醒。在科贝特的《林地》出版两年后，斯图尔特发表了他的史诗级著作《种植者指南》，这部作品又名《论立即对木材产生影响的最佳方法的应用文》。他主张通过移植大树，瞬间"创造"一棵成型的树木，他急切地四处传播他的这个想法。移植单棵成型的树不是什么新鲜事，毕竟这是 150 年来庄园主们的普遍做法。但斯图尔特有新想法和新技术，他移植大量大树的同时，希望借此制造远古地貌的幻境。他认为，这个幻境成功的秘密在于对所选择的野生树木的科学观察，他特别注意对原种植地的观察。他建议记录树木生长的土壤种类，坡风、盛行风和背阴对其根与枝的平衡的影响。进行移植时，选择与从前一样的环境，或者更好的地方，利用光照来增强其较为“脆弱”的一侧，或通过倾斜根部来帮助其生长。其结尾如下：树木适应了新环境，看起来自然而然，产生了“木材的即时效应”。

斯图尔特最喜欢山毛榉，这种树在他的家乡苏格兰西南部曾风靡一时。移植山毛榉是一项费力且需要大量人手的工作。移植工作要提前几年准备。要先在山毛榉树周围切割圆形沟槽，在里面填充粪肥以促进山毛榉毛细根生长。移植时，三人为一组，用移树工具将山毛榉从土壤中挖出。这种移树工具是一种轻型单头镐。斯图尔特强调：“必须尽一切努力使山毛榉的细小纤维和毛细根保持原样。”然后，一棵棵地计算好土壤的深度——约为根的一半高度那么深——再根据这个深度挖出树根，直到将其倾斜放置于“移植机”上。斯图尔特十分赞成“著名园林设计师布朗”说的一句话——“当前所知就是移植树木最好且最简单的方法。”“移植机”由一根安装在两个轮子上的结实杆子构成。斯图尔特还曾特意让格拉斯哥的雕刻师威廉·特纳准确绘制了一幅场景：一台装有山毛榉的“移植机”排队行进到山毛榉的新种植地。一棵约有 9 米高、一米宽的山毛榉被绑在杆子上。这场景看起来像队伍缴枪后的胜利游行。移植时，树根必须带土，形状为球形，就像一个巨大的海胆。画家必须非常准确地绘制出来，不可以自由想象发挥，只能据实描述树枝的高度，精确到具体数字。树根大约种至50厘米深，靠近长势较好的一侧。两个人（“平衡者”）骑在树上，其他三个人抓住绳索以便让杆子保持一定的水平高度，第六个人负责两匹马，在前面带路。移植过程并不总是顺利。斯图尔特回忆起在一次移植过程中，树根底部与杆子绑在一起的绳索突然断裂了。根部敲击在地面，“掉落的冲力……落在平衡者（当时是突然被提升到接近12码的高度）身上，他们像两个羽毛球，隔着很远的距离，突然在马和司机的头上飞来飞去，大家只能不知所措地看着”。

难怪，经过这种艰苦卓绝的努力后，斯图尔特把他的书献给了国王和赞助人。他说：“感谢国王和赞助者对所有艺术的慷慨资助，特别是对创造真实景观的艺术资助。”“真实景观”融入典型的自然风景中，融入真正的林地中。这个活生生的例子证明人为干预可以重建或改进景观，让其暂时处于理想状态。斯图尔特没有尝试复制“真正”树林里的地面植物，但他计划移植树下的整个灌木层。“真实景观”计划最后能否真正落实还有待商榷，因为他创设的种植园只是模拟物。虽然种植园不完全是假的，却也只是摹本、仿真而已。在种植园落成的头几个百年里，只有少数的植物和动物能适应早已形成的树林环境，没有历史记载，没有出处说明，也没有“纹理”可查。

这很重要么？20世纪30年代，马克思主义评论家瓦尔特·本雅明写了一篇名为《机械复制时代的艺术作品》的具有重大历史意义的文章。他主要讨论了摄影术对原创艺术作品权威性和魅力的影响。奇怪的是，他的那些言论也适用于自然景观与人造景观之间的对比。“即使最完美的艺术复制品，”他如是写道：

> 也会缺少一种成分：艺术品的即时即地性，即它在问世地点的独一无二性。但唯有借助于这种独一无二性才构成了历史，艺术品的存在过程就受制于历史。这里面包含了由于时间演替使艺术品在其物理构造方面发生的变化……我们不妨把被排挤掉的因素放在“灵晕”这个术语里，并进而说：在机械复制时代凋萎的东西正是艺术作品的灵晕。这是一个具有征候意义的进程，它的深远影响超出了艺术的范围。我们可以总结道：复制技术使复制品脱离了传统的领域。

森林不是艺术品，而是易变的生态系统，随着时间的推移，森林在构造方面的变化最终会使它们呈现出各不相同的光彩。但是，如果将本雅明这段话中的“艺术品”替换成“森林”或

“景观”，那么，对于大规模种植树木如何影响我们对森林的看法，你将看到一段公允的描述。

本雅明并没有过多地解释灵晕，他相信灵晕源于艺术品的私人所有权，或者不如说，灵晕的魅力在于，它集魔法、宗教式的迷醉于一身。他认为，机械复制品的制作使艺术品脱离了精英主义、独裁主义的限制，从而真正地“为大众所有”。机械复制树林，即大规模移植树木，就像由斯图尔特设计的那样，通过扩大所有大种植园的规模——这难道就能提高树木的普及率？就能削弱它们与特权、过去的神秘联系？或者说，树或树林的真实性——源自其古老起源或个性的“灵晕”——会决定我们对它的感觉吗？无论树木有多古老，其独特的“即时即地性”都不会简单地通过植树行为而产生。

讽刺的是，人们在植树的同时，也有意识地将树打造成“人”。人们培养树木，测量树木，赋予它们历史和个性。野外的树木常长在森林、丛林、灌木丛和树丛里。在树林里，特别是在人工种植、受到严格管制的树林里，我们需要集中注意力才能将丛生的树木分开。也许种植的热情有助于培养更强的自制力和管理意识。一棵有名的树是联结过去的纽带，是永恒的化身。它可以是受欢迎的家庭成员之一，或者至少是家庭财产的一部分。它可以被人们当作战利品，可以是发达的种植业的见证，也可以是古老职业或社会地位的象征。当人们刚刚开始把树木作为自己财产的一部分时，富有特色的树木便作为一种文化财产，被迅速地投入种植和移植。

给树木命名，将它们标记出来，这不是新鲜事。在盎格鲁撒克逊的宪章中，人们将特定的树木列为边界标记。旧时，巡视或需攻打边界时，人们会根据福音书或祈祷词指示的地点来给树木命名。最常见的是荆棘，其次是橡树和柳树（山毛榉几乎未被提及。在中世纪，山毛榉几乎只生长在森林里，乡间没有）。有为纪念祈祷病人康复而命名的树，有为纪念教区会议而命名的树，也有专为纪念名人而命名的树。人们相信乔叟种过一些树，伊丽莎白女王曾在这些树下小坐，而查理二世曾躲在其中的一棵树上。

但这些树都有特别的用途，或者能引起特别的遐思。在诺丁汉郡韦尔贝克，波特兰公爵的公园里，有一棵格林代尔橡树，它的命运就代表了18世纪初人们对古老或有趣树木的态度。一个世纪以前，伊夫林曾估计，这棵橡树可荫庇250头牛。公爵夫人很喜欢这棵树，还特意为它写了诗——“格林代尔橡树，虽然别的树比你更加伟岸，/但是它们目空一切，放弃了草地和谦卑的小草”——这棵橡树最终还是被砍去做家具。纵然公爵夫人爱它很深，这棵橡树依旧难逃被砍的命运。1724年，公爵家族穿过橡树树干挖了一条道路，这条路的宽度足以容纳一辆双驾马车通行。

雅各布·斯特拉特的《大英森林百科全书》记录了这个故事。这是第一本真正介绍森林树木，由衷赞美树木的悠久历史、重要性及美丽风姿的书。该书出版于1822年，书中的插图全由作者亲自完成，并且获得了杰出画家们（包括约翰·康斯特布尔）的认可。斯特拉特的序言显然是为了赞颂庄园主阶层中这种新的流行趋势：

> 那些古老的树木似乎已经历了岁月的洗礼，无声地见证了几代人的兴衰。它们的命运如此相似，相似的萌芽期、相似的全盛期，甚至连衰落期都如此相似……看到最喜爱的、熟悉的树木，不由升起一股满足感，这是能引起同伴共鸣的。头上的树枝摇曳时也能勾起久远的回忆，让他想起种植这些树木的先祖。农民走在日常劳作的道路上，看到这些树木时，会回忆起幼年时在这庄严的树干下玩耍的情景，从而将其视为自己过往的记录者和地标。

斯特拉特的许多证据都依赖于古文物研究者的研究，如严谨的树木测量者H. 鲁克，以及来自巴斯的科学探究者托马斯·索思。索思描述了赛勒思森林的公牛橡树在生长时的细微差别（1763年其树冠周长为11.2米），揭示了人们对老树的审美趣味的发端。他在1783年的早期观察总结中写道：

> 去年夏天，这棵树的树冠是绿色的，特别有活力，就像观察时一样。虽然有个管状的树洞，但是在测量的时候，它还是长高了几英寸。总的来说，这里的每一个标记都是这棵短茎树木第一阶段的生长痕迹，而它的枝干还在茂盛生长。树上有个孔型伤口，看起来就像不规则的哥特式拱门，这个洞可能是用斧头凿出的，或者原本就有，后来被斧头凿大了。树皮卷曲在伤口上，证明树还在继续生长。显而易见的是，考古学家记录的巨大空心橡树在它完好无损时并没有那么大的体积，这是因为得不到促进生长的物质时，树皮会增厚。分生组织（树皮下的白色、新生周皮，现在也叫形成层）和内皮层，每年从树液中获取营养物质，然后输送至树叶中，从而使外皮层获得向外生长的能量，并缓慢增加其周长。

斯特拉特只提到过两棵山毛榉，而且这两棵山毛榉都位于他的家乡伦敦附近。他说温莎森林里的“大山毛榉”让他想起荒废建筑中横七竖八的石块。他评论说，早先的游客可能已经想象到自己在一些掠夺者的洞穴中迷路。伯纳姆山毛榉位于白金汉郡的斯托克波吉斯附近。斯特拉特提到这棵山毛榉主要是因为它是格雷的《墓园挽歌》这首诗的背景，格雷想象了一个村民，也许就是他自己，躺在远处枝丫低垂的山毛榉下。斯特拉特从树木的角度描绘了一个场景，场景中一群矮胖的截梢树刚刚长出了一些新枝，伐木工在树下忙碌，而猪则在树下拱来拱去。这是这本书中唯一描绘忙碌的树下工作的场景。18 世纪的古树名木的庆祝活动，以及可能种植这些树木的杰出祖先的远见，还无法充分肯定农民的辛勤劳作对古树名木积年累月的品质形成所做出的贡献，其贡献堪比“岁月的流逝”以及古树名木的主人的赞助。

2

近来，我们倾向于将文化遗产个人化。像罗纳德·布莱斯特这样的作家谈到自己庞大的景观遗产时，我们完全能够感同身受。当我们看到这些塑造人类的文化遗产，感受它们的时间流逝，感受它们生长的每个细节，我们都觉得有种莫名的情感宣泄出来。当我从奇尔特恩山搬到寸草不生的诺福克时，我发现这不是我心心念念的原始林地。尽管我朝任何方向开 15 分钟的车都可以看到林地，但是想到这里不是我向往的地方，几分钟之内，我突然悲痛到不能自已，失魂落魄。我真正渴望的是年长的山毛榉，伟岸、醒目、辨识度高的山毛榉。我渴望像瀑布一样、类似于我在弗里斯登山见到的那种山毛榉林。

东安格利亚并不适宜山毛榉生长。至少它范围内的气候太过干燥。这地方土地平坦，土质松软，更有利于精耕细作。但是，路边种植了些零散的山毛榉，几乎可以肯定属于当地山毛榉品种，一直延伸到诺福克北部的沙滩和砾石。因此，春天时，我经不起诱惑，计划沿着未知的方向去追寻它们，直到北海岸费尔布里格，这里是英国最北端的山毛榉生长地。

去北方旅行总是令人心酸，那是一次只有树林回声与从前树林幻影的伤感之旅。中世纪时期，这片森林的面积一定很大，几乎延伸到了我们在韦弗尼谷的房子那里。几百米远处是达罗木巷，它蜿蜒向北，形如蛇样，四周有土耳其栎和一片片树篱环绕，却没有一棵树。再过去是海伍德，一片 4 英里长的平坦农田，这也是东英吉利壕沟分布最密集的地方之一。韦弗尼谷和达罗木巷这两个名字都是为了纪念可能消失于 13 世纪的大片林地，虽然之前也有地图详细地记录了这片林地。我比平时驾驶得更慢，一边查看篱笆中的树种，一边试图找寻树木遍布路边的感觉，想象着这里有枫树、橡树、榛树、山茱萸和海棠。看到奇特的截了梢的角树，让人不禁想起它们曾经风光的时刻。当年它们是当地森林的支柱，被喻为诺福克的“硬脊梁”，很坚硬，是制造齿轮的好材料。同时又是优质薪柴，被附近的人称为“永远的山毛榉”，因为冬天它们还有叶子。但它们却不是真正的山毛榉，即使有零散的史前记录。波拉德角树会遮挡住周围的树木，所以树篱里并没有这类树木。沿着这条笔直的高速公路向前，树篱里有一半种的是一排排的玉米棒，野鸡可以在此处寻求庇护所。

到达第一片山毛榉地还有 50 英里的路程。它们位于克罗默山脊上，这是一条铺满碎石的冰碛路，形成于最后一次冰川期。这里的土壤很贫瘠，不适合种植。森特福德的树林里有几棵老树，还有一颗巨大的截梢树被圈在冈索普附近的山毛榉种植园的中间，这意味着霍尔特周围有矮灌木林。在克罗默以西几英里处的费尔布里格附近，山脊上石南丛生，看起来有点像萨里式游览马车。“森林酒店”掩映在松树、杜鹃花中。翠绿的山毛榉小枝在针叶树之间随风摇曳，驱车前往费尔布里格庄园的途中，路边是连绵不断的各种树木。

费尔布里格庄园的最后一个私人业主罗伯特·温德姆·凯顿–克雷默在其《费尔布里格：房子的故事》一书中生动地描绘了费尔布里格拜占庭式庄园的历史。这座房子建于 17 世纪初，位于费尔布里格庄园的旧址上，周围环绕着石南和一块块原生林地。温德姆和温德汉姆，同一家族的两个不同分支开始联姻，并在接下来的 250 年内通婚。他们涉足政界，到处旅行，在南海泡沫事件中遭受损失①，建起了相当大的庄园。1676 年，约

---

① 南海泡沫事件：指的是在 1720 年春天到秋天之间，脱离常轨的投资狂潮引发的股价暴涨和暴跌，以及之后的大混乱。

翰·伊夫林的信徒威廉·温德姆一世开始树木苗圃种植。他用当地的树种播种，种植了当地的树苗。70棵山毛榉来自埃奇菲尔德附近的林地。18世纪70年代，威廉·温德姆三世将庄园的管理权交给了著名的种植“改良者”纳撒尼尔·肯特。他是罗伯特·马香的门生，后者是一名自然主义者和树木爱好者，他曾住在诺福克郡的斯特拉特斯特莱斯村庄。肯特狂热地坚信树木对增强财力、扩大房地产面积具有重要作用。在1775年出版的《给绅士的地产提示》一书中，他指出：

> 管理树木茂盛的地产的诀窍是合理利用大自然中那些尽善尽美之物，同时保持正常、统一的延续性。这样一来，我们因为有需求从窝里拿走一个蛋的时候，考虑到后世子孙的利益，我们会留下一个蛋，做储备用。诺福克郡费尔布里格的温德姆先生明白这个计划的重要性，便同意并采纳了我的计划，允许我轰轰烈烈地实施我的计划。尽管他们会遭受巨大损失，但是随着时间的推移，不光树木的数量会增加，其价值也会逐渐增大。

肯特可能相信大自然有能力使树木完美成长，却不相信其有能力保证树木后代的延续。二十年后，他在写作时，对自己建立的种植园的自豪之情溢于言表，毕竟他将这个庄园的林地扩张到了以前不在林地范围内的费尔布里格健康中心。他解释了利用羊粪给土壤增肥的过程，橡子、榉木、栗子的播种过程，以及为除去树木生长障碍而砍伐下层林木的过程。木材树已经高达 9 米，长势惊人，从 2 英里远的海域上看整个费尔布里格森林，就像一座宏伟的堡垒。

19 世纪末，在“疯狂的温德姆”，威廉·弗雷德里克·温德姆掌权期间，这种疯狂的林地扩张才停止。他是费尔布里格所有财富的继承人，是一个脾气暴躁且有强迫症的年轻人。他会莫名其妙地大喊大叫，到处饮酒作乐，流连妓院，还喜欢扮演警察和铁路工人，喜欢盯着女士的高跟鞋。要是在现在，他肯定会被诊断患有学习障碍和抽动秽语综合征。1861 年，也就是他 20 岁继承遗产的时候（他的父亲于 1854 年去世），他与一名皮卡迪利大街的高级妓女阿格尼丝·威洛比结婚了，这实在令人费解。这名妓女的“保护人”是一名木材商人，名叫“红木罗伯茨”，或“妓院罗伯茨”，他贪婪地打费尔布里格树木的主意。其实将名下的妓女嫁给威廉也是他夺取树木计划的一部分。威廉的监护人（他的叔叔）担心温德姆家族的荣誉、地产财富受到威胁，便采取了极端的办法，向法院申请鉴定他侄子的精神状态。审查是公开进行受理，这场审查在接下来的一个月里得到了公众热议。有人证实了他侄子有蛮横的习惯和疯狂的行为。而其他人，特别是庄园的雇工和当地的村民，那些看着威廉长大的人，都认为这只是他年轻不懂事的表现。他的亲戚兼邻居托马斯·温德姆·克雷默宣称："我认为威廉作为一个有钱有地位的绅士，成年后，想要扮作警卫、履行铁路警卫的职责，完全是出于正常的心理。""如果真要救他……就从健康和品德的败坏，从疾病和生命的不幸中入手"，这份家庭总结听起来很像之前为拯救国家的木材储备发出的呼吁，反倒不像是对一个年轻的放荡者说的。

最后，审查决定判予威廉胜利，认定他不是疯子，也不是白痴，只是该死的败家子和傻瓜。他可以自由地继续他的狂乱、挥霍无度的生活。在宣判五年后，他破产了。费尔布里格庄园卖给了白手起家的诺维奇商人约翰·凯顿，他的女儿后来嫁给了温德姆家族中人。20 世纪，凯顿-克雷默家族的两代人开始恢复林地，种植了很多山毛榉和针叶树。理查德·凯顿-克雷默于 1941 年在克里特岛被杀。为纪念他，他的兄弟温德姆将两条大道的阔叶混合林种成 V 形，意为纪念欧洲胜利日。温德姆于 1969 年去世，是这个家族的最后一脉，他将全部财产遗赠给全国托管协会。

两条大道现在还在，只不过现在更多的是年轻的树木。V 字的顶点有意无意地指向了费尔布里格森林中最古老、最奇特的树。林中的山毛榉树龄偏大，其周围的植物也都有 300 年，但几乎不受山毛榉的影响。大多数山毛榉是截梢树，其中一棵周长达 7.6 米，可能是英国最大（也可能是最古老的）的榉木。还有一棵巨大的矮灌木，有 4 根茎，经我测量，其周长达 6 米。这些都不是人工种植的树木，在大规模人工种植之前，这些树就生长在费尔布里格健康中心，很可能在温德姆家族统治这地方时就存在。也许正因为温德姆家族的人知道这一点，才留下了这类树木，而这类树木在其他地方都被当作了令人讨厌的垃圾。

一棵树要怎样才能成为文化遗产呢？有人认为“遗产”与“家族荣誉”相同，含义模糊，但毫无疑问是有价值的，是值得珍惜的，是不容亵渎的。可是，如果家道中落了怎么办？文化遗产有着怎样的分级？这种分级又是从什么时候开始的呢？几个星期后，我结束了费尔布里格的旅行，开启北行之旅，这次的目的地也是一个大型园林。位于诺福克西北部的斯特拉德西特公园里，长着一片史前的山毛榉树。在过去的两千年里，这里没有任何山毛榉生长的痕迹。斯特拉德西特公园是一座橡树景观园区，其传统似乎始于十九世纪早期。

我来到这里参加一个古树论坛组织的远足，活动由公园现在的主人里米·巴格爵士组织承办。他最近委托景观历史学家约翰·费伯斯就种植树木给出建议。费伯斯在研究过程中发现，斯特拉德西特是一座完整的风景园林，始建于 1810 至 1813 年间。他在保鲜库中找到了一个锡盒，里面详细说明了公园建设期间的日常工作。1791 年，巴格家族继承了斯特拉德西特公园，占地约为 1000 公顷。来自诺福克的一位富商 T. P. 巴格一直非常希望拥有一个公园，便雇用了汉弗莱·雷普顿做公园设计。但是最终却由约翰·克劳迪厄斯·劳登这位大有前途的景观设计师接手了这份工作。

劳登接手之前，斯特拉德西特没有公园，只有耕地、牧场、林地等传统的农业景观。为改变其原来平庸的格局，劳登设计了一个 80 公顷的游乐场，包括湖泊、带围墙的花园以及新的橡树丛。他甚至认为，山毛榉不配种在高贵的橡树旁边。他雇用了当地工人，工头亚历山大·麦克利什是他自己带来的，希望他能帮助维持工人们的秩序。麦克利什的日常记录本保存至今，里面记录了动土的工程量、日常花费总和以及种植树木的数量。他们也照常详细叙述了大量截了梢的古树的破坏情况——它们只是被连根拔出。这件事给了人们一个意想不到的新角度，让人们了解一个看起来很简单的故事——一个有地位、有财产的绅士如何重新创造财富。巴格尚未买下这里之前，这里的一些橡树极富特色，可以说属于古老的遗产。虽然如画派的设计师对人类“粗暴修剪”过的截梢树已经比原来温和，但总的来说还是没多大好感。如果说人工种植的树木直观地展现了权力和地位，那么高大、未经砍伐的树林也是如此。这些树林代表着投资，关于未来的赌注，以及逐渐累积的财富。同时，它们也代表着优雅的启蒙形象。如果一棵树被修剪成为截梢树，那么它的这两种价值将不复存在。土地所有者认为，越来越多的截梢树是对之前“自然的良树”的戕害，甚至是亵渎。亚历山大·亨特在伊夫林 1767 版的《树木，或林木的话语》中写道：“但凡自诩品位高雅的人都喜欢自然成长的树。”这些有品位的攻击，其背后有一定的社会因素。去顶林木是穷人的燃料来源，它也是公共用地的象征。每个土地所有者都知道，如果远离地产太久，那些木材林就会缺乏管理，被人肆意占有。截梢树的毁坏是惩罚，更是警告。从这个意义上说，这也是对十九世纪中叶公共林地大规模快速毁灭的预言。

在公园里，我们的眼睛顺着杰里米爵士指引的方向看去。园里没有一棵截梢树，而劳登种植的橡树已经变成了优质的木材树，如今已经将近 200 岁了。最开始展现在我们眼前的那片树林告诉我们，十九世纪的野蛮行径如今已不复存在了。我们来到了一棵孤零零的树边，它是劳登接手之前种的。操作员将它连接到相当于 CAT 扫描仪的声波仪上，这是一种与树木栽培相关的新技术。树干由一个小型网络接收器围住。当操作员轻轻地敲打树干上的一根锈钉子时，它会穿过树木，发出高频声波。由于声波穿透的树木的木质不同，其频率也不同。接收器则负责将信号反馈到计算机，转换信号并画成“轴向断层图”，在图上标明树木各部分的不同密度。这张图可以区分树内空洞和腐烂斑块，以及特别密实和坚固的区域。有了这张图，我们第一次可以对树木的安全和生存前景做出明智的判断，而不是在它刚腐烂时去谴责它。从某种意义上来说，这棵树就像一个建筑的整体，我们可以看到它的弱点，也可以看到它坚固的地方，从而鉴定它是否安全，是否需要砍掉已腐败的关键树枝来拯救它。树木医生告诉我们：“十年前我们为树木判处了死刑，而现在我们设法拯救它们。”

随着参观渐渐深入，我们对斯特拉德西特公园有了更全面的了解。野生树木与人工种植树木得到同等的尊重。文化遗产的时间标准放宽了。杰里米爵士非常喜欢拿他们家族的花费开玩笑。他后来带我们到劳登设计的景观湖边看。他的祖父在其中一个岛上种了冷杉，种成船形。最高的冷杉代表船的桅杆，而短一点的则是风帆。这样的设计简直别出心裁，和约翰·卫斯理设计的辫子形山毛榉一样精妙，只是二者都比较脆弱。大量的鸬鹚已经在冷杉中居住，其数量还在不断增多。杰里米爵士抱怨说：“鸬鹚的粪便快使冷杉死掉了，船形都快没有了，真想那些鸟都死掉。”他曾写信给环境部，希望他们能够批准捕杀鸬鹚。环境部回复说，他必须证明鸬鹚对渔业造成了损害才能捕杀。“我告诉他们，我不担心湖里的那些鱼，我只担心我祖父种的那些冷杉。”然后，环境部建议说：“如果你真的如此担心鸬鹚，你就应该砍掉冷杉。”不知他们是故意曲解意思，还是罕见地表达着黑色幽默，反正他们赢了。

之后，我们了解到更多。古树的鉴赏家约翰·怀特与我们一起。他带我们来到位于湖泊最远端的茂密灌木丛。灌木丛中有三棵巨大的截了梢的橡树，约翰将它们称为“美惠三女神”。这三棵橡树在劳登大规模种植树木之前已经存在，是当时繁茂树木的遗存。即使按照当时去截梢树的标准，它们看起来也长得不好，约翰根据它们的形状以及测量所知的年轮环数，为我们分析了它们的历史。按照约翰的解说，它们大概种于 1500 年，在种植后的两三百年里一直生长得很好，直到后来劳登设计的湖淹没了它们的根部。后来种植的树木又阻挡了它们树枝的生长，它们长势才较差。在过去的五十年里，巴格家族的管理人员喂养雉鸡时，散落在地上的食物已使土壤硝化，土壤太过肥沃，不适合老橡树根的生长。杰里米爵士对此相当羞愧，他在想是否应该向这三棵老橡树以及其他受到影响的树道歉。我相当同情他，他祖父的针叶林因为人们对文化遗产的意见不一而无法显露应有的光芒。本土鸟鸬鹚破坏了冷杉的生长，而属于文化遗产的湖泊又淹没了橡树的根，使其无法好好生长。劳登设计的公园破坏了某种共同遗产。但是这类遗产始于何时？标准何在？什么样的树有资格成为这类遗产？它又需要多少文化历史的积淀？

3

私人种植行为充满了古怪念头与种种渴望，这一特质一直从资产阶级革命延续至二十世纪。虽然种植者仍然痴迷于橡树，但是山毛榉和其他树种渐渐进入种植名单。1910年，查尔斯·赫斯特（著有《阀门和阀门传动装置》《蒸汽机设计和制造的建议》等），带着从舍伍德森林收集的几袋子橡子，从曼彻斯特前往德文郡，并希望借此种下永垂不朽的树木。他梦想着："如果在我的生命中，我可以种出笔直成排的橡树，那样就够了。"就像纳尔逊勋爵的海军上将科林伍德上岸休假时所做的那样，处于"退休状态"的赫斯特满怀深情地埋下橡子，用树叶和荆棘覆盖着小坑。他不断受挫、不断改变想法，其旅程简直离奇而又滑稽，让人不禁想起堂吉诃德的漫游。一天早上，他坐在山毛榉树下，想"用适当的诗句赞美橡木"，然后下意识地想起了苏格兰诗人托马斯·坎贝尔的那首让人痛苦的《山毛榉树的请愿书》（"饶恕吧，伐木工，饶恕那棵山毛榉！"）：

停下，伐木工，在你砍伐
无害的橡树之前停下：

想想是否真的别无他法，
留下橡树吧。
如果不得不砍了它
那么，请去执行恩典，
种下另一棵。

赫斯特继续写道：“如果在大约 6 平方英寸的胶泥上印下这些诗行，并把它们固定在老橡树上，这可能会阻止伐木工砍伐这些老橡树。”在金德斯考特峰他播下一颗橡子，将其当作即将萌芽的活体堆石界标。他还哄农民与自己合作，编故事骗他们说橡树能预防猪瘟，能从作物田中吸收有害成分（“将指甲掐入橡树，给他们看伤口处蔓延的黑色物质，以此作为证明”），说橡树有利用叶子强化光线的独特性质。他在瓶子里放了舍伍德森林的橡子、种植橡子的方法和落款为“来自波涛汹涌的大西洋上的一个岛民”的字条，然后将其扔进了特伦特河。最后，他找来同行的伙伴——一条叫庞提弗莱克的流浪狗。流浪狗被撞死后，他的旅程似乎更自由，随心所欲，不过后来他突然在北安普敦结束了旅程。赫斯特几乎无法忘掉让高贵橡树永垂不朽的梦想。但在其著作《英国橡树之书》中，他对种植橡树进行了非常深刻的阐释，自“水之诗人”约翰·泰勒写于 17 世纪的那些单页文章后，这本书成了英国最新奇、最欢乐的旅游书籍之一。

相比较而言，法国小说家让·季奥诺著名的短篇小说《植树的牧羊人》（1954 年第一次发表）中的主人公看起来更成功。在第一次世界大战前，在普罗旺斯西北部，小说的叙述者（季奥诺本人）第一次遇到了牧羊人艾尔则阿·布非耶。叙述者认为，普罗旺斯西北部的土地贫瘠又无生机，除了薰衣草，没什么植物。第二天，他和布非耶一起出去，布非耶带了一小袋橡子和一根长铁棒。在放羊的间隙，布非耶爬到山脊顶部，将铁棒插在地上，开始播种橡子。“我曾问他，种植橡子的这块土地是否属于他，他的回答是否定的……他认为这是公有土地，或是属于那些不关注这儿的人……”

战争结束后，季奥诺再次遇到了那个牧羊人布非耶。他种下的十万颗橡子里有一万颗存活，橡树也长到人那么高。他也种下过一些来历不明的山毛榉种子，它们同样落地生根、茁壮成长，如今已经随处可见。布非耶所种植的面积非常庞大，已经超过了 30 平方公里，山毛榉的面积还在不断扩大。当局将这片种植园定为国家森林保护区，以便去除任何“危害这个天然林区发展”的因素。小说将植树人，“土地的丈夫”布非耶置于破坏树木的官僚主义和战争的对立面。第二次世界大战结束时，他已经 87 岁，而他所种植的树木也已经长成了“真正的林地”。

曾经因战争而遗弃的村庄已经重新有了人气，就像当地的泉水重新流淌一样，这些村庄也重新有了生机。布非耶奇迹般地将“一片荒地改造成了一片生机盎然的迦南之地①”。

季奥诺的故事是一则关于人类的创造性如何与破坏力博弈的动人寓言，告诉人们应当如何同自然建立恰如其分的关系。本书根据一个真实存在的法国人——季奥诺在1913年遇见了他——的生平而创作。因为法国人讲的故事不太适合阅读，经季奥诺重新编写后，故事更丰富，更有力，不仅描述了真实的行为，而且还包含了人类普遍流行的信仰。书中向普罗旺斯赎罪的道德故事虽是虚构的，却向人们指明了切实可行的实践方法。但是，这种方法能够经得起现实生态世界的检验吗？季奥诺并没有解释为什么这片废地没有树木，是被从前的居民破坏了，还是因为气候变化而消失了？如果真是从前的居民破坏了树木，布非耶又是在哪里找到无尽供应的橡子和山毛榉种子的呢？当地人能否找到可供燃烧的木材？如果该地区由于某种原

---

① 迦南之地：希伯来人是闪族语系的一支，相传他们最早出现于美索不达米亚，因为据《圣经》记载，希伯来人（犹太人）的先祖亚伯拉罕家族就起源于苏美尔。希伯来人被认为是亚伯拉罕的后代，据说亚伯拉罕得到上帝耶和华的指示，大致在公元前1900年至1500年之间，他们逐渐由美索不达米亚的乌尔迁入当时地中海东岸、一块叫作“迦南”（Canaan）的地区。据《圣经》记载，这是一块“流着奶和蜜”的土地。迦南原来的居民称这批从东边越河过来的人为“希伯来”，意即“越河者”。

因不适合树木生长，那么布非耶的幼苗为何没有死亡？羊为什么没有吃掉幼苗，或者，它们为什么没有死于旱灾？季奥诺认为，目前不存在的树不代表以后不会存在，它们可以通过“魔法”实现。在他的书中，植树的行为是一种象征，是一种人类实现自救并拯救地球的方式。

20世纪50年代初，生态学家开始仔细观察松鸦“种植”橡子的方式。观察的要求非常高，需要守夜，时刻保持清醒，要有犀利的眼光，并暂时放弃传统的观点。生态家的辛苦没有白费，他们了解到松鸦在林地发展中发挥的生态作用。在艾塞克斯埃平森林附近的埃诺森林里观察时，切特尔伯格看到松鸦不仅从地面上收集橡子，而且还会直接从树上摘下橡子。这些鸟将橡子储存在它们的食管或舌下囊里飞走，将其埋藏在距离母树有一段距离的地方。它们选择的地方视野都比较开阔，包括草原、荒野、灌木丛、花园边以及大林区中的空地。埋藏的橡子数量十分巨大，因为它们希望在接下来的日子里都能有不尽的食物来源。据切特尔伯格估计，在十周的时间内，松鸦每十小时飞行60次，每次都埋藏了五千颗橡子。德国的一项研究发现，四周的时间里，65只松鸦埋藏了大约50万颗橡子。而英国整个秋季所产的橡子数量可能总共有十五亿颗。

这样看来，松鸦也是精明的播种者。如果一只松鸦在其食道上塞了几颗橡子，它会将橡子分开埋藏，距离通常保持在0.5至1米间。掩埋过程中，鸟可能只是用自己的喙将橡子推至地表浅层，但是如果有必要的话，它也会猛烈地啄。有些松鸦埋藏橡子时，会用叶子和土块掩埋挖掘的小洞。很显然，松鸦会根据附近地面的高低起伏制成“三维地图”，方便找到橡子。春天，松鸦依靠辨识度较高的新生橡树叶作向导。不过，荷兰的一位研究员波赛马发现，成年松鸦会忽视那些不是自己播种的橡树种子。

松鸦掩埋的橡子，大多数它们后来都找不到了，有些橡子虽然找到了，却因为松鸦觉得不适合当作食物而遭到丢弃。不过，没被松鸦找到或被它们丢弃的橡子，因为当初被埋在一个好地方，具备长成参天大树的完美条件，大多数都能成功发芽生长。生长在树林外的小橡树绝大多数源于这些被遗弃的橡子，而松鸦则是将这些种子传播到周围乡村的唯一且最重要的媒介。看来，将橡树和松鸦看作共生伙伴，让它们共同生长这样的建议并不夸张。橡树为松鸦提供了饮食中必不可少的一部分，而它的橡子又得益于松鸦，依靠松鸦将自己播撒到生存概率较大的地区。这种习性能确保松鸦家族有持续供应的橡子食用。在北半球温带地区，松鸦及与其有亲属关系的鸟类都有这种播种橡子的习性。

但是松鸦却不会搬运、掩埋山毛榉坚果。五子雀和老鼠会这么做，但规模不大。冰川时期后，山毛榉是如何北移传播至英国，然后又传播至整个南方郡县的呢？这仍然是一大谜团。我见过的山毛榉幼苗与已经长成的山毛榉间距都没有超过 100 米——一阵及时的风会吹散山毛榉种子，使它们保持着这种适度的距离。这种现象每四十年会有一次，总是出现在山毛榉要结种时。这意味着扎根土地的山毛榉每四百年移动 1 公里。冰川时期后，山毛榉本应该花费至少一万年的时间才能穿越海峡大陆桥。但是，现在看来它显然只花费了不到一千年的时间就到了英国。这其中有我们不了解的因素。

赫斯特和季奥诺就像人类中的松鸦，他们与树木共生，在乡间到处传播山毛榉坚果和橡子，为自己，也为公众。大体上，赫斯特和季奥诺随意挖坑种植的行为与松鸦等鸟类的行为有所不同，其中的差异需要从相当纯粹的“自然”观去审视。近年来有组织的、“刻意美化”的种植活动在具体实施和意图上都存在一些问题。松鸦有一定的生态本能，态度谦虚，类似助产婆一样，能帮助树苗存活、成功生长，即使最无私的种植者也不总是具备它们这些优点。

20 世纪 70 年代，英国非商业化的植树开始进入一个新的发展层面。十年间，人们的环境意识增强了，对从前破坏植被的行为觉得越来越内疚。树木委员会便应运而生，并开展了“73

植树”活动和后来的“74 多多植树”活动。这些活动影响深远，不仅增加了国家的树木数量，最关键的是，植树行为成为人类赎罪的方式，弥补了人类对全球造成的破坏。这种弥补方式具有完美的象征意义：象征着扎根土地，象征着新生命的培植，还象征着日后的长期护理和关爱。植树能够修复地球，重唤其活力，而又不以任何方式放弃人类的权威。人类最了解其中利害，植树表达了我们对环境苛刻的爱。

很快，在 18 世纪，景观设计师将植树作为社会地位、文化传承和良好品位的象征，并以此为宗旨，进行日常工作安排，如今的新种植者也继承了他们的理念。他们在村里的绿地和路边种植树苗，为退休议员、体育英雄或伟大的纪念日种植纪念树。弗里斯登村庄的山毛榉林以西处有一片古老的白垩土草地，在各界的资助下，人们在那里种下了一片山毛榉和白面子树混合纪念林。而离此地不远处的当地野生动物保护区则不断砍伐年轻的树木，以保持放牧草地的开阔。1987 年，在舍伍德森林，铝行业资助绘制了一幅英国橡树分布地图，绘制范围达 24 公顷。保护基金会组织了这次活动，他们希望全国的每一所小学“都能参加铝回收活动，在世界上最著名的森林中自己种上一棵树”。此举很大胆，但比不上 19 世纪苏格兰高地的一位庄园主的自大行为，他在山坡上以自己庄园名字的形状种了树，就其规模而言，从太空往下看也能看见这些树。

如今，保护机构正在努力实施植树计划。2005 年，特拉法加战役 200 周年纪念日之际，林地保护协会启动了特拉法加森林植树计划。其目的是建立一系列新的种植园，以纪念纳尔逊勋爵的胜利，但代价是牺牲英国森林大量木材。协会计划建立二十七个森林，且以纳尔逊舰队的二十七艘舰船名字来命名，这些森林分别是位于德文郡的大不列颠森林、邓恩郡的无畏森林、肯特的胜利森林、纳尔逊勋爵家乡所在地诺福克郡的唐南特森林，以及位于说威尔士语的卡马森中心的斯巴达森林。这种命名方式似乎有点偏离古老的、受人敬重的传统，因为传统的做法是以森林的自然特征或其所在地命名。

但这些担心都无关紧要。质疑林地建设这种便民设施的价值既荒唐又无礼。因为林地建设能改变耕地的外观和生态价值，有助于应对地球的二氧化碳排放。英国需要广阔的新林地——必须增加至现有林地面积的四倍，才能达到大多数欧洲国家的森林覆盖水平——从某种意义上说，树虽然还是树，却变成了一种景观。林地让各个社区聚集在一起，让社区里的孩子们能与各种生物亲密接触。2004 年，单单林地保护协会一个机构就号召 5 万名儿童种植了 87 万棵树木，这是教育界重新造林的一次英勇之举。植树也是一个强有力的信号，其表明一块土地贡献给了林地。在某些环境里——如学校操场、城市公园，或不断生长、过度肥沃的草地——植树是你这辈子亲眼看见类似一片树林的某种存在的唯一方式，虽然你看到的只是一片静止的树林而已。森林的土壤需要几个世纪才能恢复过来，才能适合古老的林地花卉和真菌的生长。

至少是在现在，我们有理由相信植树，尤其是种植山毛榉，很有价值。虽然市场上到处都是来自东欧的廉价木材，但是庄园主更乐意将山毛榉种植商业化。山毛榉越来越受欢迎，它们主要用于路旁草坪和田地边缘的美化。这有时会让那些支持本地树种种植的环保主义者感到震惊。因为全球变暖，“地方”已成为一个模糊和不稳定的概念。那些长期处于稳定气候条件下的地方植被也许会很快发现，其生存条件变得不太合适它们。它们本能的反应是转向气候条件适合生长的地区。但在开阔田野和道路交叉网遍布的农村几乎找不到这样的生长地，对于种子不能通过风力传播的类似山毛榉的树种而言尤其如此。而气候变化又非常迅速，山毛榉没有足够的时间来进行自然的“移民”，那么它们就需要借助外来帮助在气候适宜的新地区生根发芽。

但还可以从其他角度看待植树行为，植树是否是在任何地方造林的唯一或最好方法？它是仅仅影响到了土地，还是也影响到了种植者？人们普遍相信，树林是以我们选择的风格和方式强加于景观的人类建筑，特拉法加森林项目就体现这种理念，现在这种理念可能需要加以证实。十七世纪时，在政治驱动下，产生了人工林；后来，孩子们把橡子种在花盆中，想以此来拯救世界；在这条漫漫长路上，我们似乎忘记了树林生长还有另一种方法，那就是依靠它们的自我繁殖系统。就像上个冰河时期，它们在英国的自我繁殖那样，完全自主生长。就算它们不再是我们文化记忆的一部分，却依旧出现在我们的日常生活里。比如铁路路基旁突然大规模地长出橡树、白蜡树和梧桐树，而它们的叶子甚至逼停过火车。禁止放牧后，密密麻麻的桦树叶瞬间覆盖了石南灌丛，甚至入侵到市政停车场铺满碎石的边界上。喜阴的山毛榉与其他树种栽种到一起时，也在调整自身，努力地融入当地的生态环境。环保主义者也承认树的生命力旺盛、不可压抑。因此他们大部分时间都在砍树，用长柄大镰刀清理丘陵地中小山楂树和橡树以及沼泽地中的柳园。五十年内，一片被弃用的麦田便会变成辨识度极高的橡树林。

为什么我们不多多利用树木这种自我繁殖的优势呢？树木的这种优势没有任何成本，却能给我们带来巨大的利益。因为它们早就“选好了”适合自己生长的地方，而且比任何一棵人工种植的树要坚韧与健康，又不需要浇水、打桩以支撑树干或任何的后期护理。它们或聚集或分散，树龄不一，却比那些一排排整齐划一的人工林更自然。人们甚至会想在那里种植原生树。这自然引发争议和冲突，不过这种争议和冲突毫无意义。

难道一定要争议植树偏好背后的自然本质？难道小树生长时穿过的丛生的荆棘——奇尔特恩种植者们为“真正的林地”挑选的不合格的替代者——有违现代的自然理念吗？它们是不是太狂野、太任性了？如果人类执意要改变大自然，很可能会自取灭亡。反之，如果人类不一定要完全控制大自然，那么人类就可以辅助自然，融入自然。如果“自然化”一定要将人类从自然更新和生长的过程中剔除，那么，当我们试图弄清自己在自然界中的定位时，我们又将被置于何地呢？

我自己种过树，也了解植树成功时的那种喜悦。在诺福克的那个家，我曾在绿意盎然的花园一角种植过当地的特色树种，以角豆和栓皮槭居多；在我看来，这些树可能不会“不请自来”。树苗们蓬勃生长，哪怕我没有给它们插桩，没有浇水，也没有每日勤勤恳恳地照顾它们——这些程序对幼树的生长至关重要。但是，这些幼树却被那些“自命不凡”的树苗以及自然界的那些不速之客所压倒，至少在数量上如此。这些不速之客包括，从树篱内的大树采集橡子、为幼年橡树播种的松鸦；由种子成长而来的樱桃树；以及吸取花园里已有树木——白蜡树、甜栗树、黑刺李树以及山楂树——营养的植物。今年秋天，一棵 30 厘米高的山毛榉幼苗在橡树的庇护下茁壮生长，最近的一棵“保护树”离它有 200 米远。

虽然哈丁森林里已经到处都是树木，我也还是鼓励孩子们在那儿植树。植树对孩子们来说是一种兴奋又新奇的体验。他们要对这些半野生植物的生命负责，要对这些树木的未来施加一定的影响，要去感受自然界中缓慢而又与人类时间节奏相反的另一种时间。未来这些树可能会以孩子们的名字命名。但我想知道，几个小时的挖坑、照料树木，对他们有没有一些微妙的影响。我刚刚收到了树木委员会邮寄的包裹，里面是 2006 年“种子收获季”的相关文件。包裹里有一个由再生纸制成的棕色收集袋，还有关于如何细心照料新种植树苗的一些提示（记住：让树木死亡就是在浪费金钱）。关于如何照料树木：“每年三月或四月需要对树木进行检查……若根部土壤处有任何缝隙，则需要填充新土壤并将它们夯实……若土壤被水淹没，则需用沟渠或下水道排水……”关于如何修剪：“需仔细修剪，预防树木在晚年出现问题。若一棵树有两根差不多的竖枝，则需在早期剪掉一根竖枝，只留下一根。这可以避免将来发育不良……”关于如何清理：“树周围半米之内的地方都不能有草……年初，土壤潮湿时，则需用护根垫，树皮、灌木碎屑，或旧地毯覆盖已除草的区域。这种方法有助于抑制杂草生长，也是一种减少使用除草机的方法，毕竟在树根周围使用除草机可能会损害根部。”正如另一组织在传单上写的那样，“树不只是为了圣诞节而种植的”。

关爱自然有助于培养孩子在情感方面的责任感。但这种责任感容易变质，容易让孩子有种监护人的错觉，进而对自然产生强烈的占有欲，认为自然不仅需要我们的保护，而且如果没有我们，它就无法欣欣向荣。在我们的精心照料下，种下的山毛榉林已开始生长。那么，又是什么原因让新森林里的山毛榉在八千年后仍然保持自我的呢？

自然再生并不那么简单。它有很多新的敌人。史前并不存在人类、动物、真菌以及大气这些东西。那些被寄予厚望、提倡关爱自然的人需要耐心，而这并不是所有孩子都有的。但是若能亲眼见证或管理树木的自我繁殖、生成新树的过程，这对孩子们的耐心难道不是一种挑战吗？毕竟树木自我繁殖的方式及个中曲折，人类不能复制，也不能完全理解。

第五章　用眼睛去感受

回首林业发展的历程，人们在18世纪发现了自然之美。权威人士认为，树木像图画一样漂亮，在文学意义上也令人喜爱。除了树木的珍贵，如画运动①的思想家们还有什么深刻的见解？这会是收获生态和科学智慧的捷径吗？

1

作家吉尔伯特·怀特在他的著作《塞尔彭自然史》（1789）

① 17到18世纪，在英国的文学艺术领域盛行浪漫主义，人们开始摆脱维多利亚风格，回归自然。而风景画则成为人们改造自然的标准。在如画运动中，对那些充满浪漫韵味、在某些部分又蕴藏着奇妙之处的自然风景，园林设计师开始有意识地进行改造，使其“适合入画”。

中写道，“作为所有树木中最可爱的一种，山毛榉拥有光滑的树皮、富有光泽的树叶、优雅下垂的树枝”。在所有威尔士吟游诗人里，他第一个用“可爱”去形容树木。17 世纪和 19 世纪，当时人们无限崇拜橡树，没人敢用这样的形容词去歌颂山毛榉。就连感情奔放的伊夫林都避免使用这样感性的语言去描绘山毛榉，顶多只是引用了维吉尔对山毛榉的评价——“清新”。十八世纪中期，传统审美还停留在人类或人类的创造这个层面上。人们对大自然的审美还处在萌芽期，需要人类从艺术和改良的角度去揭开它的面纱，将其提升到一个理想的状态。从某种意义上来讲，吉尔伯特·怀特是一个典型的启蒙主义者，但是他对自然界的看法以及他和自然界的亲密程度，却是前所未有的。由此，他为我们提供了看待哲学问题和自然生物的新视角。

怀特是第一个醉心文学的生态学家，在面对自然生命和自然风景时，他是第一个既能认真观察又能诗意欣赏的作家，是塞尔彭这个地方让他拥有了全新而独特的视角。塞尔彭附近的汉普郡遍地都是山毛榉，斑驳的树影笼罩着这片土地。怀特的卧室在斯特里特，卧室外就是他每天第一眼所看到的世界。而你从外面看他的卧室，看到的则是他曾经的生活。花园和草地间的范围之外，有一大片山毛榉树林组成的树墙，其长达一英里长的树冠在风中摇曳，这些树高耸入云，枝繁叶茂，遮阴蔽日，将教区的日照时间缩短了两小时。人们称这些树为“衣架”

(Hanger)，来自古英语hangra，意思是长在陡坡上的树。更多的山毛榉整齐地排列在塞尔彭古老的绿道旁。它们聚集在怀特宅子的北边，在一片被称为多顿的公共草地中。怀特生活在由山毛榉构成的圆形剧场的中心位置。怀特笔下的许多与自然相关的戏剧性场面都设置在山毛榉树林里，这并不让人惊讶；同样不让人惊讶的是，他对自己房子的着墨甚少，其中有一段诗歌抒发了作者对于坐落在山毛榉谷的自然庇护所的怀念之情，因为这是从山毛榉树林的视角写就的：

爬上山坡，低下头看；
环绕着草木青翠山谷的都是果树；
就像一幅画，在我山谷下住所的旁边
是乡村里隐蔽的庇护之处。

怀特非常熟悉荷兰的风景画，虽然英国的如画运动在他晚年时才出现，但他早已明白将自然风景看成一幅画的理念。可以说怀特理解这一理念毫不费力，他全盘接受这一理念，无论是思想体系，还是画面中自然生活的细节。在某个重要的日子，思想体系和细节在他脑海中融为一体，帮助他实现了想象力的飞跃，这对他日后提出全新的自然文学的理念至关重要。

对于怀特而言，1758年是不顺心的一年。那年他38岁，却还是个没过上体面生活的牧师。虽然怀特热爱乡村生活并痴迷自然历史，他依然渴望能够进入紧跟时代潮流又能启发智慧的牛津修道院工作，当时那儿的奥里尔学院有一个职位空缺。那年秋天怀特的父亲去世了，关于他破产的谣言四起，这一事件导致他在竞选奥里尔教务长时被无情拒绝。这样他只好狼狈地回到塞尔彭打理自己的花园，学着如何适应这样的“归隐田园”。

两个星期后，他将花园里看到的新奇事物写进平淡快乐的花园日记里。就在这个时候，他看到了外面山坡上的山毛榉树林。“看到了不同寻常的景象：许多看家狗在田地和树林间嬉戏。我从来没在十月十号以后还能看到这么多燕子。掉光了叶子的山毛榉让这片树林景象更奇特。”翻天覆地的秋景，春鸟莺啼的景色，即将结束的季节仿佛又要重新开始了。几乎就在那一刻，他与鸟类将在何处安居，又将移居何处，这样的问题变得与他的工作密切相关。他要在塞尔彭度过余生，他希望他喜欢的燕子也能留在塞尔彭。怀特并非是第一个将树林作为重要场面的布景的作者（画家），但是之前很少有人将天人合一的状态表现在纯粹的写意风景画中，也很少有人将精美的叙事手法运用到纯粹的写意风景画中。

讽刺的是，直到去世前的几年，怀特才考虑将山毛榉作为科学记录的主题。1789 年，《自然史》出版后，怀特收到了一封来自罗伯特·马香的热情洋溢的信件。马香将汉弗莱·雷普顿和纳撒尼尔·肯特视为其门徒，他是诺福克树木的爱好者，一生都在观测植物和鸟类。怀特和马香一见如故，之后的三年里，他们互换了大量的笔记，笔记里的内容都是两个人的共同爱好。这期间，惺惺相惜的两人情感逐渐加深。他们谈了冬天的燕子，谈了欧夜鹰偷吃山羊奶的冤枉事，还有法国发生的动乱。但说得最多的还是树木，尤其是山毛榉。马香的第一封信就提到山毛榉是他最喜欢的树。他甚至向怀特讲述了自己所拥有的最大一个山毛榉样本的所有细节。那棵山毛榉是 1741 年种下的，如今长成高达 5 英尺、直径 6 英寸的大树，整棵树延伸到周围 20 码的地方（他通过在根系周边挖一个沟槽来使山毛榉快速生长）。1751 年，怀特进行了套种[①]，亲手在花园栽种了最好的山毛榉，如今它已经长成树围 4 英尺的大树。他植树的兴趣很快从花园拓展到野外，他坚信汉普郡最好的山毛榉树都"长在陡峭的坡地上，不管这些地方是石灰土还是石头地"。这些野生山毛榉中，有一棵高达 50 英尺，光秃秃的树干没有杂乱的树杈。马香曾测量过一位住在奇尔特恩山的朋友家的山毛榉，这棵树高达 75 英尺。两个人一直保持书信往来，在他们眼中，最美的山毛榉应该是像高高的柱子那样整齐排列的，他们谈笑风生，就像两个在乡村蔬菜展览会兜售韭菜的农夫那样。虽然木

① 套种：在已播种有另一种作物的土地上种植晚栽作物。

材商人有一套评估山毛榉的价值标准，但怀特有他自己一套截然不同的标准，他把山毛榉分成各种类型："庞大臃肿的山毛榉，截梢剪枝过的山毛榉，中空的山毛榉……其中许多山毛榉的周长都长达二十到三十英尺！所有陌生人都喜欢这些树。"

我对怀特的用词非常感兴趣。他用科学性的文字去描述山毛榉，其表述并不总是像我们今天一样，掺入了情感的成分。他用"浮肿"来表示树的臃肿。就算在今天，我们也认为这个词很到位，既没有过分渲染，也不轻描淡写。但就措辞而言，他的"所有陌生人都喜欢"以及饱含他个人情感的"所有树里最可爱"是两种不同的赞美方式。怀特喜欢在观察事物时与其保持距离，写道塞尔彭的那些怪人（麻风病人、吉卜赛人，以及一个觉得自己是蜜蜂的白痴……）时，他仿佛是在用显微镜观察他们。他对山毛榉也是如此。那么，怀特将那些截了梢的树木当成了陌生人，当成了拥有不同文化背景的市民了吗？他观察它们，到底是因为好奇，还是因为喜爱？若是因为好奇心，他会向我们展现，究竟是什么引发了"自然"美的争论。

怀特和马香之间的争论非常友善。怀特正享受这晚到的友谊（"要是我四十年前就认识了你多好！"）。当他碰到这个真心喜欢塞尔彭生活的人时，他写信给马香："我现在开始把你当成塞尔彭人。"马香为回馈怀特的欣赏，赠送了一棵自己修剪的山毛榉，并附上这棵树的一些培植细节：

这棵树有50年的树龄，直径约25英尺，树冠非常漂亮，躯干笔直向上延展，投下的树影达到50英尺。我认为，这是长在树林外的树最迷人的部分……山毛榉不管是长在树林之外，还是独自长在牧场上，我都希望其垂下的树枝能够碰到从树下骑马走过的人们。此外，从远处眺望，山毛榉就像绿色的山丘那么美。我认为这是山毛榉最美的一幅画面。

马香送给怀特一棵有着优美躯干和树冠的山毛榉来答谢他的欣赏。他从未见过怀特，当然不可能知道这位朋友只有5英尺2英寸高，身材单薄得就像一棵柳树。

山毛榉可以做人体模型、帕拉第奥式立柱、蔬菜奖杯，它最吸引人的地方在于其经济价值，其为人所用的悠久历史，以及其在极大程度上符合人们对理想树木形象的要求。树或者某处景观的外在形象能够体现其内在价值——有时甚至能体现其道德价值，这种理念已经开始成型。“风景如画似的”（picturesque）这个词的意思是“如同一幅画一样，或具备一幅画的某些特质”；18世纪，该词开始出现在英语中（很可能是从法语单词pittoresque衍生过来）。第一次明确解释“如画般的美丽”这一概念的人是汉普郡新森林地带博尔德尔村庄的牧师威廉·

吉尔平。他于1768年发表了一篇名为《论印刷：兼评如画般的美丽之原则》的文章。十年后，在他五十多岁时，他养成了在环游英国的旅途中画素描的习惯。他在以第三人称写成的自传里承认："他儿时便从绘画中得到了很多乐趣，这是从他父亲和祖父那里继承下来的爱好。在旅途中，他的乐趣在于评价如画般的城市面貌。"这是一场伟大的本土旅行，他描绘了在瓦伊河谷、英国湖泊以及苏格兰的旅行时看到的风貌。1791年，他发表了内容更加充实，且理论性更强的《论森林景致》（大部分基于他在新森林地带的经历）。怀特和马香的通信中也提到过这本刚出版的书。

吉尔平不是埃德蒙·伯克那样的哲学家，埃德蒙·伯克所著有关美的本质的书在18世纪前期主导了这段时期的哲学思想。他是一个业余画家，是夏日假期里的素描者，他非常好奇，画中的风景（或树木）真正吸引人，并因此含蓄地让人第一眼就觉得好看的到底是哪一点。从表面上看，这是最糟糕业余的艺术观，其将景观中的层层关联和意义简化为单一的指标，即处于框架之中的树木看起来到底如何；吉尔平将摇摇欲坠的小屋和衣衫褴褛的儿童也作为其风景如画似的艺术效果中的元素，这种业余艺术观尤其糟糕。可是，若仔细阅读他的著作，可以发现，他在分析林地风景时，也在有意或无意间包含了关于树如何活在世上的潜文本。树的外观记录了树与树之间的关系，树与岩石、水、天气和光线变化等之间的关系。

不同于传统审美推崇的对称，吉尔平提倡狂野和不对称：“有什么比中空的树干、飘零的枯叶、发蔫的大树枝，或是将死的树枝……更美丽的吗?”他承认这些想法“与实用性背道而驰”，但是他坚信这些才能更加真实地反映自然世界的样子。“在这些残骸里，腐朽的辉煌以一种雄辩的口吻表达了想象力，而这些是年轻的树木无法达到的：它们记录了曾经的暴风雨，曾经的电闪雷鸣或其他重大事件，并且以景观的形式将这些传达出来。”树根同样增添了树的美丽。他注意到，老树的根经常露出地面。“无论这是不是一种病态，都美得像画一样。长得越高，它们的节疤越多，它们扎根扎得越牢固，仿佛就越有尊严。”图画如同脚注一般，帮助我们了解树林的构成，了解它曾经历过什么。

吉尔平用这些标准去打量山毛榉树。在把山毛榉与其他木材树木相比时，他并没有对它们做出很高的评价。山毛榉虬枝盘曲，长长的一片经常“毫无变化”，但是没有橡树那样坚固，也“不是良好的薪柴”。茂密的树叶看上去像一片“疯长的灌木丛……它有许多杂乱的小叶子，还有黑黑的凹陷处，这些都破坏了那些更美丽的树种的庞大树枝”。画家们对此表示异常轻视，相关的如画概念因此招来了一些坏名声。但吉尔平指出，绘画时山毛榉是作为整体来处理的，而不是分段处理的，这时的他很是宽厚。年轻一代的山毛榉拯救了山毛榉整个群体。它们迎风招展，乐观向上。有些即使偶尔长在贫瘠干燥的土地上，仍然呈现了“年轻即轻盈，年岁已成熟”的精神状态。成熟的树干也会呈现出这种轻盈感，特别是当苔藓和地衣改变了树干的颜色的时候。山毛榉和其他树种在一起时，空间似乎很狭窄，不够它们生长。但在这片“自然林”里，情况完全相反。吉尔平绘画时惯用的哥特式的拱门，此灵感正是来自这片“山毛榉林”：在林中的深处，“我们觉得这个想法最有创意。一条条高耸的通道、哥特式的拱门、丛生的树木，树枝宁静祥和，逐渐分散形成了屋顶式结构，构成了最早时期的拱门原型。”

若吉尔平探索了“如画风景”的构成，那么尤维达尔·普赖斯则为这一概念提供了理论支撑。最初，他以一个进步乡绅的身份（他确实如此）来参与这场辩论，那时他担心同时代人的嘲讽会对美化土地产生阻碍，并引起当地人的不安。尤维达尔·普赖斯出生于一个中产阶级家庭，1679 年他在赫里福德郡的福克斯利继承了一座大房子。他的祖父尤维达尔·汤姆肯斯·普赖斯是一位颇有造诣的风景画家。他的父亲罗伯特美化了福克斯利。在那里，他种了许多树，创建了一所采用混合农业制度来管理的庄园。年轻的尤维达尔·汤姆肯斯·普赖斯继承这一传统。但他并不激进，反而受到英国工人运动的启发。

在一本名叫《关于保护财产的想法》小册子里，他警告同一阶层的庄园主当地农村地区的局势越来越不稳定，这是拿破仑战争和1797年法国军队登陆威尔士海岸的结果。他认为，庄园的形状和运营会对公众士气和社会团结产生影响。“能人”布朗设计的景观类型——“像士兵一样紧紧相随，一字排开”——只会加剧庄园主与工人间的疏离。这种设计唤起了一种“高处不胜寒”的空虚感。“它们形成了我们头顶的树荫，呈现出变幻多姿的形态——这种形态为其他景物提供了框架布局，或与它们相映生辉，或大异其趣。这些树木怡然自美，也为周围的其他景物增添了美感”，当普赖斯写下这些话时，他考虑的并不只是树的如画价值。

尤维达尔·普赖斯喜欢树，尤其喜欢山毛榉。福克斯利拥有162公顷的林场和另外121公顷的矮林，其中一大片都是山毛榉。这些都是普赖斯家族，或者是从前庄园工人种下的（赫里福德郡没有天然山毛榉）。对福克斯利林地的发展和尤维达尔的理念产生影响的是艺术家托马斯·庚斯博罗。1759年他从萨福克搬到巴斯时，成了普赖斯家族的朋友。第二年，他给尤维达尔的祖父画了一幅肖像画，构图时加进了一些令人印象深刻的树木。作为一个早慧的少年，尤维达尔经常陪托马斯·庚斯博罗在巴斯周边的乡村骑马游玩。尤维达尔回忆说：“我们在村子里看到三三两两的儿童或者其他诸如此类的景象，这些景象能够激起他的奇思妙想。我经常在他脸上看到特别温柔和友好的表情。”托马斯·庚斯博罗以一个相当感伤的局外人去看待乡村，他怀念童年，怀念简单淳朴的农村生活。在他的画作里，孩子、劳动者、动物、树木，看上去只是自然风景，却常常代表着某种心情。他在巴斯的工作室做了风景的三维模型，放在专门保存物象的工作台上。他会用软木或小块煤布置前景，用苔藓来模拟浓密的灌木丛。更有意思的是，用西兰花嫩枝来代表树。乔舒亚·雷诺兹爵士并不认同这样制造出来的微型风景。他强调这样的风景是由“碎石头、干药草和几块镜子组成的，应该把这些东西放大成岩石、树木和水”。他提到的“放大”是非常耐人寻味的。他可能觉得托马斯·庚斯博罗是通过放大镜来观看模型的，或者将它们的阴影投射到某种屏幕上，使它们变成更加印象主义的图像。

1747年，托马斯·庚斯博罗只有20岁，他在萨福克用粉笔临摹了荷兰画家雅各布·范·雷斯达尔的《林中即景：漫水的道路》。他成功捕捉到原画中的苍凉感：费力涉水的人和动物、树桩和截梢树、污秽物和道路上蛇形的树根。同年，当他将这种组合模式运用到他自己的画作《林中即景：饮水池边的奶牛》（画中的景色可能来自伊普斯威奇附近的德林克斯顿公园）中，呈现出来的细节却给人一种静谧的感觉。画中的森林并不茂盛，所有的人物都在遥远的河岸上打瞌睡，模糊成一个影子。画面最前端是一棵半枯的树，与范·雷斯达尔画作中的树几乎一模一样，只是没有了错综复杂的树根。洪水也没有漫过车道，而流向一个装满清水的水池。次年，托马斯·庚斯博罗在完成《靠近萨福克郡萨德伯里镇的科纳德树林》（关于英国树林的最广为人知的画作）时，也受到了雅各布·范·雷斯达尔的《林中即景：漫水的道路》画风的影响。这幅画采用了常见的森林风景画构图，郁郁葱葱的树林（显然是橡树）环绕着开阔的土地，人们在这块土地上耕作和休息。（后来康斯特布尔继承发展了这种构图模式。）树木都是笔直整齐的，没有被砍伐过，甚至没有一点枯枝残叶。树林通向远处著名的圣玛格丽特教堂。人们认为这幅画描绘了阿巴斯山北部到西部的景象。但是在 18 世纪，这个地方并没有画中所描绘的树。批评家大卫·布列尼·布朗认为："公共用地的景观十分'粗野'，而且有许多人在那里活动（如打柴、放牛）。"事实上，18 世纪的森林公共用地并不像画作里的那样，恰恰相反，那里都是未经截梢剪枝的大树。可以很肯定地说，这些画都是托马斯·庚斯博罗在伦敦时画的。他的画作中既包括在萨福克的美好记忆，同时运用了范·雷斯达尔的整体性构图方法。

但是这些画作确实表现了一些独特的树。《风景画：伐木工和挤奶女工》（1755）画了一棵非常突兀的树——光秃秃的树上都是疙瘩和毛刺。树干中空，但新枝却悄悄发芽。从新生的枝叶看，它是一棵橡树。几乎没有树皮的树干却透着老山毛榉那样苍白色的光泽。挤奶女工和怀抱木柴的伐木工人在中空树干投下的树影里调情。他们身后是一条很短的路，一个男人在地里忙碌地犁地。这两个场景很冲突——田地里的男人正努力地把地犁出一条条整齐的沟，而挤奶女工和伐木工却有时间嬉戏调情，这说明了辛勤耕作与普通人闲暇的自由之间的不同，而画中的截梢树则成了一种象征符号。

当然，我们不应该用这样简单片面的方式去理解托马斯·庚斯博罗的画作。就像让·季奥诺的种树人故事所说的那样：他是艺术家，而不是档案管理员。但是托马斯·庚斯博罗对树木“自然”状态的认识也塑造了我们现在的观点。他的朋友，牧师亨利·贝特·杜德利评价说：“自然是他的老师，萨福克的树是他的学院。”但它们不是他的摄影棚。他之所以被认为是“自然派画家”，更多的是因为他的画作传达出了露天景物的感觉，采用了松散的构图，表现出希腊阿卡迪亚那种人与自然和谐相处的状态，而不是因为他对细节的精准把握。

但至少这一条让他和福克斯利友善的乡绅们有了共同点。1760 年（尤维达尔·普赖斯父亲去世的前一年），他用棕色粉笔和水彩画了一幅《福克斯利的山毛榉之研究》，整幅画面看上去非常模糊，但山毛榉却十分显眼。画面中心是两棵肆意生长的山毛榉，它们长在土丘上，各自向两旁倾斜，看起来就像一棵分了叉的树。在山毛榉左边长着一棵古老的截梢树，最近被砍过。这两种树的曲线将观众的视线带到它们之间的阴影里，然后一直延伸到地平线上的教区教堂，教堂在山毛榉茂盛的叶子中朦胧可见。尤维达尔写道：“山毛榉形成了我们头顶的树荫，还为其他景物提供了框架布局。”

三十多年后，尤维达尔·普赖斯根据其毕生对树木、自然以及形成美感的诸要素的思考，得出了相应的结论。他的《论如画风景》(1794) 不是一个业余爱好者写的小册子，而是属于他自己的独特信条。在十八世纪末那段激荡人心的岁月里，美的本质及其与经济、人类想象力、社会秩序之间的关系，是当时哲学和政治讨论的中心议题。正如济慈所说，“美即是真，真即是美”，但像尤维达尔·普赖斯这样的思想家认为，和谐的场景无论是作为人类的作品，还是人类的见证者，都可以反映出人类和平共处的可能性。更紧要的是，这样一种理念有可能提供了一种终结法国动荡的局势的方案。

我手里的这本《论如画风景》是 1810 年出版的，附有其他一些深入讨论该问题的文本，包括普莱斯与景观设计师汉弗莱·雷普顿之间的往来信件，他与好友兼辩论对手理查德·佩恩·奈特的对话，编辑托马斯·迪克·劳德爵士——如画风格考据倾向的代言人——既啰唆又傲慢的评论。

与理查德·佩恩·奈特的辩论一直持续进行，气氛通常非常友善。奈特住在威尔士边境的一个遥远的地方，此地景色瞬息多变，到处是岩石和流水。如果说尤维达尔·普赖斯喜欢自然的形式，那么奈特则更崇尚自然的能量。他支持法国革命，1794 年（也就是普赖斯发表《论如画风景》那年），他发表了一首非常激进的诗，名为《景观》。从表面来看，这首诗攻击了“能人”布朗和威廉·肯特的静态景观，以及他们抑制自然力量的做法，但同时它也对压抑人性的做法进行了充满讽刺性的抨击：

……到处都是未消逝的沉静，
古老的森林带着野性的骄傲而崛起；
带着天生的尊严展示
每一处斜坡森林和苍翠的林中空地；
在那里，每一株毛茸茸的灌木和自由生长的树
都有自己的领土……

奈特以相对温和的方式敦促布朗在其山水画里表现出原始森林风貌。而性格克制的普赖斯比较直爽，他直接采取写信的方式告知布朗，尽管他还是攻击了布朗的整个理念，特别是他所提出的地标功能：

> clump（丛）这个字，如果将第一个字母拿走，那么 lump（意为满是疙瘩的、粗糙的，多块状物的、结成块的，波浪起伏的）能精准地描述这个词的形式和效果……自然风景群像，由不同树龄和不同高度的树木形成，所有树木和旁边的树木距离都一样，组成了一个圆圈，每棵树相互紧挨着，就像用同一个模子做出的布丁一样。

如果说上述争论只是景观派论战的一部分，那么另外一些更讲究实际的改良者的看法也同样值得一提。1795 年，农业作家威廉·马歇尔曾在一篇评论里抨击《论如画风景》和《景观》："对自然风景漠不关心、仅仅关注画中景观和威尔士山脉的野生矮林的人，无法想象自然界中的树林，更不能像绘画一样得心应手地养护它们……只有被遗忘的世外桃源才被认为是有'画意'的，这一点令人恼怒……"

但如画运动的哲学辩论主要是与哲学家埃德蒙·伯克展开的。1757 年，伯克提出有这样两种对心灵造成强烈印象的美学观念——崇高和优美。崇高的景观是巨大的、遥远的、势不可当的，能给观画者带来敬畏的感觉。优美的地方和事物都很小、流畅、和谐，能带来欢乐和满足的感觉。伯克并没有将崇高与优美视作物质世界中固有的属性，而是将它们视作特定事物在普通观察者心中引起的回响。

几十年后，伯克的理论因太过强调非自然的整洁划一而过时，取而代之的是阿奇博尔德·艾莉森提出的“联想”理论。该理论倡导美很大程度上源自观者所见，观者对不同景观的反应由他们产生的联想而成。城镇居民可能将一片广阔的森林视为崇高美，抑或是恐怖，而生活在当地的人则可能发现这片林子既美丽又和谐。

“如画”之美也不契合伯克的理论。吉尔平倡导的“粗糙和不规则”不是常规意义上的美。除却规模外，这种美也不可能符合伯克对崇高美的界定。但是这种美有其自身的吸引力，它是一种古朴苍凉美，融洽和谐美和“自然天性美”，普赖斯坚信，这种美在某种程度上可能是一种内在美，只有谙熟山水画理论和实践的人才能充分欣赏。普赖斯的序言建立在他的理念之上。他的《论如画风景》旨在帮助人们亲自或作为风景的组成部分去“判断可见物体的形式、颜色、效果和组合”。但是“从视觉效果看，这种知识和判断力包括了对整个改良科学的理解。我相信，除非研究自然风景，否则人们不可能完全获得这种知识……改良家至少丰富了艺术理论，其本质是联系”。这段傲慢的引言后，人们有点同情愤怒的马歇尔。在后者看来，普赖斯只是个官僚，他将“活生生的景观”简化为山水画，从不去估量树木的现金价值。

但这正是“如画”美学原则的症结和悖论所在。景观图和山水画构成一个封闭形式。对自然风景的感悟只能通过对艺术的研究来提升，而艺术也只能依靠更专注的自然景物研究方可提炼。这是整体论吗？还是循环论证？山水画和对“自然”风景的理解被束缚在这种自我参照中有两个多世纪了，以至于如今，我们可能会普遍借助山水画来观看风景——言下之意，即自然（在乡下，我们难以摆脱一种失落感，这在一定程度上是种遗憾，即现实不再像艺术中一个短暂的瞬间所创作的固定图像那样真实）。难道我们想象中的“真实林地”就是庚斯博罗的画作《科纳德树林》那个样子？难道乐高兹的《拉沃那修道院的圣母像》就代表了理想中山毛榉的样子？普赖斯的可取之处可能是在于，他强调了“联系”的重要性，这种联系独立存在于绘画和自然系统之中。

在普赖斯的《论如画风景》中，他很快在毛榉树林寻找联系，并论及了诸多貌似超出艺术的品质。所有如画风景的核心是：

> 变化——这种力量独立于美之外，但没有这种力量，美本身很快便无法取悦人；第二个核心是融洽之美……可能被界定为“通过隐藏部分和不确定的物体布局来激发和培养好奇心”。许多人……不担心橡树、山毛榉和荆棘的融

洽和谐，他们也许体验过截然不同的悸动，或因肆无忌惮的绽放美而起，或因疏于管理的凌乱而起，抑或因成功模仿之媚态而起……

后来，普赖斯用了同样的比喻谈及“自然的媚态”，似乎不是画家或园艺师做出了这种效果，而是野生世界自身任性的结果。

他将这点用来解释赫里福德郡那条充满“如画美学事故”的空旷车道，他承认，由于“农民肆虐地入侵”，那条道上的树木也非常美丽：

在整洁干净的种植园里，大大小小的树木都被修剪得温顺可爱，棵棵笔直挺拔，丛丛俊秀划一，与这些树木比，赫里福德郡空旷车道的树呈现出另一种精神和活力，未被截梢剪枝的它们，苍劲有力、树枝肆虐舒展在空旷的车道上，狂野又不规则；一些树身长着巨大的树结和突起的树瘤，这让虬枝盘结的树干更为牢固；另一些树身中空，苔藓着树，树面金亮，点缀黑色腐物，这些树色彩丰富，色调明亮柔和，深浅更迭，浓淡相宜，看上去如上乘木材般，然而，无论外在多么美丽，其内在的健康和活力都无法展现出来。

普赖斯惋惜当地一条小路被简单化和去自然化的做法。那条道上有棵巨大的山毛榉，其树根延伸到河岸："羊也沿着小路走到这，经常躺在树根之间的小隔间里。"一天，他发现一群工人用模具罩住这棵树的整个根系，打造成羊床，看上去"就像泥瓦匠用泥铲做的一样，自上而下都光滑"。这棵树成了一幅画布，各种各样的外力都在这幅画布上作画，甚至将其毁坏。

是什么让杂乱缠结的树根、闪电劈开的干净树干和一堆堆潮湿的苔藓给人以视觉上的魅力？依据伯克的审美标准，我们可以理解高挺优质山毛榉的魅力所在：它伟岸挺拔，有时目不可及；树皮肤若凝脂，树枝犹若阿拉伯花饰。它们呈现了对称美和优雅美的古典思想。但是，我们哪部分审美或情感意识会被这类腐烂的树洞和苍凉的朽木打动？普赖斯指出如画之美的特征，部分是对自然"精神和活力"的展示，部分则如吉尔平所言，是树木"历史和经历"的体现：他写道，"观察这一过程，在此过程中，时间——创作这些变化的伟大作者——将一个美丽的物体变成了如画美学范畴的物体"，然后逐年一寸一寸地讲述一座倒塌的希腊神庙可能风化的原因，而这座神庙也可能恰好是一片山毛榉森林。雨水、霜冻、群落苔藓破坏了地表的均匀性。树木细枝末节纷纷掉落，鸟儿在缝隙中播种像紫衫这类浆果植物。常春藤附树干缠绕而上，开始了它复杂的旅途，让平淡无奇的树干表面形成空洞的树窖、树谷和小生物居住地。

我可以想象，普赖斯在他的树林里，尽情享受着他所谓的“嬉戏的荒野”——但同时尽情放任自己，一个控制时间的风化作用的小小代理人：砍断树枝，开阔视野，将几块石头搬到溪流的水花中……威廉·华兹华斯曾于 1811 年访问福克斯利，还为此责备他对风景中的形式渐渐变得如此敏感和苛刻：在那，他有主宰权，假如树林不能完全取悦他，无论心情如何，观点如何，他的权力就成了他的法律。福克斯利“缺乏人性的舒展”，原本它应该拥有更多“乡村野性”。

华兹华斯的严厉指责令我羞愧。在哈丁斯森林，面对自然景物的形式，我敏感又挑剔，我深知取得这片风景控制权官方许可证的好处。我有时像一个主妇园丁，清理林子里鲜花周围的荆棘，修剪树木的细枝末节，为的是让小树苗得到更多光照。隔壁树林的主人则更糟糕，他穿着麂皮短靴，领着一对剪枝设计师，边走边修剪樱桃树枝。为追逐如画之美，我俩都做着相同的事。我以为我知道我当时在做什么，此刻却不确定了。从某种意义上说，我是彻头彻尾的自私，因为我想让树林变成我喜欢的样子，但是我也想它完好无缺，生态成长。我按压樱草丛周围的植物，将其隐藏，为了让樱草丛更突显。我一圈一圈剥去令人生厌的海绵状的白杨树皮，只为增多点直立的朽木。

但是，几年后，这些被剥了皮的白杨树开始失去平衡，我用手一推，它们就能倒地，倒下的瞬间它们携带其他树木的树枝同时落地，情景就像野生森林马戏团的翻滚表演一样（“就像真正的丛林一样!”我记得说过)。我砍掉遮蔽白蜡树的桑树，砍掉遮蔽山毛榉的白蜡树，好像我很懂树木的正确等级制度。我还记得我在一个荒芜地做园艺时为自己找的借口。我只是在加速它向更“自然”的状态前进。比起当地刮的大风，或一群树皮甲虫在木头角落为自己打造宽敞生存环境的行为，我的所作所为不算什么。看在上帝的分上，我自己也是大自然的一部分，应该和其他物种一样在自然界拥有一席之地。

真实却不真诚。我——还有普赖斯，以及任何一个不因迫在眉睫的生存或经济压力而干预树木生长的人——我们正在做的，是将我们理想的树木形象强制植入树木自身生长发育过程中，对它们未知的将来进行干预。行动开始的那一瞬间，我们不觉得那是对树木生长的抑制或控制，而是帮助它们释放了天性。罗伯特·玛莎姆将自己种植的山毛榉从阻碍其生长的低枝和细枝中解放出来，为的就是让山毛榉长成它们该有的样子，成为高耸入云的纯圆柱。尤维达尔·普赖斯保护他的截梢树(免于灭绝)，因为它们鼓舞人心地证明了自然界对历史中的种种意外的抵抗力。劳登选择砍掉他的那些去顶树，在他看来，修剪得七零八落的树木无法再拯救。他希望风景清爽干净，重新种植。

我想知道，不论是如画之美，还是其他的美，“美”的成就是否真如此。这些愿望的基础似乎是希望与森林建立亲缘关系，赋予它们某种秩序，使之正确。这似乎是一种几乎普遍的强迫意愿。当志愿者们来到哈丁斯森林工作时——每一个人都是树木的朋友——他们要做的，就是砍掉参差不齐、摇摇欲坠的树木。我被他们贪婪而旺盛的精力所震惊。这就像是一个加速放映的电影片段，画面中丛林蚂蚁将一只死去的动物尸骸变成了一具骷髅。有一次，我咬紧牙关参加了一群年轻人的工作体验计划。他们像一帮狂热的十八世纪改良者一样，四处奔走，随意修剪低矮树枝，砍伐灌木，扶直树木，我不得不介入并请他们的主管收工。

所有这些强制活动只是一种奇怪的特质，反映了一种现代秩序感吗？它是我们的农业祖先在他们的林间空地工作时的文化记忆吗？有可能是更基本的东西吗？比方说，在热带大草原上开辟道路、玩弄树枝的灵长类祖先的遗传回声？不管什么原因，我们似乎注定会不由自主地摆弄树木——除非我们在文化上有意识地决心放弃摆弄树木。

渐渐地，于我而言，普赖斯《论如画风景》与其说是带着娴熟的绘画技巧去矫揉造作地欣赏风景，不如说是对整个自然林地网络（包括其中的人类）如何运作的直观洞察。普赖斯最终倾向布朗的观点，即对野生森林牧场多样性的展望。“自然群体无所不奇，树身中空，树木生长前赴后继——彰显了自然群体的融洽和谐、变化多样、明暗辉映。徜徉其中，有移步易景之感觉，每走一步，形态都会发生变化；新的布局，新的光影，每走一步，都是柳暗花明。”这是人类的视角，但也是森林的视角。森林会衰败、开发、再生。与时代的商业性倾向相反，普赖斯着手写了一本艺术指南，介绍他认定的自然美。他关注森林的多样性、复杂性、事故、风化、明暗、分形、朽木、“乡村自生树木”的优势，以及最重要的一点：自然景观中各种特征的连通性。他将这些特征视为一幅好画的重要品质。但是这些品质还有另外的含义。这本关于美丽风景特征的清单也是一套相当精准的审美标准指南，科学家用它来评估自然系统生态的丰富度。如画之美能成为大自然复杂性的一个指标吗？

美学哲学家对自然景观的判断与科学家对自然景观的描述和归类方式显然一致，我着迷于这种一致性。与伯克或与联想主义者的想象相比，我们对视觉的情感反应有更深的根源吗？例如，“风景如画”的树会引发何种共鸣？它们肯定具有某种关联性，让人想起古老和“未毁坏”的景观，想起以它们为主题、有二百年历史的山水画。但是，到底是什么让画家第一时间注意到了它们呢？它们美得像画一样，这一概念源自何处？古老的大树造就了何种根深蒂固的联想？它们是理解荒野和时间之间深层关系的门户吗？

2

在伯纳姆山毛榉林，秋天的颜色正顺着山毛榉往下流，看上去像是室内装潢师的彩色图表。山毛榉顶端的棕色变成古铜色，映落在最下面的树枝上，泛出金色斑点的绿色。一些敏感的化学反应与树高有关，与气候或阳光的变化有关，是树汁流动所及作用而成。山毛榉看起来很忙，忙着呈现瞬息万变的景象。

吉尔平和普赖斯都认为秋天是“画家的季节”。柔和的色彩预示渴望，这是令人欣慰的反思季节。奥威尔的作品《让叶兰继续飘扬》中的主角则产生了截然不同的联想。戈登·康斯托克，一位愤世嫉俗的准诗人，以及其女友罗斯玛丽，一位有点害羞却永远乐观的姑娘，两人决定逃离纸醉金迷的伦敦和狭小窘迫的住处，到伯纳姆山毛榉林玩一天。他们一头扎进了这片树林，至少戈登单恋这片树林。他们周围是参天的山毛榉，“奇怪的是，它们长着像皮肤一样光滑的树皮，底部有凹槽”。远离城市的戈登和罗斯玛丽兴奋而狂热，他们对所看到的一切都异常敏锐：松鸦羽毛的颜色，宁静水池中山毛榉弯曲树枝的倒影。

为了找到一个山毛榉树的最佳绰号，他们讨论了很久。两人都觉得，比起其他树木，山毛榉看上去更像是有情感的生物。这可能是因为它们树皮光滑，树枝奇特的生长方式又如四肢。戈登说，树皮上突起的小疙瘩就像乳房的乳头，树上的大树枝蜿蜒曲折，光滑乌黑，看上去就像扭动的大象鼻子。

罗斯玛丽徜徉在漫过膝盖的落叶中，像走在“失重的金红色海洋”一样。“哦，戈登，”她喊道，“你看，太阳洒在落叶上，叶子像金子一样。”“假的金子吧，”戈登喃喃自语道，“事实上，确切的比喻应该是番茄汤的颜色。”

我依旧为科学的理智与如画之美的情感的神奇同步而兴奋困惑。我知道，愤世嫉俗的戈登对景色的描述比浪漫的罗斯玛丽更贴切，但我不认为他们两人的观点一定是相互对立的。在学校，我受教育成为一名科学家，着迷于生命的运作机制。但是当我开始写作时，我对科学感到不安，担心科学会在某种程度上“污染”我的想象力。我曾将科学隔离开来，将其束缚在一种关押精神生物危害物的围栏中，只在戒备最为森严时将其放出来。但现在，我变得更为聪明，且越发相信，“自然写作”

的关注点在于，找到尊重客观的自然观以及尊重我们自己幻想出的形象的观点之间的共性所在。因此，我深入研究我曾熟知的生物化学，刻苦钻研秋日中经常发生的事情，希望它能彰显秋天树木之美，至少其意义所在。

秋天不是衰败的季节。与缓慢衰老或冬眠的景象相反，秋天是树木异常活跃的季节。当冬季冰冷的地下水不容易进入根细胞时，落叶可能会帮助阔叶树减少水分损失。与此同时，落叶也成为树木清除积累一年废物——包括从土壤中吸收的毒素——的机会。在某些情况下，叶子脱落之前，有毒的金属含量会增加几千倍。与此同时，这棵树正分解叶片中的叶绿素和糖，将其储存到木质部分。当绿色退却后，留下的便是明亮的类胡萝卜素色——橙色、棕色和黄色等抗氧化化学物质，类似于让西红柿变红的物质——这些化学物质与毒素结合。这一系列混乱的化学反应给叶子带来了压力，为了保护树叶，在叶绿素的重要转移过程中，许多树叶合成了另一种抗氧化剂——鲜红的花青素，所有这些色素最终融合。每一株树木在秋天特定时间段的色彩取决于夏季阳光、土壤排水、早期霜冻等很多因素。

这就是醇厚丰饶的秋季。这个时节的色彩最为饱满，这并非标志着衰退，而是标志着活力四射、绚丽奔放、健康向上。戈登有意调侃秋色像夏日西红柿汤，实际上与济慈视秋天为“催熟万物的太阳的密友”的乐观比喻异曲同工。

我之前去过伯纳姆，它每次都让我惊讶，戈登和罗斯玛丽也有如此感受——离首都只有25英里远，聚集着这片不可思议的“饱含深情”的绿林。18世纪后期，这片郁郁葱葱的广阔之地一定曾是这个国家最理想的建筑用地之一。但矛盾的是，恰恰因为离伦敦近，这片林地才逃过劫难完好保存下来。1878年，伯纳姆的整片公共林地被出售，开发势在必行。就在此时，人类终于知道了绿地对城市人口的价值，伦敦公司介入，买下了整个地区。

在伯纳姆山毛榉林形成之前，这地方的历史模糊而不可考。发起拯救森林运动的弗朗西斯·乔治·希斯认为，这些山毛榉是“在其历史中的某个远古时期”被截梢剪枝的，而且这肯定不是当地的平民所为，因为他们无权砍伐和修剪山毛榉。尽管没有任何佐证，在A. D. C. 勒·叙厄尔所整理的较近的地方史中，他认为伯纳姆在五六百年前曾是一大片橡树林，当时只有少数的山毛榉，而且他还认为也就是那个时候人们开始剪枝的。第一个说法确有可能，但第二个却并不可信，毕竟剪枝截梢的技术有4000年的历史之久。在缺乏真实可靠证据的情况下，关于截梢山毛榉的传言越来越多。有说是克伦威尔士兵们为了制作步枪枪托而砍伐的山毛榉，也有说也许是蒙茅斯公爵夫人为了纪念她的丈夫而为，“他被他的叔叔，国王詹姆斯二世，”彼得·马伦巧妙地写道，“给‘去顶’了。”[①] 似乎除了当地人，任何组织机构都在收集柴火，不过在雅各布·斯特拉特1822年绘制的草图中，清楚地展示了过去20年人们砍伐的情景。无论这些截梢树到底是怎么形成的，就现存的来看——大概有数百棵——大约有四五百年的生长时间，现在看上去也生机盎然。

但这是怎样的一种生命力呢？这些奇形怪状的树木所震撼我们的是怎样的一种精神内涵呢？我想做一个实验，近距离地观察它们，试着用审美和科学的眼光同时审视这些树木。我有一本素描本和一副望远镜，希望能派上用场。

在伯纳姆，想要全神贯注地进行研究并不是那么容易的事，我的注意力总是被其他的东西所吸引。微微的薄雾笼罩地平线。茂密的树林随地面高低起伏：有高大的森林山毛榉、漆黑缠结的冬青、古老的橡树、白桦树、残破的角树桩、平原上的截梢树，还有倒下的枯木和被砍伐的原木。伯纳姆的山毛榉林系统十分完整，不仅有山毛榉的各类生态伙伴，还包括了各个生长阶段的树木——从刚刚抽枝的幼苗到枯朽的巨树。我无意中发现了一小片种植的山毛榉树，标有一块牌子以纪念市参议员和市长——伦敦公司的显要人物——亲自植树。离它几英尺远的

---

① 1685年2月查理二世国王去世，其弟詹姆斯二世登基。5月，蒙茅斯公爵詹姆斯·斯科特（1649—1685），查尔斯二世的私生子，声称自己才是王位的合法继承人，发动叛乱企图推翻詹姆斯二世。后叛乱失败，于1685年7月15日以叛国罪被处斩首。

地方，有一丛天然再生的山毛榉。奇怪的是，这些野生的树苗也被置于当局的强制管理之下。不过，我想这总比在树身上硬套一个写着植树人名字的板子要好得多。

伯纳姆在树木的管理工作上做得很不错。我在路上遇到了一个岔路口。旁边有棵橡树，树上的一根大树枝已经断掉了，这使整棵树看起来有点摇摇晃晃的。这棵树的周围临时竖起了一道灌木栅栏，并附了一张道歉声明解释说，如果公众能周到地避开这棵橡树，那它就可以这样维持现状，无论是橡树本身还是寄居在上面的各类小生物都能够维持原样而不遭到破坏或驱逐，并且此案也不会被提交到健康与安全部而使橡树接受进一步的手术修整。鸟儿把橡子传播到了各个角落。树林上方，红风筝随风飞扬。我瞥见一只雀鹰飞速地掠过了山毛榉的树梢，树叶却像静止了一样纹丝不动。就在这一瞬间，我的视野中构架出了一个完整的生态系统——树林上飞过的鹰，四处播种的鸟儿，幼栎树上长满了大理石样的瘿瘤，森林里处处活跃着甲虫和毒蘑菇的身影。

我试图去弄清真菌对于树的意义，绞尽脑汁回忆起我三十年前所学的知识。成群的微型马勃菌在落叶和腐烂的木头上像涟漪般散布着，凝胶状的山毛榉毛簇从枯干垂下，黄褐色灰鹅膏菌带有棕色菌盖和凹槽的边缘，就好似用小刀精心雕琢的。但是今年是假死菌——角鳞灰鹅膏之年，它是山毛榉林的亲密爱人，它应该有个更美味可口的名字，因为它的杯状菌盖点缀着柠檬皮斑点。

我来到最早的截梢树前，这是伯纳姆山毛榉林的宝贵遗产，也是伯纳姆得以留存的原因之一。但即使从风景观赏的标准来看，也不能说它美。整棵树的顶端一定是多年前就被砍掉了。现在老树干的顶端是一个由卷曲盘绕的树疤和一个巨大的圆形凸起构成的蛇窝。一个大树枝断裂后形成的黑色的树洞里，木头都已经腐烂，长满了霉菌，一棵小冬青却已经在其中生根发芽。在这块破碎的巨木中，又长出一棵直径约 30 厘米，高 6 米的全新枝干，并生出好看的叶冠，一片葱郁。它虽然不是很漂亮，却是生命的胜利。当我试着画下它，略去所有错综杂乱的枝叶后，它看起来就像是一个洞穴，黑黢黢的洞口周围布满了嶙峋的岩石。

再走五十米，是另一棵截梢树，讲述着另一个故事。一棵有肩膀那么宽的树，它的两根主枝向上伸着，就像健美运动员在炫耀他的肌肉一样。主枝上，小树枝被砍过的地方长出了一些小疙瘩。我猜大概是这样的。我现在会不由自主地想到剪枝上去。但树干上也布满了凸起的小疙瘩。或许这些像山毛榉树皮上的格纹一样，是遗传所致？这些山毛榉在被砍伐之后多姿多态地生长趋势，让人很难相信它们其实都是同一个树种。

我突然想起了我朋友莫里斯·科克里尔的一些画。1991 年，他创作了一套名为“入口”的系列作品，每一个作品都是从廉价的木门上开始创作的。莫里斯用伐木的斧头在门上随意地砍出一些切口，然后在切口周围涂上多层修复性的油漆颜料“修复”这些伤痕。他曾把他的技术描述为“非自然自动化”——看过他的工作，看到他的伐木工的手臂疯狂地一遍遍刷漆的样子之后，我大概知道了他的意思。他的作品是“自动化”的，因为它更像是有机生长出来的，而不是程式化的增长。八年后，他又创作了“世代”系列作品。这个系列上的中央也都有一块黑色，像在开采挖掘什么，在那块黑色中有一个亮色颜料的核心，这个亮色的核心似乎生发出某种超越黑暗的新形式的生力。在它们之上，一层层钩状的图案正在向外拉扯着这种生力——“再生”，当时我在记下关于这些画作的想法时曾这样天真地称呼它——向天空延展。莫里斯的画作看起来和截梢树一点儿都不一样。但是，凝视着伯纳姆山毛榉树上黑黢黢的树洞，看到在其中所萌发出的非凡的新生命，我觉得这些截梢山毛榉和莫里斯的画作一样，以同样的方式在生长着。它们自己治疗、恢复伤口，铺陈上依势所生的各种曲曲折折层层叠叠的木质组织。它们有着和凝固的熔岩流一样多样而扭曲的形态，或者就像绘画。但当我漫步看过更多的树木后，发现了一种常见的树疤形状。巨大的树瘤，肥大的树疤褶皱，如此庞大，很难看出树干如何支撑它们。树枝桩像在车床上转动的杯子一样圆滑。粗大的内根在空心树干内蜿蜒而下，树枝稀疏裸露。截梢的树干和树枝似乎都蜷缩在周围，试图支撑住中心。

接着，我看到了“笼子截梢树”（一种有400-500年历史的山毛榉树），这棵树对其重心的保护延伸到了外部极限处。附近有一块绿板子记录着，2002年女王将其命名为“英国最伟大的树之一，以表彰它在国家遗产中的地位”。板子下方写着赞助商：英国国家电网。我不知道他们是不是故意设置了这样的双关语①。“笼子截梢树”的底部的几英尺看起来像一个巨大的桶，从那之上长出了一根稍细的树干。像桶的树干部分是很久以前变成空心的，然后其表面一部分也不见了，另一部分如今只是由四根无树皮的棍子支撑，使树不屈地矗立着。这些山毛榉给我的震撼是无与伦比的，我甚至无法轻易用语言表达出来。

克劳斯·马特里克是卡尔斯鲁厄大学生物力学教授。他的书中这样记录自己：喜欢大口径武器和斯塔福德郡斗牛梗。他不是那种你晚上在伯纳姆山毛榉林想碰见的人。但实际上，他是一位仁慈的护林员。我第一次知道他是因为读到了一本由他写作并绘制的儿童图书，那本书的名字大概是《斯图普西详解树木：刺猬教你树的身体语言》。当我注视着这些狂野地向外生

① “英国国家电网”（National Grid）又可字面理解为“英国国家笼子”。

长的老树时，我想起了这个书名。我一直试图不要对树进行拟人化，但是现在专家说这是允许的。当然，克劳斯·马特里克指的是树的身体，但是这句话的感染力不会消失。我第一次读到它时，我知道它将对我们理解我们与那些古树之间的关系有所裨益。如果你不熟悉物理学知识，那么马特里克的书就很难读懂；但是，如果你不介意一只比树人漫画看起来更像小人的刺猬，那么斯图普西是你最好的老师。

一棵树的身体语言涵盖的范围比你想象的要广泛。它很容易理解，甚至能引起你的共鸣——尽管树木表现和应对压力的方式与大多数其他生物完全不同。这是一种持久和永恒的表达，埋藏在坚硬的木头中。例如：树与树之间的间隙太密，会导致树枝间的摩擦，通常摩擦交汇处树枝会缠绕在一起。在缠绕节点下方的树干依旧细小，而节点上方树干则变得粗大。它们互相支撑，较矮的那部分树干帮助两棵树共同抵御风力的负荷。在持续不断的大风中，树随风向弯曲生长，但在迎风面，树身一切都变得坚硬牢固以防吹倒。最后树木长出了牵索般的树根，扶壁样的树枝，以及结实坚强的新树干。

在树的成形过程中，其普遍的原则被认为是所有结构设计中很成功的一种，包括它生命形式也是。这一普遍原则被称为“均匀应力原则”。这个原则中一定不存在力量薄弱的地方。无论什么样的载荷或应力都必须均匀地分布在树的整个结构上。

当一棵树以某种方式被削弱时——疾病、砍伐、风灾、雷击——它会试图通过生长一种叫作“应力木”的特殊组织来中和其薄弱点。在落叶树中，它被称为“应拉木”，因为它是一种可收缩的拉力组织。马特里克教授说它是“白色的，像尼龙衬衫一样闪闪发光”（尽管在切尔吞山伐木工人称之为“昏睡”木）。它的功能非常类似于动物肌肉，若不这样认定就是悖论。弯曲的二头肌就是短时的应拉木。

应拉木沿着弯曲树干的上侧生长，以及在负重的大树枝节点处生长。如果一根树枝掉落，其周围脆弱和暴露区域会长出很多新树枝，又浓又密，以填补这块没有树枝的区域。这就是树枝被修剪后，自我修复形成的树瘤。如果树枝冗余，或成为负担，树木会提前在树枝将断裂的准确位置周围生成坚硬的根颈。树干鼓起的地方很可能是树身中空的第一阶段，因为树干加固了它的外层。

让我们再回到伯纳姆。我正盯着这棵倾斜得很厉害的山毛榉，歪斜得就像在高空中走钢丝一样。在我看来，几乎是不可能的倾斜角度，与垂直方向约成40度角——只要它不被自重所压塌，它还可以继续生长下去。很难猜到这棵树到底是怎么变成这样的。也许，首先是因大风而倾斜，然后想恢复原状，但却慢慢沉了下去。树的整个核心部位不见了，可能就像无用的压舱物被树所舍弃了，这使得树干就像一个水槽。水槽状的树干边缘是巨大的应拉木，将树木向直立方向拉回去。在树的顶端有一个由扭曲的树枝构成的网状结构从另一个方向拉扯着山毛榉，将其拉向地面。在这样的作用力下，山毛榉长出了这些引人注目的根系，以及一根长长的树枝，倾斜的方向相反着生长。树干变成了一根杠杆，完美地平衡了树身重量和树身的张力。

我自己学着树倾斜的样子试了一下。见鬼去吧。我按照这棵树倾斜的角度向前倒去，想象我的脚被带子固定，并试着用手拿起一个巨大的重物。这是一种可笑的姿势，而且我知道如果我真尝试，一定会伤到我的背。除非我的脊椎上有应拉木做牵引。

伯纳姆到处都是举重运动员般像人似的山毛榉。健康和美丽融为一体，优雅地卷起腹部。有的树像踩着高跷；有的树自带齐默助行架。山毛榉做出如人般的各类奇形怪状的姿势，都是为了能在这个动荡的大自然里维持自身的正常树姿。伯纳姆不再是单向拟人化，这里已是一个人树互喻交融的地方。

不过，有一小部分截梢山毛榉得名源于另一种与人类的联想关系。20世纪30年代开始盛传格雷山毛榉是《墓园挽歌》最后一节的主题之一，并由此命名该山毛榉。珍妮·琳德山毛榉的得名是因为“瑞典夜莺”珍妮·琳德[1]在当时居住在东伯纳

---

① 珍妮·琳德（1820—1887），瑞典著名歌唱家，被人们称为“瑞典夜莺”。

姆别墅时，曾经在这棵树的根茎上歇坐过，现在其遗迹被安全栅栏给围了起来。门德尔松山毛榉得名源于这棵树投下的斑驳的树影给门德尔松①创作《仲夏夜之梦》的戏剧配乐以灵感，这棵树的树顶在 1990 年 1 月的一场大风中被吹断了。所有的这些古老的山毛榉，包括那些快要枯萎的树桩，都用一个铝板印上了它们的编号。我喜欢用这种方式来标记区分这些不同的树，而不是将它们简单地冠上某个人的名字。

我站在一个小土堆上，端详着其中一个标牌，上面写着编号为 01325。这是一棵普通的截梢山毛榉，有着漂亮的树枝。不过树干的表面开裂了。在真菌的感染下，薄薄的树皮像疥疮一样隆起，汁液顺着树身一滴滴往下流。当我凑近了些，发现树皮上有些小动物。小蜘蛛以之字形线路奔跑在树皮上。一群木蚁沿树汁逆行而上，不过我觉得它们并不是在食用这些汁液，而是把上面细小的树皮碎片收集起来，运送到树下。我顺着木蚁细细的行走队列往下看，结果尴尬地发现，我正站在它们的巢穴上，上面是一大堆细木屑和树叶。看起来，编号 01325 的山毛榉对它们而言是一个非常理想的居所。

---

① 雅科布·路德维希·费利克斯·门德尔松·巴托尔迪（1809—1847），德国犹太裔作曲家、德国浪漫乐派最具代表性的人物之一，被誉为浪漫主义杰出的“抒情风景画大师”。

但是，编号 01243 的山毛榉却让我十分困惑，搞不明白。这棵树和我见过的传统意义上的其他树都不一样，它不美，不高贵，也不像卫斯理的布道那样给人以智性的启发。它根本都不能算是一棵树，只是两块蜗牛壳似的木头架在一根杆子上，又像是某个史前鸟类的骨骼，正单腿站立着，又或者像是一个巫毒的警告标志，或者像一个巨大的胚胎化石。我无法阻止这些联想涌入我脑海。如果不把一个难以辨认的生命形式与其他生物进行比较，你怎么能从视觉上理解它呢？不过，它真的还活着吗？我走到那棵树的跟前去触摸它，以便能弄清它可能遭遇了什么。这些蜗牛壳似的木头大概和我眼睛平齐，我看到这些贝壳是树身肩部的一部分，其另一半被其他树木的叶子遮住了，看起来像是一个更大的王冠的残骸。树上胚胎样子的螺旋形状是由一个扭曲的火鸡头样的应拉木与一些疤痕组织和支撑物构成的，这使得山毛榉在树顶被截掉时得以保持平衡。像鸟腿的部分——一根约 25 厘米宽的有沟槽的木管样的应拉木——是支撑这棵结构奇特的树木的起决定性作用的一根细树干。而且它确实起到了支撑作用。山毛榉的一束树枝伸到了阳光下，我抬头看着这簇秋叶，发现它的生长条件一点也不乐观。它被掩映在大树干之下。树冠坍陷下来，露出了一块空缺，在那附近生出了一片小树林。我猜想五十年后当这片小树林长大，树林的隐蔽将会使老山毛榉无法生存下去，最后它将会像一块破碎的巨石倒在这片林中。

现在，当透过薄雾看着这棵树，我惊讶于自己竟会为一种植物而感动。我往后退了一些，透过望远镜观察它。我试着把它画下来，一笔一画地如实临摹。但是，这个绿色的看起来仿佛是一只瘦骨嶙峋的翼龙的山毛榉，画出来一点也不像是一幅传统美学观念中的风景画。它富有一种现代主义的反叛意味。它就像是米罗①笔下扭曲的线条，或者某种结合了超现实主义的作品，又或者是立体化的抽象表现主义作品。它又像是莫里斯·科克里尔创作的门，从一个黑色的坑洞中萌发出绿色的新生命。不过更多的，它让我想起凡·高生命中最后几个月创作的画作，它们完全浸润了大自然狂野而无章法的创造力，没有让步于我们以整洁为美的审美观。它坚持自然的系统是永远不会完结的，也不受限于固定的时间范围。尤维达尔·普赖斯将绘画规则与自然规则联系起来的观点是正确的，但并不是说我们需要依靠前者才能欣赏后者。编号 01243 的山毛榉所呈现的景观是原始的，能够让人感同身受，被人普遍接受。它既是现实的，也是隐喻的，是大自然复原力和生存能力的生动实例。西蒙·沙玛在他的纪录片《艺术的力量》中说道，艺术告诉我

① 胡安·米罗（1893—1983），西班牙画家、雕塑家、陶艺家、版画家，超现实主义的代表人物。是和毕加索、达利齐名的 20 世纪超现实主义绘画大师之一。

们人的意义是什么。从我们努力生存的广大范围来说，艺术——以及天然的呈现出艺术性的自然界的存在——据说可以告诉我们关于活着的意义。

3

促进如画美学复苏的主要人物是克里斯托弗・赫西。20 世纪 30 年代，他住在肯特郡的斯科尼城堡附近，他所居住的房子是他祖父爱德华・赫西用从城堡回收的石头建造的。爱德华是普赖斯虔诚的追随者，他将潮湿的老房子废弃并拆除，并依如画美学重建，成为“如画景观”。1837 年，园子也进行了“修缮”美化；150 年后一个十月中旬的夜晚，当时克里斯托弗早已离世，这个园子终于也被改造成了一个如画美学式的景观。

克里斯托弗的著作《如画美学：视角研究》（1923 年）包含了许多真知灼见，但对于理解我们对树的认识来说，没有什么比下面这句更引人注目的，他说：“为了培养用眼睛去感知的想象力，介于古典艺术和浪漫艺术之间的如画美学的过渡是必要的。”用眼睛来感受！这句话多么让人印象深刻，给人以新的启发啊。人们早在从绘画作品中获得感知之前，我们的眼睛就能从自然风景中接收到这些情感了。也正因如此，才会促使人类去绘画，才会有三万多年前欧洲南部的洞壁上第一次出现的那令人震撼的自然图案。

第二年的夏天，2006 年 7 月 20 日，我回到了智利。那是有记录以来，甚至可能是冰河时代以来最热的 7 月那天之后的一个早晨。气温比前一天的 36 摄氏度稍微下降了 1 度。所有的东西看起来都是滑溜溜的，就像被包在了热腾腾的琥珀里。我慢悠悠地走来走去，我的感官变得十分缓慢，声音也闷闷的，眼睛脱水而且刺痛。灼热的空气驱散了所有的感官享受。到了 10 点钟的时候，除了灰尘和干草之外，其他气味都蒸发了。简直是感官上的折磨，都是全球变暖干的好事。

我此行是带着使命的。我仍然在寻找生物学上和美学上的统一与共鸣，想看看它们是否在目力所及之外，在山毛榉树的地下根系部分存在。更具体点说，我在寻找一种幽灵般的兰花，裂唇虎舌兰，英国一种最稀有和最神秘的植物，这花的变化莫测可以说与山毛榉有某些相似。裂唇虎舌兰难以捉摸又形态多变。它生长在森林中最幽暗的地方，扎根于厚实的山毛榉的残骸中。由于它一消失就是好几十年，因此被叫作鬼幽兰。

但这样的高温让我怀疑我的计划是否是一个错误。我不知道在 35 度的高温下进入毛榉树林深处会是什么感觉，那里空气稀薄，无边无际的山毛榉容易让人迷失方向，还有马蝇的困扰。但是我不需要担心这些。当我到达南方奇尔特恩斯山毛榉林时，树荫里至少凉爽了 5 度，看着山毛榉树清晰的轮廓，我感觉眼睛重新恢复了聚焦。这地方原始自然：棕色的土地，灰色的树干，深绿色的树林穹顶。这里没有泛黄的树叶，没有一点山毛榉树生长恶化的迹象。我唯一能听到的声音就是我自己踩在干枯的落叶上嘎吱嘎吱的脚步声。休·约翰逊认为，“一片老山毛榉林能发出所有山林中最悠长的回声……就像是空房间中的回声一样。”这几乎是我三十多岁时会有的观点，自以为是地认为山毛榉林在森林中就是一片生态荒地。但现在我有了更深的了解，明白了它们所蕴含的生命力是不张扬的，或者从另一个层面上，也可以说是被掩藏着的。其中的表现之一就是深藏在土地之下的。

我仔细地挑选我要研究的树。这里是鬼幽兰在过去十年里曾出现过的地方之一，最近的一次是在 1998 年。没有人知道它为什么总是喜欢这样东奔西窜。鬼幽兰是没有叶绿素的，要依靠地下丰富的真菌来维持生命。兰花的根茎作用于这些真菌，然后真菌会从腐烂的树叶和覆盖地面的木头中分解出营养成分。这种兰花生命的大部分时间都完全是在地下度过的，每隔十到二十年就会不定期地开花。有时，它对光也显得毫不在意，会在土壤下盛开花朵。当花朵开放时，它是那么变化莫测，就像一只粉红色的海洋生物，或是一只吊在藤壶顶部的大虾。迈克尔·隆利的诗《鬼幽兰》描述了这种甚是神秘和敏感，似乎只存在于想象中的植物：

> 附在几处剩余之地的将是我创作的诗节
> 关于像破碎的皮肤般的落叶，一种色彩
> 在粉红与黄色间张皇，根系
> 在阴影和落叶中像珊瑚一样生长。
> 仅仅触摸花瓣便会使其伤痕累累。

我嫉妒于隆利或许真的曾一睹鬼幽兰的芳容。自从 1854 年有记录以来，在英国只有大约 50 个鬼幽兰花穗被人目击过。很奇怪的是，常见的几种稀有兰花，所有的早期发现者都是女性。安德顿·史密斯夫人在赫里福德郡萨比溪河岸的一片小橡树林（非洲大陆常见的一种栖息地）中发现了它。她把花移到了她花园里安全的地方，结果兰花却很快凋零死去了。22 年后，一位劳埃德小姐在威尔士地区“发现了一个样本”，在卢德洛附近的布林格伍德。皮尔小姐在 1878 年再次发现了这种植物，生长在同一棵树上，然后在 1892 年又一次发现，这些样本都得到了卢德洛的刘易斯小姐的验证。

1910 年，鬼幽兰再次出现在赫里福德郡的另一个地方，然后消失。1924 年在亨利镇以西的奇尔顿山毛榉树林，当地一名名叫薇拉·保罗的女学生发现了鬼幽兰，并得到了“霍莉小姐”

和著名植物学家克拉里奇·德鲁斯的证实。七年后，在萨特维尔附近的一片树林里，鬼幽兰被发现长在一个腐烂的山毛榉树桩上。此后人们一直没有见过它的身影，直到1953年，在同一个地点又发现了它。之后它又断断续续地出现在附近的另一片山毛榉树林里——直至1999年。

鬼幽兰这种植物是如何能够分散在不同的地方，并跨越了几个世纪生存下来的？我到达树林时，并没抱期望能找到它。我甚至不知道该如何着手寻找这种如此难以捉摸的生命。我四处游荡，每隔几码，便蹲下用双筒望远镜扫视地面，看看是否能找到鬼幽兰的一丝身影。一位遛狗的女士好奇地问我是否在观鸟。我向她解释了寻找鬼幽兰的事，可惜她从未听说过。好运并没有偏袒我。我看到了一些看起来很像是鬼幽兰的花或别的什么东西。例如几株浅色的枯风铃草，发黄的狗藜草，还有一片像是虎舌兰的骇人的塑料碎片。但这些都不是真的鬼幽兰。

我试着扩大寻找范围，开始搜寻山毛榉林其他的兰花。三十年前，当我第一次来到这些南部的森林时，我也是像这样睁大了眼睛，那时我总是可以随处找到它们：普通火烧兰、紫火烧兰、窄唇火烧兰——学名 Epipactis leptochila，一种精致的极简主义兰花，它的花朵有着和新生的山毛榉叶一样的淡绿色。但现在我什么都看不到了。我失去占卜者般的灵感了吗？还是找错了地方？或者这里因持续的热浪侵袭使兰花不再生长了？兰花对真菌作用的依赖意味着它们对土壤的干燥程度异常敏感，因为在这种情况下真菌的作用会减慢。事实上，不仅是兰花，整片林地都离不开深藏在其土壤中真菌的巨大的“根系”（菌丝体）网络。我们在地面上看到的毒蕈，只是这片地下森林错综复杂的营养供给线上结出的果子，它们与树木或者其他植物有着紧密的共生关系。有些真菌深入到根的细胞结构中，其他的则在其周围形成一种鞘。真菌提取树木通过光合作用制造的糖。反过来，它们有助于分解森林地面上腐烂的树叶和木材，并为树木和其他地面植物提供营养。像山毛榉这样的树没有真菌这个好朋友就无法生存，而有些小树苗突然死亡的主要原因之一就是它们没能找到与之共生的真菌。一种地下真菌可以覆盖许多公顷（重数吨），并且连接森林中的所有树木，不管它们的种类如何。整个系统是一个喂食合作社。我不知道如画理论的美学家对鬼幽兰的美丽外表到底有多么看重。但他们很可能敬畏于这种地下的真菌森林，因为它像镜子般倒映了地上森林的错综复杂和多姿多态。

傍晚要离开森林时，我这才抬起头向上看去，在我头顶那高高的树枝像巨大的鲸骨般搭在一起，大概有 30 米高。据说这还启发了“哥特树式的穹顶肋架结构”的发明。但对我来说，那一刻，它们看起来更像是一艘倾覆的船的船底。

到了最后，如画美学和哥特美学都把它们的目光投向了哈丁山毛榉林。我决定该是我们对山毛榉种植园做些什么的时候了，并着手策划思考计划。毕竟，它是为木材而种植的，我们只是在履行它的使命。光线足一点可能会促进一些树木的再生，但也有可能会被花和老树上的蕨类植物入侵。我用了一个高级词汇“意图的连续性”来加重这个计划在我心目中的地位。但这个词却很容易让人错误地联系到 18 世纪林地哲学家的一些观念。我对卡纳文伯爵点点头，他无耻地认为树林是用来偿还债务的，我决定要是一旦砍掉了这些树苗，就把它们卖掉。我钦佩普赖斯以下观点：树身中空；树木生长前赴后继——一切都是融洽和谐、变化多样、明暗辉映、浓淡深浅相宜的视觉景象。我想我可以在种植园里用重型机械来实现这一切。

这不是我们业余爱好者可以做的那种工作。我们需要专家帮助。因此，我找到了当地一位好心的房地产经纪人肯，帮忙把砍下的木材做上标记。11 月的一个下午，肯和我一起去了林地。他说基本原则是先标出你想保留的树木：“你得到什么取决于你拿了什么。”肯会选择那些可以做成上好木材的树，而我则会选择看起来有生气的树，或者枯木会成为新的栖息地的树，或者只是满足了我多愁善感的幻想的那种树。于是我们绕着种植园走了一圈，模仿了约翰·托维和他的女助手在希尔本森林里走来走去的奇怪情景，把黄色气溶胶涂料喷在那些肯选出来的笔挺的树和我选出来的奇奇怪怪的树上。接着，我们标记了被林业工作者叫作垃圾的树——这些树木够不上我们俩任何一个的标准。于是，许多了无生趣歪歪扭扭的树和不是特别符合我们标准的树一概被判处了死刑，再无机会在下一场风暴中展现出它们惊人的表现，或成为像 01243 号山毛榉那样的树。我安慰自己，这些树很可能最终还是会因为隐蔽缺乏光照而枯死。不过我很开心地得知，像这样逐一苛刻地挑选山毛榉，使山毛榉的年龄层变得更加多样化的办法被叫作林木的“选择”。这听起来好像我们正在为皇家学院准备一场树木展。

接下来就是比较棘手的部分了，这次用红色油漆标出可能会获得盈利的树，不过这项工作主要是针对被选中的树的周边，目的是给它们更多的空间来茁壮生长。有一组被选树木相对比较整齐，因此我们标出了大约四分之一公顷的潜在空地，使它们能够真正得到生长。当然，在路上，我脑海中总浮现出一些如画般的变化，用普赖斯的话来说，就是“徜徉其中，有移步易景的感觉……每走一步都有变化：每走一步布局在变，每走一步明暗更迭，每走一步柳暗花明”。我发现自己在看到这一大片我亲手修补的标记的老树时，内心还是十分开心的。同时也很高兴能有机会将我个人的畅想与森林的生长和改造结合在一起，当然也很高兴工作带来的报酬能让我一下子就付清新皮卡车的小额首付款。

因此，我们就大约 100 棵山毛榉树的命运达成了一致意见，肯开始着手找人来砍伐并出售。事实证明，这并不是一件容易的事。大多数承包商对在地形崎岖的地区做小生意没什么兴趣，并且，在 1987 年的风暴后，山毛榉伐材市场仍然供不应求。不过鲍勃接受了这份工作，他是当地一名自由职业者，熟知奇尔顿山毛榉林的特性，林地知识渊博，对如何从密集树林中挑选一棵树有独到见解。

冬末，他开着一辆老弗格森拖拉机来到这里，独自开始工作。他砍伐的大部分时候都没有用绳子，仅凭娴熟的链锯，就在树木与树木之间作业。他去掉树梢和侧枝，把树干一个接一个拖到拖拉机后面，再从树林里拖出来，拖进车道边的一片田地里。他一直工作到深夜，有时我会在午夜发现他的头灯，像在黑暗的树林中穿梭的鬼火。我很担心他，特别是在他告诉我他的一个同事从树枝上滑下来，头被树枝砍掉了以后。

不过幸运的是直到这项工作结束，鲍勃并没有受一丁点儿伤，剩余的山毛榉也都完好无损。砍下来的树干，每一根都有自己的编号，躺在树林下面的田地里，像船队一样并排排列，等待木材商收购，然后运至家具厂。之前我就常常站在树林里凝视它们，觉得它们多么像那些被真正的伐木工人拖下河里的树干筏子。几周后，这个种植园看起来变了样，成熟了。光线的变化令人吃惊。当金色的阳光穿过树冠的新缝隙时，树木看起来是那么高，高得难以置信。

对于我们这些初出茅庐的乡村伐木工人来说，能做的就是好好干活。我们必须变成林地的秃鹫，清理掉山毛榉剩余的内脏。我们还挺喜欢这样。砍伐掉枝叶过于繁盛的山毛榉是应对潮湿的白蜡树和杨树的一种方法。木头像一块新面包的外皮一样脆，闻起来也像。砍下来的原木像木琴的涟漪一样，咔嗒咔嗒地落在正在生长的木桩上。我们把这些剪下的碎枝堆在一起，心生自豪，感觉这仿佛是在对焕然一新的林园做出某种回应——或者是修补。艺术评论家伊维特·维纳在介绍奥地利的奥塞尔兰传统山毛榉林和冷杉林的一系列引人注目的照片时，试图解释这种有些矛盾的现象：

> 这每一个木垛所内含的形象是什么，在他细致的重建中，他试图再现一种什么样的内在模式？是什么让一个人组装成相同的规则圆形，而另一个人只组装成方形的梁状的零件，还有一个人却认真地将两种图形混在一起再组合？是哪个疯子，小心翼翼地把事先拆下的圆木重新组装起来，并还原成原来的形状？

用眼睛来感受。我们对伯纳姆的截梢山毛榉，总是迫不及待地想要掌控一切，想让树长得笔直挺拔，即使将它们四分五裂砍倒在地也在所不惜。

第六章　自然的那一面

十九世纪，庄园主准备突袭山林公共用地，抢夺当地山毛榉最后阵地。而此时，上至思想开明的贵族，下至粗野平民，甚至还有一些法国的波希米亚艺术家组成了一个奇特的群体，帮助山毛榉发起反击。在一片混战中，“自然”的新形象开始显现。

1

我每次去弗里斯登山毛榉林，都会沿着同样的路，从树丛边缘与公用地间弯弯曲曲的小道穿行而去。20 世纪 20 年代这里停止放牧，现在这片荒野上的灌木丛有被新生橡木林取代的趋势。如果我靠右侧行走，就会嘎吱嘎吱地踩上去年的山毛榉落叶。往左走上几码，就会踏上枯死的欧洲蕨的叶子，声音更加轻柔，就像踩在一沓沓亚麻布上。微弱的树叶声隔开了两片截然不同的林子。叶子声音轻柔多变，而颜色却较为单一。那是三月时节一个沉闷又单调的午后，荆豆还未全然盛放，山毛榉也尚未新叶初现。我看到树下有一群扁角鹿，它们是 11 世纪诺尔曼人带来的牧群的后裔。由于没有树荫作掩护，它们的行动比平日里更加小心谨慎。鹿群一动不动地盯着我看，柔软的身躯紧紧地倚靠在山毛榉树弯曲的树干边上。它们的藏身之处或许曾经也是许多其他动物的庇护之所。浅浅的田垄围成一个直径 80 米的圆，将边上稀稀拉拉、长短不一的树桩连成一圈。树桩上的枝叶伸出了圈外，像外伸的胳膊一样。这圈里面的牧草估计几个世纪前就被啃光了。我不禁想，过去这田垄上是否违反了公共用地法案而建造了围栏呢？如果建过围栏的话，那这片鹿群躲藏的庇护地，可能就是领地主人的非法所得了。

这里总是上演着各种诡计诈术。有野心的投机分子在这儿冒险碰运气，大庄园主则开拓自己的领地。1866 年的 3 月，在这片山毛榉林及周边的大部分地方爆发了抵抗圈地的历史性运动。这些抵抗圈地的斗争充满了维多利亚式情节剧的戏剧性元素：年轻羸弱的庄园主和他专横的母亲，午夜时分雇佣兵们匆忙的夜袭，以及一起轰动一时并影响了英格兰公共用地未来的诉讼案件。对于古山毛榉树来说，这是一个命运攸关的时刻。

其时，英格兰南部的公共用地上的林地长时间遭受着砍伐和非法圈地的侵扰，特别在18世纪末和19世纪的“改革热”和种植园热时期中，这些侵扰更是达到了一个高潮。历史上人们一直都倚仗着这片土地生活，尽管贫瘠的土壤不适宜耕种，但在其他方面却颇为有用。例如，在伯克姆斯特德大公共用地，11个牧区共享同一片山毛榉树林，这儿的居民在帚石南田里放牧牲畜，采摘山毛榉果实和橡树果实时把猪赶来。他们收割荆豆的茎部作为燃料来烘烤面包，把山毛榉当柴火取暖，还用欧洲蕨给牛当垫草。这种生活并不富余，却能自给自足，当地人就这样与自然相互尊重、相互依存地生活下来。

然而到了18和19世纪，人口快速增长，土地、食物与住房等压力随之而来。为了推动生产，开发了大量施肥土壤和种植树木的新技术。煤炭唾手可得，使得木柴不再那么重要了，于是在改革派眼中这些林地就显得更加无关紧要了。它们不仅是荒地，更是废地。似乎那些修剪得奇形怪状的树木——这些置身于绝对产权之外的，象征着经济衰退和道德败落的，怪异的、老朽的、毫无价值的树木——得到如此下场是罪有应得。

但随着经济与社会的发展，一种新的思潮也开始萌发，人们开始憧憬风景如画的大自然，渴望户外的新鲜空气，向往城市绿肺。人们憧憬着没有烟雾弥漫的新田园牧歌式的生活，古树形象强烈地凸现在这田园景象中。关于美、实用、自然孰优孰劣的争论，以及林场主和庄园主的世袭权利之争由此展开，并延续了近两个世纪。

1865 年，公共用地保护协会成立，用创始人之一爱德华·诺思·巴克斯顿的话来说，协会旨在为生活在大城市的人们提供切身了解自然，而不是从艺术作品中欣赏自然的机会——这个目标很崇高，但自身又包含了一些其希望解决的矛盾之处。接下来的一年，英格兰南部的公共用地同时发生了好几起事件，引起了大家的关注。伯克姆斯特德公共用地和埃平森林先是被圈围起来，后又被开放。为反对圈围古森林及荒野行为，新森林协会成立了（在它的推动下，11 年后通过了一项法案，其中要求保护“当地独特的自然风貌”）。而在这激荡的一年的年末，城市供地法案通过了，它保护了城市 20 英里以内的公共用地，也保障了普通公众在这一区域“享用新鲜空气及锻炼”的权利。在这一系列重要事件中，山毛榉成为中心角色，部分是因为巧合——山毛榉恰好是该地区最常见的树种，毕竟除了在公共土地外它别无所长。不过山毛榉确实有一些不羁的特点：它坚韧顽强，能自我调节以适应新环境。这些特征使山毛榉在这场保护荒野和平民的运动中成为一种自然吉祥物。

2

诺曼人从一开始就觊觎弗里斯登山毛榉林。入侵英国不久，威廉便以伯克姆斯特古堡为据点，静居在此，直到他加冕为英国国王。在伯克姆斯特古堡的日子相当安宁舒适，新王国在此构想而成。这里不同于英国其他城堡，有三条护城河包围着。从城堡的瞭望塔顶看出去，是大片绵延至北部的山毛榉林，令人心动不已。广袤的林地可以狩猎，可以伐木，税收也相当可观。二十年后，在《末日审判书》[①] 中，诺曼人评价它是“可以放牧千万头猪的丛林”，还带来了猪群。不过后来他们把其中的一部分建成了鹿园。

1300 年，一份事后调查提供了诺曼人新地产中部分树木产业的详细信息，并说明了他们对此享有的权利：“名为德尔弗里斯的树林，面积为 763 英亩（308 公顷）加 1 路德（约 6 米），还有一块地可供伯克姆斯特德农民养猪期（即圣米迦勒节和圣

① 《末日审判书》，正式名称为《土地赋税调查书》。英王威廉一世下令进行的全国土地调查情况的汇编。目的在于了解王田及国王的直接封臣的地产情况，以便收取租税，加强财政管理，并确定封臣的封建义务。

马丁节[1]之间）使用。”养猪期是指，当山毛榉果实和橡子成熟落地的时候，人们就可以在林间对猪进行放养。诺曼人已经把可能是弗里斯最有价值的资产供他们自己和阿什里奇附近的修道院使用。伯克姆斯特德及周围村庄的普通市民和平民都必须支付猪群林地放养费。1353年，爱德华黑太子[2]（当时的康沃尔公爵）决定加固他的防疫封锁线。他制定扩大庄园的计划，并将整个区域围住——“用栅栏保护该地区和里面的狩猎”。他需要抗风化橡木做这种围栏，而这种抗风化的橡木在弗里斯是非常稀罕的。因此，尽管高产的山毛榉无法用来制作户外围栏，但可作为绝好的燃料，从而成为用来支付工钱的货币。于是爱德华黑太子的管家奉命

> 以20英镑的价格出售伯克姆斯特德庄园外围林子里的山毛榉，并将这笔钱购买橡木，以制作围栏的栏杆和柱子，有些山毛榉砍下来做了围栏边角。林子里所有的山毛榉都被砍

---

① 圣马丁节在欧洲盛行。主要庆祝国家德国、奥地利和荷兰，圣马丁节是在11月11日。在圣马丁节那天，人们会吃烧鹅，化装上街游行，并唱有关圣马丁的歌。而在其他国家和地区，庆祝日期和形式则略有差别。

② 爱德华黑太子是英法百年战争第一阶段中英军最著名的指挥官。其“黑太子（the Black Prince）”之名的来由有二说：一说因其常穿黑色铠甲，故被称为“黑太子”；二说因其对阿奎丹公国洗劫，又在阿奎丹放纵士兵横行不法，故法国人认为他心肠黑，称之为“黑太子”。

了，这对爱德华黑太子来说是最有利可图的，而且木材浪费最少。为此，砍下来的树桩都要用斧头做标记。

诺曼人把弗里斯登山毛榉林称为“异国树林”毋庸置疑（指庄园之外的土地）。但事后看来，这一名称似乎暗示着诺曼人对当地人的蔑视，以及希望与当地人保持距离的想法。

在接下来的十年里，这位穷奢极侈的爱德华黑太子继续劫掠弗里斯登山毛榉林。1358年，他卖了200棵山毛榉，在接下来的2月份又卖了另外100棵，“用于支付城堡里工人的工钱”。三年后，他标记——实际上是积存了——大概600多棵山毛榉为自己专用。他利用当地似乎取之不尽的资源大施善举：给圣托马斯医院的院长送去六棵山毛榉；送给邓斯特布尔的牧师传教士四棵；给了“艾尔斯伯里一个叫皮克的可怜人一棵”。山毛榉还被作为圣诞礼物送给了伯克姆斯特德的牧师；作为忠诚服务的奖赏送给洗碗间仆人西蒙德菲尔德；给阿什里奇教区牧师“换取用于埋葬王子身边职员约翰·德·黑尔爵士的燃料”；给托马斯·波利特“用以支付爱德华黑太子向他征用的船只的损坏补偿费”。

这些作为礼赠的山毛榉到底扮演了一种怎样的角色呢？它们仅仅是被人砍下然后送给了那些幸运儿吗？或者这种礼赠从某种更隐秘的意义上来看，反映出了早期对林地保护的态度？当时在部分地区有类似的森林草场的管理系统，只有指定的专人有权砍伐一些特定的截梢树；对一些特别高大的树木，就只能砍伐其一侧。那么爱德华黑太子所赠予的山毛榉会是那些长势优良的好树吗？还是以后有可能会被截梢的，被人当作燃料的树呢？无论是哪种，他都是一个非常大胆的生意人。1362 年，一场猛烈的风暴对山毛榉林造成了大量的损失。爱德华黑太子立即命令手下的人将这些山毛榉出售，能赚多少是多少，完全不顾及那些被摧毁倒地的树木和树枝是他人财产。约翰·德·牛恩顿就被以 100 先令收买，以弥补他的损失。

这种对山毛榉的快速消耗，不是像偷拿大家庭中的银器去卖钱那样不易被发现，而是像偷盗窃取了一户的口粮般显眼。弗里斯登山毛榉林的持续开放畜牧，导致后来这里不再繁茂，逐渐萎缩，大部分退化为了欧石南丛生的荒野，只有几片老山毛榉幸存。爱德华黑太子的不当掠夺，引起了当地平民激烈的愤恨，并深深地刻在他们记忆之中。

历史就这样上演。不用预先设计情节。诺曼人后代康沃尔公爵[①]抢夺土地，指示手下人噤声，似乎只是想解决生活开销问题，但事后看来却并非如此。可以说，从弗里斯地区来看，整件事看起来确有不祥之兆。后人叙述的故事版本很多，但在每

① 康沃尔是英格兰王国的第一个公爵爵位，在 1336 年，英格兰国王爱德华三世册封长子黑太子爱德华为首任康沃尔公爵。

个版本里，山毛榉都是受害者，它们被多次掠夺，被斥责为山林中的有害物和无用之材，又被想当然地赦免，成为替罪羊和抵押物。证据有很多，相信哪个版本取决于你的同情心。而这则是从树木所经历的历史角度讲述的山毛榉的故事。

1607 年，皇后山毛榉当时可能还是一棵幼苗。在弗里斯登山毛榉林抓到一个偷伐 120 棵山毛榉的盗贼。他不是即将加冕为王的爱德华黑太子，也不是小偷小摸的当地平民，而是康沃尔公国的一位领事（现在称为土地所有人）。为了挽回颜面并稳固自己的地位，公国建立了一个独立调查委员会来调查弗里斯登公共用地情况，并成立了以约翰・多德里奇爵士为首的居民陪审团。然而，调查结果并不如愿。陪审团认为，弗里斯登是古老的公共用地，“在人们的记忆中”从来没有被圈围过，所有伯克姆斯特德的居民（不单是庄园的租户）都有放牧和林地养猪的权利以及采集蕨类植物、荆豆和木柴的权利。然而公国无视这个判决，两年后，计划将部分公共用地围起来为己私用，打算将荒野改造为耕地，砍掉树丛以用作木料。之后的很多年，公国采用各种手段，威胁、游说、暗中交易以及贿赂，最终初步达成协议，约定可以圈围 300 英亩开放的公共土地，但要保护有山毛榉树木的林地。这片新农田地产被命名为寇德哈波尔土地。

公国郑重承诺不会侵占伯克姆斯特德公共用地。但仅在二十年之后，历史重演了，公国以未来国王查理二世[①]（当时九岁的威尔士王子）的名义，提出计划“改善荒芜及公用的土地”。这一次，公国得到了教会和当地少数庄园主的支持，圈走了所剩公共用地的一半（约400英亩，包括山毛榉），留下100英亩“以供穷人使用”，接着种植树篱，设置围篱，开挖沟渠。但在1640年8月，一位名叫约翰·艾德林的本地人带头组织当地群众反对公国的圈地。依他所言，当时“大概至少六千居民和租户参与了反对圈地的活动，一些人拆除推倒了围栏，重新开放了公共用地”。艾德林指挥监督了一百名纪律严明的民众，在夜间拆除了围栏，当时还有大量群众围观。

1761年，公国把公共用地的好处都给了布里奇沃特伯爵，用于国家事务。当时英国在修建第一条适航运河，通航之后就能将便宜的煤炭运送到该地区，从而结束用山毛榉树枝作为当地主要燃料的时代。1799年大联盟运河通航至伯克姆斯特德，四十年后铁路也通到此处。从修剪过的树枝的截面年轮圈看，我能判断出砍伐山毛榉应该在1850年左右中止了。

1604年以来，布里奇沃特家族就拥有阿什里奇庄园，他们享有了毗邻伯克姆斯特德的公共用地权利。像那时的康沃尔公

① 查理二世，苏格兰及英格兰、爱尔兰国王，生前获得多数英国人的喜爱，以“欢乐王”“快活王”闻名。

国一样，他们肆无忌惮又鲜廉寡耻。一百年来，在布里奇沃特家族鼎盛时期，多位伯爵偷偷将公共用地周围的小片林地圈围起来。他们砍下了利润丰厚的木材，围住了原本开放的灌木丛。假如所围林地太大，会在雇工律师的协助下通过幕后政治操纵来解决问题，公共用地也是平民的，但是从来没有谁试图找平民大众协商解决问题。

运河航运网的扩建使公爵晚年非常富有。他决定将破旧的阿什里奇宅邸改建成哥特式大宅邸，霸占了公共用地上的荆豆用作他的砖窑燃料。1803 年公爵去世后，他的儿子——第七伯爵，完成了宅邸的改建工作。这位伯爵热衷修路，封闭了两条穿越公共用地的古道。此外为方便自己和妻子出行，还修建了新道路，这样他妻子就能在景色宜人的舒适林间骑马了。他妻子的朋友——本故事的关键人物——玛丽安·阿尔福德夫人后来记录：

> 1841 年，我们婚后不久，初次拜访布里奇沃特夫人。她带我们去参加伯克姆斯特德的一个舞会。一路上荷枪实弹的骑马侍从保护我们……在意大利，树林和森林往往是强盗和罪犯的藏身之所，在这里很大程度上，未圈围起来的公共用地沦为底层穷人或不体面之人的常去之地。除了骑马，很少有人能在那里找到乐趣。

也许通过这份记录来了解当地居民生活视角不是最恰当的。

随着1823年第三伯爵的过世，公国和布里奇沃特家族对当地的长期统治也逐渐减弱。第三伯爵把遗产留给了那位任性的玛丽安夫人的丈夫——阿尔福德勋爵。通过复杂的法律争辩程序，其幼子在1853年成为布朗洛勋爵。当时他只有11岁，身体羸弱，于是他的母亲保留了对他的监护权，成了事实上庄园的管理者。玛丽安夫人有记日记的习惯，其日记让人得以窥见贵族眼中的自然风貌。日记中记录了1854年镇上有一请愿团拜访了她，希望将山毛榉砍除并将公共用地用于农作物耕种：

> 我面前的请愿书表明这个方案将有利于伯克姆斯特德和阿什里奇庄园的穷人。我回答说，我们对这些公共用地的使用管理权是与康沃尔郡公爵领地共享。作为未成年儿子的监护人，我不同意毁掉美丽的弗里斯山林公共用地，弗里斯是本郡引以为荣的地方。我提醒他们，林奈①访问英国时，曾到访伯克姆斯特德，看到林中荆豆盛开，情不自禁跪下感谢上帝为他展现如此美景。这次面谈之后，伯克

① 林奈（Carl von Linné，1707—1778）：日耳曼族，瑞典生物学家，出生于瑞典斯莫兰。动植物双名命名法的创立者。自幼喜爱花卉。曾游历欧洲各国，拜访著名的植物学家，搜集大量植物标本。

姆斯特德居民再也不提挖地砍树的话儿了。

这是那位认为公共用地只有骑在马背上才能享受其美好的女士所言。尚不清楚是谁倡议组建的请愿团。确信无疑的是，正如玛丽安夫人后面所述，他们代表伯克汉姆斯德居民，其中大多数人对公共用地是没有正式权利的。因此即使是将公共用地改为农业耕地，他们也不会从中得到任何好处。但 1863 年，玛丽安夫人以她儿子的名义，从公国购买了整个伯克姆斯特德庄园，包括公共用地以及公共用地上的所有权利，价格为 144546 英镑，这在当时是一笔巨款。紧接着，玛丽安夫人的儿子，刚成年的新勋爵开始新修道路，开挖壕沟，圈围土地。当初这一切得到了道路教区委员会的同意，因为委员会以为勋爵只是在公共用地上新增建筑，并不知道是要将公众隔离在公共用地之外。接着，布朗洛的代理人威廉·帕克斯顿逐渐买断了平民的土地产权（比如拥有公共用地邻畔土地产权的那些小农和租户，或者对其拥有继承权利的产权持有人）。平民放弃了数千英亩土地的传统权利，布朗洛“慷慨补偿（他们的）微不足道的未决索赔”，把伯克姆斯特德镇沿着铁路线的几英亩沼泽地改造为休闲娱乐场地……

伯克姆斯特德镇一片混乱，人们担心可能会发生最坏的情况。但是，一位拥有部分公共用地权的当地大庄园主奥古斯都·史密斯，面对帕克斯顿的巧言令色却不为所动。他是阿什琳庄园的所有者，锡利群岛的领主，一位公认的进步分子和值得尊敬的绅士。1865 年 10 月 25 日，他收到了一份布朗洛律师事务所收买他公共用地权利的要约。他措辞友善地答复说，他对发生在附近公共用地的圈地深感遗憾，但是“物质的改善与补偿是远远不够的”。不过他对布朗洛的阴险手法很不满意，建议整件事应该按常规交由圈地委员会处理。这与政治或人权无关，只是这样更符合规矩。到 11 月 10 日，布朗洛同意把计划提交给委员会。次年 1 月 3 日，在法国南部的芒通疗养时，他躺在疗养院床上写信说，这根本不是他的意思。然后，或许是他雄心勃勃的母亲的催促，抑或是他代理人（威廉·帕克斯顿是约瑟夫的兄弟，他建造了水晶宫，或许还打算建立自己的纪念碑）的建议，布朗洛独自掌控了全局。2 月，在帕克斯顿的监督下，在 400 英亩的公共用地上竖起了 3 英里多长的铁栅栏。这些铁栅栏 6 英尺高，共有 7 条水平栏杆，没有任何开口或门。整个山毛榉树林，几个古老的小树丛以及东部的一片土地都被圈起来了。玛丽安夫人后来解释说，他们本来打算圈围整片东部林地用于耕种，并在部分牧林场建厂作为“住所和林场显著的建筑物”——这计划无疑是要砍光所有山毛榉。玛丽安夫人申辩说，这一切都是因为年轻的伯爵“想要使每一次新的尝试都能惠及穷人”。而当人们问为什么没有预先告知他们的意图，她便引用家族箴言：*Esse non videri*，“实际比表象更重要”。

这种霸道、公然非法侵占公共用地的行为引起了当地居民的愤怒。很显然，玛丽安夫人和布朗洛团队极度虚伪。他们对公共用地和当地穷人所谓的关怀只不过是个幌子，用来掩盖其自私自利的土地掠夺。这个家族毫不顾及镇上居民“微不足道的未决索赔”。按照1607年一次调查质询的规定，这些人有权在公共用地上收割蕨类植物和荆豆，这是作为镇上居民的权利，而不是作为拥有土地产权的平民权利。然而，19世纪中叶的乡村居民没有17世纪他们的祖先那样的政治气魄，但他们又不愿看到和接受布朗洛这样的大家族坐拥大片土地的现状。

在这节骨眼上，人们向新成立的公共用地保护协会咨询建议。这个协会刚成功挽救了汉普特斯荒野①。协会人员认为，这时需要一名下院议员的配合，他应该“富有、独立、有勇气”，能够在法庭上挑战布朗洛。奥古斯都·史密斯已经卷入此事，显然他是不二人选。协会创始人艾弗斯利爵士及其律师P. H. 劳伦斯在下议院与史密斯会面，经过讨论，他们决定与布朗洛先生一样，绕开法律，“通过游行示威，主张平民权利，按老套做法（在1607年非常成功）强制拆除所有围栏，以此来抵制圈地”。

两位勋爵领主在下院议会中占据议席，他们共谋采取暴力

① 汉普斯特荒野现在是伦敦面积最大的绿地，在汉普斯特南部。

行动来夺取第三方地产，这让现代政治家瞠目结舌。而这一切都是为了奇尔屯小镇上怯懦的居民，为了他们的土地产权，为了荆豆灌木以及遍地是蕨菜的山毛榉树林。这也就难怪接下来的后续完全是一出让人愤怒却又适可而止的政治喜剧。史密斯接下来雇用了大批敏捷强壮的肇事者。1866 年 3 月 6 日午夜，他让伦敦承包商招募的 120 名挖掘工人聚集在尤斯顿火车站，搭乘开往西北方向的火车，光是工人们的铁锹和大锤就装了满满一整节车厢。火车在第二天早晨 1 点 30 分到达了特林站，这是离公共用地最近的车站。工人们继续集结在车站，而承包商却不见了。他在尤斯顿车站用得到的小费买酒喝，醉得不省人事，没赶上火车。幸运的是，协会的律师劳伦斯先生已经派了一个“秘密人员”加入队伍，并由他接管负责。这一队由道路工人、铁路工人和木匠组成的队伍向 3 英里外的公共用地徒步进发。他们经过皇家酒店时，早过了营业时间。毫无疑问的是，他们对原来的酒店老板嫉妒得阵阵发痛（在这里提到这一地点名称的细节很是恰当。十三年前当地土地所有者就是在皇家酒店密谋圈威金顿附近的教区的土地，包括哈丁斯树林在内）。

人们进入山林向阿尔德伯进发，路上劳伦斯手下的人向他们解释此行的目的。满月辉映着周围剪梢的山毛榉，泛起一片银光。当他们来到公共用地的外围，便分成多个小组，开始拆除围栏。到了 6 点钟，横栏和立柱都被拆除了，摆放在地上。

正如一位目击者在报纸的报道中所言，“每根粗壮立柱上的金属带先是工工整整地绕起来，然后小心放在附近草坪上”，以避免造成任何不必要的伤害。“与此同时，”报道还说，“消息不胫而走，居民们蜂拥而至来到现场，有当地的，也有来自邻近村庄的。他们乘坐四轮马车、两轮马车、狗拉小车或者步行而来。他们中有绅士、店主、男人、妇女和儿童，他们在公共用地漫步，蹲在地上带走荆豆，以此来验证他们所说——这个地方又属于他们了。”布朗洛的代表人沃尔特·哈泽尔（一位被视为叛徒的本地食品商）直到上午7时才到达现场，但“来得太晚，除了对所谓的非法入侵表示抗议之外，已经无能为力，一切已成定局”。两个星期后，《庞奇》登载了一首关于暴乱的十六行民谣，歌词虽不那么严谨，但却完全是站在居民的立场：

“好啊！”那些挖掘工人们喊道：
看到一个骑士疾驰而去：
看他骑在马上，摆动，摆动，摆动：
那忠贞的哈泽尔人：
为他的领主服务
骑马穿过黑暗，
并命令那些挖掘工人
让他们知道是谁带他们来工作的。

回答这些健壮的挖掘工，
谁笨手笨脚玩了吸烟者的游戏，
“看哪，哈泽尔，你的运河；
要玩游泳的游戏吗？
如果不想，马上喝了啤酒，
回到自己的马背上。”
他们说话的时候，围着他，
把他拉过来靠近小河。

推倒布朗洛的围栏，
喝掉哈泽尔的啤酒，
聚集的人群中响起了一阵响亮
雀跃的欢呼声……

就在第二天，布朗洛勋爵针对奥古斯都·史密斯的非法入侵和破坏罪行向法院提起诉讼，随后又试图说服他庭外和解。由于对案子越来越没把握，布朗洛勋爵撤回了诉讼。次年二月份，他去世了，时年25岁。这起非法入侵的诉讼不了了之。同时，史密斯提起了反诉讼，要求下禁令，阻止布朗洛家族今后圈围公共用地，并要求法院裁决公共用地上所有的合法权利。

诉讼持续了近四年，其间向当地民众口头取证，查阅了大量相关法律文件，一直追溯到17世纪早期的文件。史密斯要求获得一系列权利的授权，包括放牧，收割蕨类和荆豆以及“生活必需的干草燃料使用权和房屋修缮采木权”（砍伐山毛榉和其他树木用于薪材和修理房屋或栅栏），还有“民众对整个公共用地的使用权……呼吸新鲜空气和运动，消遣和娱乐”。但奇怪的是，最后两项权利没有提供证据材料。主事官罗米利爵士极力支持奥古斯都·史密斯和平民权力，但唯独没有批准木材砍伐权与人们在公共用地上的休闲娱乐权。整个事件对史密斯来说算是一次胜利，是“在我们这个平凡的，爱好和平的和充满爱的秩序化时代，对篡夺行为最坚决和最有力的抗议之一……”。不过，结果仍没有达到民众保护协会所寻求的目的，《泰晤士报》也认为如此。布朗洛爵士企图圈围伯克姆斯特德公共用地的计划失败。对此他从没指望会有人较之同情他。“肯定不会有人同情他，（但是）较之大法官和法庭对这场斗争的描述，实际结果显示在这场斗争中死亡和失踪人数众多。伯克姆斯特德的猪群再也不能去伯克姆斯特德和弗里斯的公共用地吃橡子，我们对此深感遗憾。公众兴趣集中在奥古斯都·史密斯先生所提出的将公共用地作为休闲场所的要求……对此公众仍需要继续努力。

但对于是否有必要否决庄园领主[①]将荒野用作日益扩大的城镇的休闲场所，由于这种要求最近才提出，之前也没有先例，就不加阻拦了。”

一直到1920年代，伯克姆斯特德公共用地都是开放给公众放牧，此后才被布朗洛家族卖掉。其中，当地的高尔夫俱乐部购买了121公顷，而包含“德尔弗里斯”的剩余部分则被全国托管协会买去了。在这上千年的土地争夺期间，这片公共用地几经沧桑，终能保全。

3

就在伯克姆斯特德公共用地发生夜袭的同一个月，两名工人塞缪尔与阿尔弗雷德·威灵格，分别来自拉夫堡和埃塞克斯郡，因破坏了埃平森林[②]里的山毛榉树和鹅耳枥而被罚款2先令6便士。与伯克姆斯特德夜袭案呼应，他们直接采取行动维护在公共用地修剪树梢这项古老权利，以此反抗多年前拉夫堡领主

---

① 庄园领主除了与贵族爵位有关，在议会亦无任何权益，该头衔的作用只为指出头衔持有人是庄园的具有人，并在地方享有某些特权而已。

② 埃平森林（Epping Forest）是一个位于英格兰东南方的古老森林，位处大伦敦东北方和埃塞克斯郡的边界，从前是个皇家森林，现由伦敦市法团管理。

圈围埃平森林 532 公顷土地。

但埃平案与伯克姆斯特德案有多处不同。埃平森林占地宽广——其中 2428 公顷曾经是皇家森林的一部分——其土地所有权错综复杂。其中最为激烈地维护权利是能够在此剪鹅耳枥、山毛榉和橡树枝当柴火使用，而这在伯克姆斯特德公共用地早就不允许了。埃平离伦敦非常近，成为城市一处修养的好去处。其实早在《城市公共用地法案》出台之前它就是修养的好地方了。在小说《瘟疫年纪事》一书（出版于 1722 年，但故事背景为 1665 年）中，丹尼尔·笛福生动地描述了伦敦人在艾平森林避难的场景，人们坚信郁郁葱葱的森林在某种程度上能让他们免受瘟疫感染，当人们逃到这里躲避空袭时也预示着二战中更大规模的人员疏散。笛福笔下的人物躲进了森林。当地人对他们的到来有着各种传言和疑虑。他们在高山毛榉村的北面一丛截过树梢的树下建立了营地，还说服心存疑虑的当地人为他们送来食物和家具。17 世纪，许多内战老兵经常在埃平森林猎鹿。在 18 世纪和 18 世纪的早期和平期，这里则是持异议者、艺术家和诗人的聚集地。丁尼生在 1837 至 1840 年间居住在高山毛榉村，在当地艾伦医生的精神病院（以非精神病人身份）待了两个星期。在那儿他意外地遇见了约翰·克莱尔（精神病患者），创作了一组送给当地的灌木丛的诗《伦敦与埃平森林》：

四轮大马车出现在春天里，像年轻牡鹿[1]的角，
把兔子窝和狐狸洞遮挡起来。
鳕鱼、冬青木、山毛榉树林
森林里每个角落到处可见。
伦敦就像山中的灌木，
站在隐蔽之处，比当地的丛林地还低。
我无法目睹令人心碎的犁地，
树木连根拔起，从穷苦人手中夺走森林。
但她所喜爱的自由保留下来了，未被驯服，
人们都喜欢在森林里漫步。

1841年克莱尔回了赫普斯通，艾伦医生留了下来，在古树林中找寻独特灵感。他发明了一种蒸汽驱动雕刻机，可以将木头雕刻成家居饰品，这就是“硬木雕刻专利”，并说服丁尼生和他的三个姐妹来投资这个项目。结果这项计划惨遭失败，艾伦和丁尼生一家都破产了。

但如果克莱尔能够真正看清城市发展的预兆——或者说是那个城市（伦敦）——与森林的发展差异，他会知道城市居民将偏向保护森林，就像曾经发生在弗里斯登山毛榉林的事一样。

① 牡鹿，就是雄鹿或公鹿，有一对角，雌性没有，是争夺领地或配偶的武器。

尽管这两处公共用地面积大小不一，地位历史相差甚远，而它们所面临的危机和可采取的拯救方式却几乎相同。这两处公共用地都曾长期处于王权与私人领主的争夺下。也都唤起道德家们的虔诚之心，正如 1861 年有人写道的："砍伐树枝……鼓励了懒惰行为，助长了人们对劳动的厌恶，伤害了穷苦人的品德。"就像在伯克姆斯特德一样，埃平公共用地的危机是由拉夫堡领主（在此事件中恰好是教区的首席神父）非法和投机的圈地行为引起的。公共用地保护协会案再次来施救，直接支持威灵格家族的行动，并寻找一个有影响的产权所有者平民，在法庭上站出来维护森林公共用地及它的传统权利。他们在伦敦公司找到了一个人，这个公司在森林边界处拥有一块土地，在接下来的几年里公司在（大法官法院的）案卷主事官的审理下打官司。1874 年的 7 月，乔治·杰赛尔爵士对案子做出了判决，且通过了限制领主们的禁止令，以防止他们未来再圈地，同时要求他们移除 20 年前设立的围栏，使 1210 公顷的土地重新归于了森林。但讽刺的是他对平民在森林里修剪树梢的权利却没有任何正式声明，这最终引发了纠纷。伦敦公司与皇家委员会的埃平森林证人团（都在同时进行）感兴趣的并不是自由砍伐树枝的权利，他们优先考虑的是保护森林原始之美，以及人们在森林公共用地的休闲权利。他们认为，对树木的"定期砍伐"破坏了森林之美，影响了人们的休闲享受。即将出台的议会法案拟解决这些问题。

当最终承认平民曾确有权剪枝后，他们收到了 1000 英镑的补偿款，用于补偿即将废止的传统权利。另外奖励 6000 磅来建造社区中心和拉夫堡村阅读室（被命名为“剪枝者大厅”）。埃平公共用地最后一次伐木活动在 1879 年 11 月 10 日午夜，是传统剪枝季开始之时。6000 多人聚集在拉夫堡的马场山，艾弗斯利爵士也在其中，他依旧反对平民囤积木材。伐木人群拿着火炬在领地边缘巡查，然后开始剪角树和山毛榉枝，持续到凌晨 2 点。最后根据习俗，木柴由马拉雪橇拖出森林。

在这之前的几个月，刚通过的埃平森林法案废除了剪枝的合法性。它终结了皇室残余的权利，以及所有的森林法规和累赘的惯习。市政当局曾享有唯一的“在适当的时候对原木、截梢树和灌木进行砍伐、剪枝和管理”的权利。但埃平森林法案认为：进行修剪砍伐的目的主要是“在任何时间都尽可能地保持森林的原始状态”。法案没有预见到目的与手段会不相容，本以为保留森林“自然面貌”这一目标一如苹果派般朴实可取，然而却没料到实际上像“公众利益”一样难以理解又众口不一。接下来几年在埃平公共用地所发生的事使林业员、科学家、艺术家和园艺师们，关于美的本质，以及林地——尤其是山毛榉树林——如何繁衍生息，和“自然”这一难以捉摸的概念到底有什么意义的争论更加尖锐。这些争论持续了长达两个世纪，直到今天仍在继续。

法案的主要制定者以及执行者是爱德华·诺斯·巴克斯顿，他是一位富裕的贵格会成员，16 世纪时他定居在埃平。他在《埃平森林》（1898）第 5 版中阐述了其个人价值观：

> 毋庸置疑，在大自然森林里我们应该加以保护的不是人类的产物。这里必须提及保护树木的重要性，不管是正在腐烂的、已经死亡的、被自然风暴所吹倒的，还是正茁壮成长的，都应该是保护的对象。最近，我在东欧的一片自然大森林考察了两周。就我看来，森林的美不在于高耸的大树，而在于下面盘根错节的巨大根系。大部分根系生长了几个世纪，树根表面长满了苔藓和地衣，巨型枝干滋养着幼苗的生长。这些根系叙述着那些骇人的飓风和暴风雪的故事，但是如果这些树木被砍伐了，我们将无从知晓。我们的森林也是大自然的记录者，它蕴含着许多故事。其遗迹与蓬勃生长的幼树一样需要保护。森林不应该被人为地修剪和粉饰。

这一看法颇具革命性，重新唤起了大众对尤维达尔·普赖斯的观点的审视，并期望自由对待公共用地的保护，而这种看法直到 20 世纪末都未有人敢反对。这也确是对森林自然状态最完美的描述。但在“我们的森林”，事情并不如其所说的那样进行。埃平森林还是被人为地修剪装饰，多半是因为巴克斯顿并不欣赏他在东欧所见的那番纯粹自然的景象。

巴克斯顿希望在一股强力的推动下，埃平森林会慢慢成为无人管理的欧洲大陆式山毛榉林。在这幅图景里砍掉树梢的截梢树，就成了非自然的入侵者，尽管它们其实最接近于巴克斯顿所推崇的所谓森林的“遗迹”。他想把截梢树清除掉。从哲学立场上来看，这是无可挑剔的。从长久来看，这还可能让他所期望的“自然”林木得以发展。问题是，对于巴克斯顿来说，这一理想是被其个人美学判断所左右。他写道：“由于修剪树梢这个工艺，树木顶部不会长得乱蓬蓬的，这不止毁灭了树木的多样性和勃勃生机，而且树冠上湿气的沉积以及树木中间的腐烂，对于树的健康和寿命来讲都是致命的，同时截梢还削弱了树木抵抗大风的能力。”在这些观点上他都没说对，但对于“树顶蓬松”的说法倒是可以给予认同。拍摄于马场山附近的一张鹅耳枥黑白照片，是刚刚被修剪树梢的样子。那副景象可怜兮兮的，让人震惊，如同看到最好的朋友疾病缠身的模样一样。这些树，许多都很年轻，被修剪到了只剩下架子。它们看起来就像保罗·纳什恐怖的一战画作《梅宁路》中枯萎的树桩一样。1864 年，一位观察员这样写道：“这些树桩绝不是原始林地的自然景象，就像修剪得长长短短的头发，以及削骨之后的下巴和嘴也绝不是人类脸庞。”但是树木一如曾经那样顽强地存活下来，并且重新长回来了，一个世纪之后已经长得招人喜爱，享受着喜欢如画风景的人们的宠溺。这就是截梢树自相矛盾之处。当它们被忽视，或者价值被利用完的时候我们会崇拜它们。可是，只有当它们在生长，被砍伐之后从大风中存活下来时，巴克斯顿才会崇拜它们。

1893 年，在拉夫堡附近巴克斯顿监管铲除了一些极丑陋的山毛榉截梢树，这一做法招来一片骂声。在我看来，这一做法大大改善了这片树林，给没修剪过的山毛榉留出了更多的空间。从逻辑上看，这又是一次没有瑕疵的行动。当然这并不利于保留森林古树气质，也破坏了几千年来依存于山毛榉腐木的有机生物的生存环境。或许头一次出了个难题，引得人们对于面貌大改的山林风景日益担忧：哪一种更“自然”，是抹去人类修剪的痕迹，还是任由树木“自然地”生长？

巴克斯顿无暇顾及这些细微差异。但他能区分枝干是“坚固粗糙”还是“柔弱细长”。他毫不怀疑“橡树美在它粗壮蓬勃的枝干”。总的说来，鹅耳枥比起山毛榉树更加平庸。巴克斯顿决心要让树长成各自理想的模样。他坚持认为，自己也并非是想砍除所有的截梢树，很多还长得“独特又别致”，但总体来说，他觉得这些树“单调又讨厌”。他希望森林里到处是嫩枝，一如他着力勾画的笔直树苗，他知道截梢树会长得歪歪扭扭。

他曾在东部黑森林领略了野生树木在极端生存环境下所具有的生长潜力：倒下的巨树旁伴着新生幼苗，新生幼苗的活力犹如年轻雄鹿的气势。对上一代的缅怀与对下一代的哺育就是如此简单。然而他没看到，或是他不喜欢的是，树木从幼苗生长成参天大树之间的尴尬状态。树干交错缠绕，向着光线生长，野生树木一直以来都长得千姿百态而不够巍峨挺拔，巨树在被暴风雨摧毁之前已饱受病害侵袭，自然森林并不总是俊秀挺拔的新苗嫩枝——生长中的大树也是自然森林的各种组成。

但是巴克斯顿有办法。他清理了大量的截梢树，就像 18 世纪时喜欢整洁的园艺家所做的一样，保留下来的树木没有再被修剪截枝，开始长出新的幼苗，林地也出现了丰富的地表植物。这件事情引起了现代自然资源保护者的愤怒，其中大部分是实用主义者，他们关注历史景观和生物多样性，而不是“自然性”这种虚无缥缈的概念。他们更希望森林保持 1878 年法案之前的样子。

巴克斯顿相当高寿，二战将近结束时，他加入政府委员会起草国家自然保护政策，委员会主席朱利安·哈克斯里和阿瑟·坦斯利推荐埃平森林为国家自然保护区，在这期间巴克斯顿承认他之前有关截梢树的做法是错的：“禁止修剪树冠后，20 到 30 年间长出的树冠比种植树林还要繁茂。更多物种的消失很有可能是由于树荫的遮蔽，而并非人们所认为的城市人口的涌入。”

巴克斯顿的追悔可以理解。过去的一百年里，新生树木已经遮蔽森林大片的地表植物，平民放牧的平原和荒野已被白桦树占领了。从整体看，这个地方景色略微单一。但是我不赞同其他生物学家对此地现状与未来的悲观看法，包括奥利弗·拉克姆的看法。这里仍充满野性与激情，树种多样。与伯纳姆山毛榉林相比，截梢树树冠更小更低调，但明显带有埃塞克斯的特色，由于树木之间距离太近，树木争相向上生长而不是向外扩展。一些在1582年的调查中所标记的巨大的灌木桩现在还在此可见。有少量稀有品种，修剪过的灌木丛新长出来的枝条都超过地面2米高了。大片的白桦树林——一种美丽又迷人的树常因数量庞大而不被珍惜——在阳光充足的地方被山毛榉、鹅耳枥和橡树所取代。某些地方修剪过的山毛榉过早死去（尽管这看起来是优胜劣汰的过程，但这也许是因为树种本身就易受干旱和真菌侵入影响)，于是各种朽木为真菌和无脊椎动物提供生长环境。

在一个简单的生物多样性的列表上，埃平的物种和大量的栖息地毫无疑问已经减少了，它作为古代土地使用情况博物馆的价值也减少了。但是，森林不是布置精致的景观公园，它是一片活树林，却因过去某段时间管理不善而冻结，现存的物种和结构维持着15年一次的循环周期。当初由于大量修剪，树木新旧更替停止，现在经过几个世纪的恢复，树木又开始了新老更替。埃平森林逐渐变成了以山毛榉为主要树种的树林，森林里那些参天大树当初竟然是非自然生长的截梢树。这里曾有树林草场，而现在植被更加单一，但仍有着独特的美，不可否认的野性与自然并存的无穷魅力。

有其他办法吗？什么办法都离不开经济基础。清理掉大部分年幼的白桦林，放养牛群来恢复平原，继续修剪小树幼苗，这些实际上都能做到，但埃平森林当地人可能不会同意。目前的做法趋于折中，开放了小块的平原，小范围对幼树进行修剪，才没有令当地人反感。森林保护者们特别留意只在偏远地区以及停车场周边进行修剪，如此一来以安全为由显得理所应当。至于什么是“自然”的树，争论仍在持续。有人指出，大面积的修剪将唤醒 18、19 世纪人们对于“修剪枝干”的仇恨。而且即使是完全能够接受截梢的人们也会因此心生不安，觉得不妥或不真实。这就像是给一件恼人的家具添上铜锈以显其古旧，或者为了延缓青春而进行整形手术。出发点是好的，但这并非树木自己的生长意愿。

4

在法国，提出挽救古橡树和山毛榉的不是平民或者科学家，而是当地的画家。枫丹白露森林①位于巴黎东南部，占地很广（大约 140 平方公里），树种繁多。现今主要是用作木材场，也是法国北部大型的休闲度假区。17 世纪时，森林变得比以前更加原始野生，更加喧闹。当地的农民在古树间放牛。山毛榉和橡树被砍伐用作柴火。采石工和自由的石匠们忙于开采森林里无尽的沙石砾，用于铺设巴黎街道。那儿甚至还曾还有个专门的浮石厂。

17 世纪 60 年代，考虑到海军，人们想把枫丹白露森林连同所有法国的林地纳入某种国家管理系统，但是这个计划没能派上用场。由于其国土的约 30% 都被森林所覆盖，法国几乎无须依靠那些不服从的社区和傲慢的庄园去筹备战争所需的木材。但是同样的做法在 18 世纪和 19 世纪早期的英国却受到诸多谴责。为了发展农业，大片的林地被清理。在混乱的法国大革命中，与英国内战时期一样，树木是被掠夺的对象。到了 19 世纪中期还有许多林地，大约 20% 的国土被森林覆盖，但是高耸的树木少了很多，到 1824 年法国整个林业服务都现代化了。引进了德国的新技术，比如，用针叶林来补充土壤营养，当然技术不如德国那么精密。还引进了渐伐作业法②，成为法国森林里最

① 枫丹白露森林在 19 世纪自然风景画和早期摄影艺术发展中有着重要的地位。

② 渐伐作业法：较长期限内分次伐掉伐区上全部成熟林木的森林主伐方式。又称遮荫木法或伞伐法。

常见的循环轮作。这种操作相对平缓温和，能让自然树木尤其是山毛榉重获新生。未砍伐的树可以继续生长，直到它们能够繁衍结出种子。被砍伐的那部分，为树的繁衍留出了空间，并且让未被砍伐的获得了更充足的阳光。这个过程重复一两次或者更多次，直到最后一批最好的树木收完，还有几代小树在它们下面长着。如此一来，各个年龄段的山毛榉密集地混合在一起，到处都是被鹅耳枥和枫树挤断的枝丫，看起来十分原生态。但是，因为法国林木工一般认为收获山毛榉的最好时间是在它们120岁左右，那时，树的树籽开始减少而木材却长好了，同时这些树看起来也特别矮小。

枫丹白露森林的第一棵针叶树种于1786年。1830年，新政权统治下，又另外种了2430公顷的松树。森林此时已经开始成为巴黎艺术家和中产阶级经常光顾之所，于是知识分子们开始反对对森林的工业化。1852年的一份调查表明，大约70%的森林用于工业，这意味着森林处于有组织系统的运作之中。著名的艺术家西奥多·卢梭①，从19世纪30年代开始一直以森林为原型作画，他就曾集结他的朋友们，向拿破仑三世请愿，要求保护古森林，避免商业化林业与旅游业发展使其走向衰败。

---

①　西奥多·卢梭（1812—1867），法国风景画家。卢梭反对程式化艺术，他绘画自己看到的自然风景。他是巴比松画派的领导者，巴比松画派是一个年轻风景画家的组织，他们用现实主义风格惊艳巴黎。

卢梭当时毫无疑问是巴比松画派泰斗，他们聚焦在森林西边的巴比松镇[①]。这个团体成员众多，观点迥异，有正统派风景画家如夏尔-弗朗索瓦·多比尼[②]、科罗[③]、居斯塔夫·库尔贝和米勒，他们的倔强不屈的作品如《干农活的雇农们》曾激怒了法国中产阶级。还有莫奈、修拉和毕沙罗，他们在森林创作的作品居于巴比松派和印象派之间。但是，他们都一致推崇自然至上，主张在户外近距离地感受。他们会直接在森林中工作作画。尼古拉·格里高莱斯库[④]的肖像画《在巴比松的安德烈斯库》是他们推崇的英雄标志，视若信条。这个艺术家因森林画而出名。他肩膀上扛着伞和棍子，他们知道长期在森林探险需要什么样的必要工具，而不仅仅只是画一天的素描。他直接看画以外的东西，但绘画没有第三维度，也没有前景和背景之差，只有着黄色绿色相互交映的闪烁平面，还有一些模糊不清的笔画。

---

① 巴比松（Barbizon）是巴黎南郊约50公里处的一个村落，巴比松画派诞生于此。

② 夏尔-弗朗索瓦·多比尼（1817—1878），巴比松派画家，被认为是印象派的重要先驱之一，1817年2月15日生于巴黎，1878年2月19日卒于巴黎，安葬于巴黎拉雪兹神父公墓24区。

③ 科罗（1796—1875），让·巴蒂斯特·卡米尔·科罗的一生就像是一首才华横溢的优秀诗篇。他是法国著名画家，44岁时才卖出人生第一幅画，画作主要体现法兰西的自然风景。

④ 尼古拉·格里高莱斯库（1838—1907），罗马尼亚画家，23岁获得助学金赴法国留学。在法国初期，入学院派画家考尔纽画室学画。后来结识了巴比松画家，从此他也定居巴比松。

《在巴比松的安德烈斯库》是根据森林写实画出来的。画家即使是超自然的，也只不过是科洛笔下农民的欣赏者。

卢梭的森林画独特杰出，画作中地平线消失了，田野风光没有了边界限制。森林包罗万象，是绘画灵感的源泉。《枫丹白露森林的清晨》（1845—1850）中垂下的巨型拱形树枝与科罗的画作相呼应。拱形树枝下沼泽地里的群牛，群牛上方的一圈晚霞发着红光。枫丹白露森林颜色更暗，在秋天森林的深处，吃草的牛和沙石砾看起来没有区别。他的《山毛榉树林下的夜晚》（《教区的神父》）（1842—1843），高深莫测，是他画中最接近完全印象派的一幅。一位牧师盘腿坐在一排奇怪的弯曲的山毛榉树下，手里拿着一本书，看不出他在哪儿。山毛榉生长在广阔平淡的蕨棕色的平原上，秋叶与黄昏的蓝天形成鲜明的对比。这是一幅荒野隐士肖像画。

这些绘画模糊了时间概念，表明了卢梭绘画的离经叛道。他创造了一种技法，不是画笔快速涂抹中表现的短暂一瞥，而是持久的视觉探索，强烈的凝视，多年不能忘怀。他的传记作者艾尔弗雷德·赛斯尼尔曾提到卢梭的“深度了解”，指的是长时间的专注所形成的对景色的亲密度。他并不如常规那样来绘制风景画，比如先前就备好素描、调好色彩、想好构思，而是在画布上直接一步步进行。这些画似乎真的在生长，就像其所描绘的对象那样生长着，同样也经历它们曾经的曲折起伏。这些画随着时间的推移而慢慢被着色，就像生长着的树木一般。

同一时期巴比松派画家正对森林内涵进行深度的探索，整个巴黎都为之倾倒。在巴比松兴起的狂想曲式油画的吸引下，成群结队的旅行者借助新的铁路线来到这里。一座 14 世纪的隐士庇护所变成了贩卖烟酒的小亭子。新型的导游手册也出现了，向好奇的游客推荐了一条在大树与漂亮岩石之间行走的线路。第一条是 1837 年艾迪安·亚宁的《森林之中的四条路》，其次是三年后克劳德-弗朗索瓦·丹尼库尔的《导游》。丹尼库尔既是一个痴迷的徒步者，也是一个努力的企业家，是他的坚持才使得那些幽暗而绵长的路线在森林里蜿蜒交错。

当地的艺术家并不赞成修剪枫丹白露森林来迎合游客。有位叫埃米尔·比尔纳的作家，抱怨道森林开始充斥着“英式景观公园的做作气息”。但对法国政府来说，让枫丹白露森林同为商业金矿和法国艺术成就的中心，并不难办。拿破仑三世轻易地同意了卢梭 1851 年的请愿。在这次史无前例的行动中，1853 年，他批准建立约 400 公顷的艺术自然保护区，特别保护了漂亮的老树和岩石。这是有史以来第一个为艺术而建的自然保护区，也是西欧的第一个自然保护区（捷克斯洛伐克自从 19 世纪 30 年代始创建像布宾斯基一样的自然保护区），保护区域于 1861 年拓宽到 1000 公顷。之后，进一步扩大为大型的司瑞林艺术区，到1904年覆盖枫丹白露森林（4000公顷）的十分之一。在18世纪60年代，随着林区现代化的密集建设，大量的老树被清理了，它们是林业员迷信的牺牲品。林业员指出，不移走老树，新树就长不出新枝。树木的“减少”不全是林地自然循环的结果，而是一种疾患或者强制力量所导致的。在18世纪90年代，人们比较注重生态环境，便正式废除司瑞林艺术区，用4000公顷的生物保护区取而代之，但其中约2000公顷却都是荒芜的。

某种程度上，枫丹白露森林的大片部分仍被人为干预。在某条大路边，有告示提醒：前方有著名的巴比松画派的一个作画原型场景：米勒的《车房门口的牛》。这幅画的照片也展出了。一个多世纪过去了，而风景依旧。森林的管理部门试图尽力维持原貌，但是“考虑到安全和景色，有时干预还是必要的”，同时也是为了给年幼树木创设生长环境——“为了促进小橡树的发展”。如同埃平森林一样，为了橡树幼苗的生长，老橡树被修剪砍伐了。

5

其中一个生物保护区拉缇莱，是枫丹白露森林中一片根据欧椴树命名的区域，这种树在中世纪时期曾为这里的主要树种。

我秋天来过这里，刚开始“看”不出这是个保护区，本来以为会像在英格兰一样，看到的都是矮胖多节、典型的老山毛榉树。但这片林地从未被砍伐过，没有截梢树。我慢慢走进森林，看到的是真正天然的山毛榉的形态，大约250年的树龄、40多米高，枝干高耸入云，树皮光滑整洁，就跟生长在技术成熟的种植园里的一样，只不过在这儿它们的数量在骤减。有些树从3米左右往上就没有树干了，“艺术家”真菌入侵所导致的结果，然而此处却“如诗如画”，实为可笑。还有的被木蹄层孔菌①所侵蚀，形成角状、凸起的外壳，像拉车的马蹄一样，这通常会严重腐化成年树木。树腐化时，外壳就像流星一样撞毁在地上。有一棵树在10米高的位置还长着叶子，树叶像垫脚石一样一层层托起树干，层层叠叠，生长在高高的黑啄木鸟巢穴和树下的昆虫洞穴之间。我一直在拍摄这棵山毛榉树，树高入云，相机无法拍摄，这样的高度也避免了被剪枝和去顶，也是对人们的提醒，自然生态系统能够为下一代提供空间。

这些幼小植物和它们在荒野森林时一样，在死掉的树木周围新生出各种年龄段的山毛榉，在四棵倒下的成年树的空地上生长。在另一个地方，一棵倒下的欧椴树的空隙间，一枝欧椴树残枝还在生长。小山毛榉也从倒地的老山毛榉的树干中再抽新枝。它旁边是一棵死了的山毛榉，其分枝已经在绕着树生长。

---

① 木蹄层孔菌常生于白桦、枫、栎及山杨等的污立木和腐木上。

这地方的树木相互交织纠缠，无论老树还是新树都互相缠绕着生长。后来，我看见一棵野欧植果树，一个大大的丛枝菌高高地挂在树上，像赭色的珊瑚。但没看到橡树幼苗。在过去的150年里，新生橡树仅有一次机会生长，因为当时树木之间缝隙够宽，并非是因为到了换代更新的时刻。拉缇莱森林全是未被修剪砍伐的山毛榉，而且树木间隙的宽阔足以让幼苗生长，这可能是北欧最原始自然的山毛榉林了。在森林中，我显然是唯一非自然的存在。走出森林时，我看见一块不显眼的告示：拉缇莱森林区域完全无干扰，公众禁止进入。我已经成为这里的入侵者，而在哈丁斯森林，我的到访却更有侵略性。

6

枫丹白露，这片树木葱郁的森林地，至少得以保留。同样弗里斯登、埃平森林、伯纳姆山毛榉林以及纽澳森林也得以幸存。而许多山毛榉林公共用地，由于公众形象不佳，树木不够壮观，就没那么幸运了。在公共用地法案实施之前，城市周边的许多山毛榉被砍伐清理，空地用来发展农业或建造住房，在萨里和艾塞克斯尤其严重。埃平森林旁的埃诺森林几乎完全被毁。但奇尔特恩山的山毛榉林在19世纪命运发生了大逆转。几个世纪以来，山毛榉一直遭遇砍伐和摧毁。约1790年，人们越来越容易获得廉价煤，小麦种植所带来的利润也越来越丰厚。山毛榉因此突然有了转机，事情的走向到底是因为消费者还是种植者，无人知晓，但是后来的十年里，市场大量需求价廉时髦家具的温莎椅，尤其是在米德兰地区蓬勃发展的郊区以及北方工业区。圆的桌脚，拐弯角柱和背面的支撑物都是用山毛榉木制作的（座位的部分是榆木的）。奇尔特恩山从事木材生意的人意识到可以重操旧业。从北部的切舍姆到南部的斯托克排，制造木椅成为发展最快的行业。仅仅在西威科姆，从其他行业转入椅子制造业和新加入椅子制造业的人数从 1798 年的 18 人上升到了 1841 年的 95 人，1871 年达到 431 人。为满足市场对修长纤细的可旋转椅杆的需求，人们开始种植新的山毛榉，新山毛榉种植园大多在原来古树林的位置——一百多年前为了发展农业林木这些地方曾遭遇砍伐。存活下来的混合乔矮林和乔木现在都各有所用。人们开始选择不同年龄段的不同树种来用作不同用途。为了获取木材，高大的树木在成长期就被砍伐，瘦小的枝条送给椅子工匠或者作为木柴，小树丛保留其笔直的主干，修剪去除其他旁枝以促使其长成大树。

我童年常玩耍的地方——霍克瑞治林地，就是这样的状况。霍克瑞治林地是橡树和山毛榉的混合林区，介于伯克姆斯特德和切舍姆山脉之间。翻阅郡志时，我碰巧找到几页 1797 至 1799 年之间零散的记录。这几页记录了木柴大量销售的情况，数量相当大，可能是所有林区 3 年才能完成的砍枝数量，而绝非是 8 至 12 年间正常的修剪所能达到的数量。很多笔销售甚至还记录了购买者个人的名字——格瑞、普德法特、雷丁——他们的家人至今还生活在这片区域（普德法特先生就曾在学校教木工）。树木修剪方式的改变很可能对家庭生活以及当地经济和生态都有着极大的影响。

大多数制椅匠是独立的家庭工匠，或以松散的合作关系与销售中介联系。酒馆通常是众多工人的聚集地，比如西维康比的“手中鸟”酒吧和斯托克排的“弯柄短木”酒吧（木片就是一片被砍伐的木头）。最有名望的制椅工匠是车木椅腿的工匠，他们在山林中工作，就地砍伐山毛榉木并制作。车腿椅工匠（bodger）虽然现在生发出了“无用的或二流的”这种不好的含义，但最初的车椅腿匠都是手艺相当精湛的娴熟工，其使用的技术至少有 2000 年的历史。他们把木片直接从山毛榉树干或小灌木树干上砍下，抑或是从更大的树干上劈下来。首先用刮刀大致削出形状，然后装在用踏板驱动、车床支撑的扭绳上打磨，高速旋转，同时用手持凿塑形。

20 世纪 30 年代，马辛哈姆遇到了最后一批车椅腿工匠中的一个，认为他是“乡村工艺永恒旋律”浪漫的幸存者。“他耐心、语调轻柔、与人交谈时温和可亲”，他写道，“听他讲如何在自然的永恒生命的内核之中不得以放弃此工艺的故事。在最后的叹息声中，我懂得这就是真实永恒的英格兰。然而，难以毁灭的现实似乎存在于凿子声与山毛榉树顶风声和谐的音乐节奏中，而不是存在于无人倾听的疯狂世界的势力中。”

马辛哈姆总是遭受选择性知觉①带给他的负面影响，现实中车椅腿工匠完全不像他描述的那么光鲜。冬季砍伐时节，车椅腿匠们住在简陋的小屋里，小屋由树枝搭建，用山毛榉树叶和木头刨花屑来挡风。他们的工钱少得可怜，是按椅腿的总量计费，其中还包含车床架子与转轮等工具费。当刨形与转磨这种传统木匠工艺不可避免地被机器取代后，只有那些最执着于传统的人还在坚守。

到19世纪60年代，通过出口平板包装家具②的配套元件，与澳大利亚和新西兰达成部分贸易。这出人意料地成为现代组合家具贸易的开端。不久，椅子的面板也开始用山毛榉木来制作，而不用传统的更有弹性的榆木。这对更注重材质的购买者来说，结果是令人尴尬的。由于山毛榉树产量充足，新的工厂也开始多样化的生产，包括地板、饭桌以及画笔的把手。

机械化对于山毛榉也有影响。树木被选择性地砍伐，从而

---

① 选择性知觉：是指人们在某一具体时刻只是以对象的部分特征作为知觉的内容，以自身的兴趣、背景、经验及态度选择解释他人或事项。

② 平板包装家具是指平面部件能够快速轻松地将组装成的家具，也被称为待装配家具或可拆卸家具。

使整个林子不那么拥挤，这样剩余的树木就会长得更笔直、更统一。树木的大量种植反映出了制椅工业的大规模量产。20 世纪，在砍伐树木后马上种植苗圃养殖的苗木（和针叶树一起种植可以帮助山毛榉树长高）的做法，挑战了传统的奇尔特恩选择性砍伐和自然更新的模式。树林开始不可逆转地向单一树种栽培、树龄统一、树形整齐的方向发展，这被视为现代山毛榉林的原型发端。

但是至少山毛榉树存活下来了，大量的古树林也因此保留，尽管它们现在以不同的形式生长着。新的山毛榉种植园也为这片区域的大片植被做出了巨大贡献。由于经常被半自然的植物包围，山毛榉林已经被奇尔特恩山一些野生古生物所侵袭。大约 1880 年左右哈丁斯山林的山毛榉树种植让山林回到了原来的样子。而在约一百年以后，也就是我们开始在这儿工作不久，一粒香车叶草籽在古山林里开始生根发芽，绽放出美丽的花朵。

第七章　活力山毛榉

最终，这片山毛榉林声名大噪。见识非凡的艺术家以及谨小慎微的科学家们，他们踏遍英国的白垩山，探寻山毛榉何以击败橡树而顽强生长的生命力来源。艺术家们创作了不少画作，科学家们提出了具有普遍性的理论。然而，在20世纪80年代的一夜之间，这些就什么也不是了。

1

对于我这一辈的大多数人来说，这片山毛榉林无疑是我们孩提时代见识到的第一片森林。冬日里，俯卧在地平线上的黑色树影，像极了南方平静大海里的黑礁。小动物的脸孔在幽暗的树干之间闪现。一只鼹鼠被地上的树桩和树洞绊倒了，跌跌撞撞慌慌张张地跑开，只留下身后一阵拍打声回荡在树林里，那声音就像冰雹突然砸到周围干树叶毯上似的。《柳林风声》中的野森林，容易被我们当成是原始森林。但它其实是肯尼斯·格雷厄姆描写的山毛榉林的原型，绝无其他可能。在欧内斯特·谢培德为故事所绘的那幅令人称绝的插图中可以看到，雪中的鼹鼠看起来不足为奇，但其凝视的轮廓我们绝不会认错：巨大的拱起的根系，光滑的树干微微向它倾斜。并不骇人，却透出威严。在鼹鼠被水鼠发现，并带到獾先生舒适的地下巢穴之前，这里就是它的避难所，一个老山毛榉的树根有黑漆漆的空心洞，这为鼹鼠提供了隐蔽，乃至安全的栖身之处。

20 世纪早期见证了维多利亚时期自闭性的抵触运动。这几乎算不上是对抗，更像是在回避问题，是对其国教、过分尊崇男子的社会风气和资产阶级掌握实权等现象的礼貌拒绝。这种情绪与人们对自然界的感情变化相呼应。当时，人们对 19 世纪有组织建立的种植园越发感到厌恶。英格兰的原始树林重新引领时尚，文人将树木看成是情绪的标志之一。但他们关注的不是有贵族气息的、接地气又实用的橡树，而是虬枝盘曲、斜枝横逸、雌雄同株的山毛榉。1904 年，回归自然派的社会学家爱德华·卡彭特陈述了他自己将树看作能量传递渠道的观点：

这种树就是山毛榉，始终孤独地生长着，早春时仍然没有长出叶子。我突然意识到通过山毛榉那直冲云霄的树干，挺拔向上的枝叶，盎然律动的生命（或电流）似乎可以进入天堂。扎进大地深处的树根，也能从地下汲取同样的能量。这一天宛若瞬间静止了，树枝不再随风而动。在那一刻，山毛榉不再是一个孤独的或可分离的有机体，而是一个惊人的奇迹，树枝深入云端，连接大地和天空之间的生命，令人赞叹。

上面对于山毛榉的描述段落来自英国作家爱德华·卡彭特的《异教徒和基督教教义》一书，这本书抓住了20世纪初知识分子中的细微差别之一，即在英国的作家与艺术家中有一种明显的异教徒式的玩世不恭。J. M. 巴利的《彼得·潘》发表于1904年，是一本引人入胜、标题隐晦的童话小说。埃莉诺·法杰恩为山羊创作了大量诗歌。1908年，肯尼斯·格雷厄姆出版了他不朽的寓言故事《柳林风声》，四只来自中产阶级的小动物踏上了寻求田园牧歌生活的旅途，在去往野森林的途中遇见彼得·潘并发生了一场阶级之战。

像一名异教徒那样，格雷厄姆的周末总是多姿多彩的。担任英格兰银行秘书工作的同时，他也宣讲温和的万物有灵论。放荡之风本可能使他精神堕落，但他却以充满歉意却又珍贵的方式表明他的怀旧浪漫情怀。他崇尚田园生活，讨厌机器时代与残暴社会，渴望安宁的田园生活。自由主义者和享乐主义者是永远不会认为自己所思所想太过离奇的。在他的素描图“乡村潘”（收录于《异教徒论坛》）中，他想象了一位隐居的、具有审美趣味的自然之神——偏僻的乡村酒吧中一位吉卜赛学者用“动听的韦塞克斯语或莫西亚语”讲述着故事。即使是《柳林风声》中的野森林，也远不是那种陌生而原始的森林。在这个故事中，獾先生解释了树木如何在古老的城市废墟上“自我繁衍生长”。故事中有所暗示，獾先生迷宫般的洞穴就是这个失落大都市的地下酒窖和地下通道这些公共设施的一部分。阿瑟·拉克姆为这个章节（“穿过大厅，它们沿着主隧道走动”）做了插图，画上山毛榉深深扎根在石头大门里，獾先生和鼹鼠站在马赛克地面上认真交谈。“先是一切都在下沉、下沉、逐渐下沉，”獾先生解释，“毁灭、夷为平地，然后消失。之后，它便上升、上升、逐渐上升，就像种子生长成树苗，树苗生长成森林，然后悬钩子属植物和蕨类植物也爬进来凑热闹。”对于那些狡猾的居民，他倒显得宽宏大量：“世界无奇不有。”森林本身就是中立的避难所，来者不拒。格雷厄姆像鼹鼠和河鼠一样，可能不是特别喜欢野森林，但它们象征着工业世界钢筋水泥以外的一种选择，它是可再生的、无限的，给人带来微妙的好处。獾先生对野森林起源的描述是有预见性的。它从外行的角度，推测形成了一套关于山毛榉林如何形成的理论，以及山毛榉群落一茬接一茬生长的原因，这也吸引了那个世纪的生态学家们的关注。

创作野森林的灵感源自夸瑞林的一片真正的山毛榉林，悬长在格雷厄姆老家附近陡峭的奇尔特恩山坡上。格雷厄姆五岁前是在苏格兰西部法恩湾附近的花岗岩风景中度过的。1864 年他母亲去世后，他被送往伯克郡村的库科姆教院和他外婆一起住。库科姆山曾有个狩猎小屋，里面是完全扭曲的楼梯和木制壁龛。大花园里有个破破烂烂的果园和巨大的铜色山毛榉，南面与奇尔特恩的野森林接壤，北边一英里左右，是泰晤士河。格雷厄姆在那里待了两年，然后再次搬家。库科姆院很宽敞，给了他想象的空间，带给他欢乐。这个地方对他产生的影响似乎超过了他出生的地方。也因此他成年后的生活，从未远离过温暖和熟悉的白垩风景之地。三十年后，格雷厄姆带着儿子回到了村庄。儿子就和 1864 年时来到这里的他年纪一般大。年幼的阿拉斯泰尔被父亲牵着在当地的森林和小路上散步。当然，毫无疑问，通过他父亲想象的视角，他感受到了令鼹鼠哆嗦的哥特式恐惧。

一百年过去了，这片树林仍然散发着迷人的气息。沿着泰晤士河漫步，河岸长满苔藓，迷宫一般，还有林间小道以及被风吹倒的山毛榉。大风暴过后，山毛榉连根拔起，留下的根洞变成了白垩矿坑，里面长满了茄属植物。矿坑中怪异的回声深深吸引着当时还是孩子的格雷厄姆。但他并不是那么喜欢住在森林中。他喜欢于一片旷野中懒洋洋地躺着时阳光照在背上的感觉。如果他可以选择任何一种人的生活，他肯定会选择“住在河边的人”的生活。在一定程度上，他笔下的鼹鼠最终得以解脱，从野森林中走出，也是因为它是那种“常常流连于牧场，徘徊于傍晚的小路”的动物。在“黎明之门的风笛手”一章中，潘悄无声息地出场了，带着山羊般的喘息，身上缠着蜿蜒的藤蔓，他不是出现在热带森林的林中空地，而是出现在河中的小岛上，身上挂满了柳兰草和绣线菊。谢培德刻画的潘，歪扭着嘴，但面容和善（虽多毛发），是亨利镇划桨手，懒洋洋地躺在岸边，舒筋展骨。

1926年，西尔维娅·汤森德·沃纳出版了处女作《洛利·维娄斯》，一个以山毛榉为背景的逃离故事。洛利，三十来岁，害羞胆怯，是个未婚姑妈。她在伦敦的哥哥家当管家，在那个令人窒息的家中低声下气地逆来顺受了二十年。只有在秋天，她的郁闷心情才会缓解，难以名状的渴望瞬间涌现，她感觉到自己心灵“在探求她经历之外的东西，阴暗又险恶，却又带点友善”。怀着这样的心情，她给自己买了一大束菊花。店主用白纸把花包起来，并加了几片山毛榉叶子作为装饰。洛利看得着了迷。“它们发出森林的味道，是黑暗的发出沙沙声响的树林的味道，就像她想象在秋天里经常去的树林一样。”店主告诉她，这叶子来自附近的切尼斯，在白金汉郡。

在回家的路上，洛利“手里举着山毛榉叶，仿佛是在朝邓斯纳恩①行进”。她走进一家书店，买了一本旅游指南和奇尔特恩的地图。几星期之后，她离开家人住进了小说中虚构的一家大漠普村庄的旅店。她在林子里漫步，开始找到自我，不再感到穷困。她扔掉地图，夜间散步，对生命再生的本质有了全新认识。她曾以为春天是对冬天的否定，“一把绿色的矛刺进暴君生锈的盔甲”。现在她认为春天是对冬天的孝顺，“轻轻地解开老战士的头盔并抚慰他粗糙的脸颊”。她的侄子提图斯，浅薄的伪艺术爱好者，追寻着来到村子里。他不假思索地对整个风景妄加评论。这让她喘不过气来，在一片杂草中她猛然醒悟，大叫道：“不！你抓不到我的。我不会回去。”走到树林的边缘，她听到树叶的回复声：“不!”树木似乎在说：“我们不会让你走。”她的情感在绝望中爆发，很快，她发现自己与魔鬼立了约定。一位善良的绅士，像格雷厄姆所写的乡村潘一样，装扮像个园丁，出现在洛利身边。洛利感到被解救了，“在他危险的守护中感到安全”，她计划在野地露宿整晚，故事到此结束了。

---

① 邓斯纳恩：苏格兰东部锡德洛（Sidlaw）丘陵的一座山峰。在伯斯东北约13公里处，海拔308公尺。山顶有古城堡遗迹，相传为莎士比亚剧作《麦克白》中的城堡。

“踏过去年的树叶和今年的蕨类植物，她会找到一块木头，为自己铺一张床。”

E. M. 福斯特的第一个短篇小说写于 1903 年，讲述的也是因为丛林精神而逃离传统礼节束缚的故事。《惊恐故事》讲述一群英国中产阶级游客与潘在意大利北部的栗树林中相遇。尤斯塔斯，一位“极其讨厌”的十几岁男孩——原本由这群游客看护着，在此次经历中所受影响最大。故事的结尾，他彻底爆发了野性，从窗口跳出来：“他跳上橄榄树，像一只大白蛾，从树上滑到地上，消失在树林中。”四十年后，当福斯特在拉维罗附近散步时他回想起他是如何构思出这个故事的：“故事一下子冲进我脑海，好像一直在那里等着我。”福斯特在第一次世界大战前创作了六个故事，《惊恐故事》是第一个，所有故事都发生在森林里，都带有解放预示。第二年，他的创作灵感来得更直接。当时他在希腊散步，“发现《科洛纳斯之路》在一棵空心树（悬铃木）的树洞里挂着”。在《牧师的朋友》中，有位牧师爱情遭遇不幸，一次偶遇农牧神，农牧神给了他安慰，于是他便放弃了自己的信仰，转而与自然交流。“那天晚上，我第一次听到白垩山丘跨过山谷歌唱，周围一片安宁。从书房的窗户，我可以看见农牧神在阳光照射下的身形模样，像常人一样，坐在房前的山毛榉灌木丛中。”

福斯特喜欢栗子和悬铃木，但我怀疑，山毛榉是他最熟悉的，而且山毛榉在《其他王国》小说中作为背景，明显带有情感偏好。哈考特·沃特斯是奇尔特恩富有的商人，买了一片林地——“其他王国灌木丛”，作为礼物送给未婚妻伊夫林。她受宠若惊，“拥有的快乐使她昏了头”——她兴奋得要跳山毛榉舞。这个活泼的爱尔兰女孩一开始跳错了，舞得像是一棵白桦树，双臂紧紧高举过头顶。但随后她“扭动了一下裙子，裙摆向水平方向展开，就像山毛榉的层层叶子在舞动”。起初，买下林地作为礼物，增强了哈考特和伊夫林之间的感情。之后一切开始变样了。哈考特想要修建一条沥青路从房子通向林地，再建一座木桥，把整片山林围上篱笆，以避免村里的男孩子在树上乱刻乱画。伊夫林对此感到非常震惊。这已经是她的树林，她不在乎是建桥还是修路，她也不希望把仔细清点过的七十八棵山毛榉用篱笆围起来，她还是喜欢在树皮上刻画浪漫情书的传统。“这被称为‘第四次求爱’，”她抗议，“我不想让这种传统结束。”接下来，她提到了一段感人历史，故事真实可信，与在山毛榉树皮上刻画情书的传统一脉相承、天衣无缝，很难相信这纯粹是福斯特小说中的虚构情节。当地的男孩和女孩“在树上刻上名字，然后就离开了，他们的第一个孩子出生时，他们会回来加深上次刻的名字。每有一个孩子出生，他们都来加深一次名字。因此你就会知道：那些深深刻进树里的名字代表着这对夫妇所拥有的大家庭；而树皮上那些很快长合的浅浅的划痕，则代表着那些最终未能走到一起的恋人们”。这就是伊夫林想要的，林地不设围栏，这种婚姻关系刻在树上而非一纸文书。

但她似乎退让了。树林最终还是被栅栏围上，“一条沥青路一头牵着树林，一头拴在我们的前门”。但一阵怪异的风暴袭来。“其他王国中的树就像大海一样翻滚起伏”，一根巨大的山毛榉被连根拔起，吹到了草坪上。当天气转好后，他们走进树林。伊夫林跳起了山毛榉舞，绿裙子随风飞舞。“她就这样跳着、跳着，远离了我们的社会，远离了我们的生活，跳回到几个世纪前，直到房子与篱笆都散落下来。在太阳下，大地一片荒野。”她以叶为衣，躯体从树干中汲取能量。哈考特“在爱情中丧失自我”，一路追随她来到树林，直到伊夫林突然莫名地消失。哈考特怀疑她和他的守卫私奔了，对于这种背叛，他大为光火：“我见到她时，她就是个野蛮人。我造就了她，给她教育。”但他错了。就像那些神秘的传说中的那样，伊夫林已经化身为了一棵山毛榉。

不久之后，福斯特搬到位于北部高地萨里郡山脊上的阿宾杰锤。他在当地买了一块树林，叫皮尼小树林。林子里大多数树木一战期间被砍。福斯特不喜欢橡树，因为橡树被赋予了过多的爱国情愫。他种了当地的其他树木——桦树、山毛榉、花楸树、野樱桃，还有其他在本地生长良好的新品种，比如甜栗子树和几株针叶树。据他的传记作者 P. N. 福尔班克所说，福斯特允许自发野生的小树苗成为他树林中植物的一员，也欢迎“自然生长”的树木，“只因为它是自然而然发生的”。他对找到了乡村生活的“入口”非常欣慰。他开放树林，作为一年一度的学校野餐地点，并在树上挂满糖果袋和一串串香蕉。1934 年，他策划并创作了戏剧《阿宾杰的盛会》，在露天舞台上演，以“林中人”为旁白。

1926 年，福斯特曾写作了一篇散文《我的树林》，表达对皮尼小树林的情感。与《其他王国》及《阿宾杰的盛会》相比，这篇散文让人觉得他并不那么擅长社交，也并不向往林中的自由生活。这种写作风格对他没有任何帮助。反而让人联想到肯尼斯·格雷厄姆试图掩盖尴尬感情而表现出的滑稽可笑。这篇散文中很多是嘲讽林地侵入的小轶事，表现出对人类的厌恶。他很恼火“他的”小鸟离开树林，飞到了邻居的花园里。他哀叹村民采摘“他的”黑莓，梦想修建一圈哈考特那样的安全栅栏。但在这种克制的嘟囔抱怨背后，我觉得他想表达严肃的情感，“拥有”一块英格兰土地所产生的情感影响——困惑不安。从我自己拥有哈丁斯林地的经历，我可以感受到他的这种情感。他说，拥有皮尼小树林，让我感到沉重。财产确实会有这种影响……（它也）使主人觉得应该做些事情。但又不知道该做什么。惶恐不安向他袭来，他模模糊糊地感到要表达自己个性——正是这种感觉，清晰可见，带领这位艺术家开启了他的创作之路。

是什么使这些作家（还有更多，如爱德华·托马斯）关注山毛榉？部分原因可能是由于地理巧合。山毛榉在这些作家的居住地——南部的白垩山尤为独特醒目。也许正因为此，福斯特明确拒绝接受那种具有阳刚之气、爱国情怀的橡树。但是他们描写山毛榉的方式，刻画山毛榉静谧生存的景象，努力向上生长的姿态——爱德华·卡彭特笔下“电流”穿过“山毛榉直冲云霄、向上生长的枝干”——这些描写映射出他们自己的梦想。这些异想天开的描述与想象，其实更多的是在表达他们自己头脑中喷涌而出的思想，并非是身后树林真实的描摹。

对保罗·纳什这位20世纪超现实树木画家而言，异教有更多意味。1911年9月，他参观了维特汉姆丛林，泰晤士河边上沃林滩附近的两个小但显眼的新石器时代的地貌上长满了山毛榉。他从中受到启发。“乡村周围非常奇妙，”他写信给一个朋友，“灰色镂空的（或神圣的）山丘，戴了一顶古树做成的头冠，坐落在河边。非常精彩，值得想象，充满了神奇魅力。无论从哪个角度来看，它都像一座美丽传奇的乡村，萦绕着遗忘已久的诸神”。在接下来的四十年里，他的绘画中充满了山毛榉灌木丛。

自1906年17岁的纳什进入切尔西理工学院学习艺术课程以来，他就一直在画树。他在靠近白金汉郡艾弗的霍克树林区画树，后来去了在萨弗纳克森林和迪恩森林。自然形成的方式以及人工制品都让他着迷，人们究竟是怎么用机器制造出另一件人工制品的呢？他对埃夫伯里石阵[①]巨石圈所生发的情感和尤维达尔·普赖斯在看到那些如画般的树时一样。那些石头是“在它们的野生状态下的，可以这么说……它们的着色和图案，它们那布满苔藓的铜绿，都增强了它们的奇形怪状和神秘意义”。1912年，他第一次画下了山毛榉灌木丛——这儿在18世纪中期被种植了山毛榉——并随后评论：

> 在我知道它们的历史之前，我就感觉到它们的重要性。它们掩盖了我所知道的所有早期景观的印象。我相信，这种印象是由其形式特征产生的，而非任何想象力……只需要看一眼便能知晓一切，无论是第一眼见到它们还是后来在脑海中的回忆。它们是我小小世界中的金字塔。

---

① 埃夫伯里巨石遗址位于英国威尔特郡，1986年收入世界文化遗产名录。世遗评价对其的评价是：巨石遗址及其附近的新石器遗址是无可比拟的史前时期存在之证明，有5000年的历史。

纳什的第一张灌木丛画作——《山上的森林》（1912年）引发人们关注。不难看出这个英国小山丘为什么让他如此着迷，这小山丘在他心中的分量与法国画家塞尚的《圣维克多山》[1]一样重。在他随后的所有画作中，从远处看都有个山丘，一个小土堆。土堆之上的玉米刚刚收割，麦堆与山顶的树林之间一条小道蜿蜒而上。山毛榉树林看起来异常灿烂：像夏天的花环，上面是一群在高空盘旋的乌鸦，似乎要把整个景色拽进晴空。树木散发着味道，飘荡在空中，像卡彭特笔下会导电的山毛榉。这个铁器时代金字塔的“奇形怪状和神秘意义”似乎并没有由于它们的生机勃勃而增多。

纳什笔下的风景画，以及其中表现的自然与人为相互作用的这种魔力，总是让我有种矛盾的心情。有时大自然似乎，用纳什的话来说，在“纠正”人造的和无机的事物，而有时似乎又会被它们吸引。第一次世界大战后，纳什经常造访奇尔特恩，并于1929年创作了他最负盛名的画作——《白垩山丘上的树林》。其笔下的山毛榉林与1974年我在艾温霍研究的是同一片

① 《圣维克多山》，法国著名印象派画家塞尚作品。1882年以后，塞尚隐居于故乡附近的小镇，专心地画起当地的风景。他深深地为圣维克多山的奇异山形及其周围的壮观景色所吸引。年复一年，他一再重复地描绘这座从大地上露出的巨大岩石，分析它那时隐时现、复杂细微的体块和结构。在他的一生中，他为此山所画的“肖像”，竟有七八十幅之多。

山毛榉林，在那我获得了我自己对树和光相互作用的启示。这幅画让人印象深刻、令人难忘：暗色的树叶树枝凝成一条曲线，与背后的丘陵相呼应。然而，画上的山毛榉几乎没有生命力。叶子的纹路和纷乱交错的树枝被画笔抹掉了，树干似乎是被白垩粉涂成一团团白，好像是从白垩粉中生长出来的。纯粹的形式节奏之外，似乎给人更深的共鸣。在文学世界中，岩石可以变形成山毛榉吗？真的可以这样吗？还是说树已经变成了胚胎化石，像无数的小海洋生物一样，它们的骨骼形成了七千万年前的白垩？历史和命运似乎不可分割，正如《山上的树木》中的它们一样。

奇尔特恩的风景本身就充满了讽刺与幻想。1919 到 1921 年间，保罗·纳什经常去坐落在里斯伯勒斜坡上的维特利福村拜访他兄弟约翰。在村子外围的山毛榉林中有块空地，空地上有个巨大的白色十字架雕刻在白垩上。十字架是谁人所为并不清楚，但 H. J. 马辛厄姆一向浪漫，相信它是新石器时代的产物。历史学家阿瑟·梅——一名坚定的爱国者——认为它更有可能是查理二世复辟期间雕刻的。纳什一定会因为它意义模糊而感到狂喜，或许，他更可能喜欢站在它的顶端，看着牛津平原那无与伦比的美景，而在遥远的地平线的一端，景色因 20 英里低空维特汉姆的两座小山丘而显得模糊不清。

关于这片维特汉姆丛林的最后一幅画作，纳什是从一个稍微亲密些的角度进行创作的。丛林距离牛津郡南面的村庄野猪山有 12 英里远。20 世纪 40 年代早期，纳什住在这儿的一位朋友家，当时他已经患了肺病，只能活五年，但他很高兴可以通过双筒望远镜观察山毛榉。隔山相望，而且又是通过望远镜观察，这种距离与视野的局限似乎更增加了山毛榉对他“难以抗拒的魔力”。从 1942 年到 1944 年间，纳什创作了一系列以望远镜的镜头为视角，来观察不同季节的风景画。山毛榉丛在每幅画的正中心，也许它们是他的双筒望远镜的焦点。山毛榉的颜色并没有因季节改变而有所不同，在“春分”和“夏至”这两天都被描画成普通的一团团的棕色块。在前景中，从视觉和时间、空间上看，它们与繁茂的植被有所不同，似乎完全与古老的地质岩石融为一体。地上的基岩，可能是古巨石阵的一部分，也可能是来自另一时空的生了锈的宇宙飞船。

我不知道纳什是否曾经踏足丛林之中去冒险，又或许他觉得这种亲密的接触会破坏它们因距离而产生的魔力。如果他曾去过，他可能会发现那里出人意料地令人震撼。在其中一个树丛的东部边缘处，有一棵古老的山毛榉叫诗歌树。1844 年，来自附近沃伯勒村庄的约瑟夫·塔布循着古老的涂鸦艺术家的传统，在当时已有百岁树龄的树上刻了一首诗。那是一首只有短短 20 行的叙事打油诗，描述了过去两千年来发生在丛林中的历史：与丹麦人的血战、罗马帝国入侵占领、修道院没落衰亡。

纳什，这片树林的绘画者，也是这片树林的一分子，定会对诗中最末几行人类短暂的统治野心感同身受：

逝者如斯，这残骸
正是命运与可怕的厄运
对世间崇高之物的奖赏

刻有诗歌的山毛榉在多次战争中死去，被子弹打穿树皮可能更加速了它的死亡。现在树皮上的字词已经难以辨认了。但在1965年，亨利·奥斯马斯顿博士曾循迹分辨树上的诗歌；树皮被平放展开，可以看到字母随着树皮几百年的生长而撑开，看起来像一幅古代的书卷，一幅原始的书法作品。又一人为作品被大自然力量改变了大小。

在完成“野猪山”系列作品之前，纳什曾是一名空军战地画家。在经历的一系列德国对英国的闪电空袭中，他似乎找到了其本性中更英雄气概的那一面。在第一次世界大战中，他先是在伊普尔战斗中当前线士兵，后来又成为帕斯尚尔战的军官艺术家，但他并不认为艺术对于伤员康复有任何帮助。《维米岭战役》（1917）与《梅宁路战役》（1918）这两幅作品画面极度荒凉，散落的残枝断树，探照灯射出几束光，画面死气沉沉。几个身影模糊的士兵穿梭于弹坑之间，与周围的泥浆混为一体，分辨不清。

在 1939 年，战争前夕，一次经历让纳什重燃了对潘的青春向往。那天他到莫尔文游玩，看到了两棵倒在田间的榆树，一棵被连根拔起，另一棵从离地面几英尺的地方折断。两棵树横在田间。纳什认为，“从水平角度看，它们像是两个怪物，张牙舞爪。”纳什着迷了，他匆匆画了几笔，又拍了照片，还写了一篇短文《田间怪物》，并根据最初的手稿发表了限量版。他文中写到，这两棵死树绝非一般：

> 在树皮残破脱落的地方，树干被水漂白，透着幽灵般的苍白。远处，阳光下，它们看起来是死白色。靠近细看，可以发现表面呈现出杂乱无章的图案，带着微微的灰白，光滑的树干上到处是被甲虫啃过的痕迹，留下一行黄色木屑与红色泥土混杂的尘线。

它们改头换面，如《白垩山丘上的树林》——在生命与有机体死亡之间存在。在它们的新生中，

> 根和树干成了喉与头，树枝成了腿和蹄，疯狂地向外延伸。它们像什么呢？又和生活中的什么事物最相似……我们研究的不是两个倒地不起，如动物一般的树，而是两

个超然的怪物。它们与生活的联系与过去无关——因此可以说它们已经死了——现在它们从另外一个角度激发我们的兴趣，所以人们会说它们还“活着”。在另一个世界里，这些无生命的自然之物仍然活着，但是不像我们能看到的生命系统……它们与我们紧密相连，所以我才能在充足的阳光下进行拍摄。

这突然让纳什联想到了毕加索的公牛，于是开始幻想，他的怪物可能患了当地蔓延的口蹄疫。

一年后，这些无生命之物在其描绘战争大后方的作品中有很多体现。大自然终将吞没机器。一架轰炸机坠入玉米地里。战斗机的喷气像背对着太阳的飞蝼蛄一样，螺旋上升。在作品《死海》中，纳什描画出了德国飞失事机沉入水中的凄凉景象，但绝没有令人感到死亡。灰色的船看起来像产卵的鱼，或是从原始海洋浮现的软体动物。在《温莎公园的梅塞施密特》[1]中——一架外国入侵战斗机，向地面俯冲，尾翼在空中张开 —— 可能是以公园里的截梢树为原型。

① 梅塞施密特是一家著名的德国飞机制造商，开发的飞机在第二次世界大战中有着出色的表现。公司于战后继续经营，后与航太马特拉飞弹公司和戴姆勒克莱斯勒航太公司合并为欧洲航空防卫暨太空公司。

2

当纳什坐在白叶丘陵上，凝视着远处维特汉姆黑压压的一片树林的时候，一位名叫亚历山大·瓦特的剑桥博士生，正盯着树林的地面，在荆棘丛中寻找着山毛榉树苗。历史上没有这两人见面的记录。但在这座丘陵上，他们两个人也许已经见面讨论过了，因为他们都对山毛榉的生长很感兴趣。纳什远远地从这些生命体的内部规律总结出了统一的宇宙规律；而瓦特，则从显微镜下观察山毛榉的生命历程和形成过程。两个人都在探索规律——《规律和过程》，这也是瓦特一份著名论文的标题。他很可能已经把工作重心放在了树林上，比如研究“山毛榉如何形成”。因为这是最重要的演变机制，一种树木如何被另一种所替代，以及一个如山毛榉般脆弱的物种如何在森林中占有一席之地，并最终成为统治者。了解山毛榉逆袭的机制是早期英国生态学家梦寐以求的事情，因为他们相信山毛榉在该国南部是“强势”植被，稳定、成熟的森林，没有人工干预，却最终覆盖了大部分土地。

当自然哲学还深受先验论影响时，19 世纪下半叶的美国出现了一种新说法。有人认为，在树林进化的过程中，可能会存在统一的、可预测的过程。他们指出，物质世界是思想的产物。

“自然是思想的化身”，拉尔夫·瓦尔多·爱默生这样写道，“世界是心灵的沉淀”。美国自然科学家可能会嘲笑它的神秘主义，但是生命进化无法抗拒，并按照一些预设的规律表现出来。此时这种说法也渗进他们的思想。（尽管在1860年，先验论的奠基人亨利·梭罗暗示，在那个混乱的世界中，对林地进行归类，可以使树木比其他世纪的树木长得更加精致，扎根更深。“原始森林……从未被文明人染指过的原始森林”在桌子的一端，而“人工森林，那些由人工种子发育培养而来的树”，则在桌子的另一端。）

亨利·钱德勒·考尔斯[①]首次认可植物演变规律。1899年他在密歇根湖研究沙丘的植被。酸橙树是第一个植物殖民者，但后来被枫树和美国山毛榉所替代。他意识到，顶级植被不可能永远处于最高层，环境变化足以摧毁它们。弗雷德里克·克莱门茨在二十年后的作品中，详细阐述了这些观点，其研究方式更加深入、复杂。对一种超级有机体的植物群落的生长现状，他半信半疑，他觉得顶极植被是“成人”社区，是“某一气候区域的植被通过某一气候阶段所形成的最终形式”，是最稳定的形式。他的理论与考尔斯一样，至少给以静态方式主导的生态研究添加了“动态”元素。它逐渐变成了一种生物学界的先验论，忽视了每个植物群体所处的时间和空间的独特性，也忽略

① 考尔斯：美国植物学家，植物生态学的先驱。

了自然内在的“野生本性”。

这很快也成了英国的传统观点。A. G. 坦斯利（后来成为阿瑟爵士）是瓦特在剑桥的导师，也是植物生态学的老前辈和“生态系统”这一术语的创造者。坦斯利开始与克莱门茨来往，支持他的想法——有序的植被更替营造了一种状态稳定的强势群落：

> 植物覆盖了裸露的地表，并用一定的次序找到自己的地盘，固定下来。这种群落演替在顶级植被群落中达到了顶峰。这些群落通常长满了最壮，尤其是最高的树木。它们可以在特定条件下成长，从而使植被与整个环境达到平衡。

他指出，英国成熟的史前森林几乎就是一片破破烂烂的林子，通过土壤和小气候形成的混合物到处都是。整个群落脉搏缓慢地跳动着，犹如老化的树木走向死亡，为后代腾出生长空间，但本质上并没有改变其整体特征。山毛榉成为顶级森林的主要树种，是因为它出众的高度和战胜所有竞争对手的能力。这里就是它感到快乐的地方，演替是不可抗拒的，这是自然发展过程中潜意识驱动的。

如果说克莱门茨在先验论者的指导下写作，那么坦斯利则沉迷于弗洛伊德理念和乌托邦社会主义，这在 20 世纪 10 到 20 年代的英国知识分子中曾暗中流行。当然如同在剑桥的许多同辈人，并没有证据证明他就是一名共产党。他的社交活动主要是在俱乐部，有时跟业余的自然学家交流。尽管他建议引入更多的动态生态大学课程，被格拉斯哥植物学钦定讲座教授贴上“植物的布尔什维克主义”的标签，这也只表明他是一个相当激进的自由分子。

1916 年，45 岁的坦斯利已是剑桥大学植物学的讲师和林奈学会[①]的团员，他做了一个非常生动的梦，并在后来承认这个梦改变了他的一生。在南非的灌木丛，一大批手执长矛的祖鲁人与他对峙着。“我有一把上了膛的枪，但意识到自己根本无法从这些挡住我去路的手执武器的野蛮人那里逃脱。”后来他妻子出现了，穿着白色的衣服，逐步向他走来，“没有受到野蛮人的阻拦”。接着他觉得自己开了一枪，然后就醒了过来。

这个梦引起了坦斯利对心理分析研究的兴趣。1922 年，他开始师从大师弗洛伊德学习心理分析。弗洛伊德给一位同事的信中写道：“我发现他身上具有英国科学家的迷人素质，如果能把他争取过来，将是心理学界的巨大收获，但却是植物学界的

① 林奈学会：1788 年史密斯与 R. S. 古迪纳夫和 T. 马沙姆等人共同创立了林奈学会。林奈学会是为了纪念林奈而创建的。林奈学会曾开展过广泛的科学活动，并集中研究古北区的植物和动物。

重大损失。”弗洛伊德确实争取到他了，至少在一段时期内是这样。1923 年的春天，坦斯利辞去了剑桥的职位，直到 1927 年被选为牛津大学植物学教授才回去教学。其间的这四年他一直致力于心理学分析的写作和演讲。

坦斯利对心理学的普及做出了重要贡献。其写作的《新心理学及其与生活的关系》（1920）成为畅销书，九年来印刷了十一次，超越了当时他所有在生态学专业方面的作品。这本书风趣、措辞优雅、条理清晰，将弗洛伊德的理论和更加务实的社会心理学发现紧密地连接起来，从而让外行读者接受起来更容易。九年后，其“群居和群居本能”的观点令他备受瞩目。坦斯利认为，人类社会给自身施加了束缚。他将群居本能设想为一个不可抗拒的潜意识驱动行为，这种行为通过有意识的文化调整进行修正。他的这种想法暗含了心理学的宿命论。对于人类的可改善性以及心理成熟的力量。他有一个传统的信仰去实现最终目标：“大脑形成意识的能力，是其最珍贵的能力之一。的确，可以认为它是大脑最强的能力，没有它人类是不可能进步的。”他的结论中有对野蛮人恐惧的回应，而且早就在他的梦中有过暗示。他写到，世界大战时“旧社会秩序”的松散已经“释放了许多未被驯服的野性本能，这已经造成并且还会继续造成更多的损害和破坏……”我们必须重视一种现象。那就是首先个体必须再次服从集体，服从整个民族，然后才是普通群体。

这听起来像独裁主义，但是他有时会用“四海之内皆兄弟”来代替“普遍群体”。

1939年战争前夕《英国群岛及其植被》发表，在坦斯利了不起的生态研究中，这个人类社会模型在他的植物演替的模型中找到了某些呼应。树木群落在原始的力量的驱动下向前演替，并受到环境的制约，但其必然会向着更高的社会秩序稳定发展，并到达一个顶点。坦斯利承认主要的环境干扰，比如火山爆发、冰川作用、人为压力可能中断或阻止生态演替到达顶点。但这些都是特殊情况，他认为通常情况下这种发展还是处于规律之内的，并能用图解的方式来展现这种发展的流动性：先锋群落向上进化到前顶级群落，然后成为顶级群落，有时也会成为后顶级群落。但是后顶级群落并不是群落衰败的开始，而是比顶级群落更高的状态。坦斯利在这个图解中很少谈及植被的退化，也很少承认生态演变中的随机干扰。

但现实中生态的演替并不总像他所展示的那样有序和按部就班。树木以群落的方式生长并以化学反应的方式相互交流，但它们不是生物学意义上的社会有机体，即使是群居的山毛榉也不算。每一棵独立的树木或者其族系都试图以它们最好的方式生存下去，不是通过被吸收进其原始群体意识或屈服于环境压力的影响，而是通过自我的调节、适应、谈判、竞争。现实的世界总是充满了混乱与妥协，而不是循规蹈矩。

坦斯利十分依赖亚历克斯·瓦特的开创性工作，尤其是关于林地的研究。他总是试图把这些归纳到他的宏大理论中，但又忽略其中的一个重要信息：演变有时是无序、曲折、强烈或者反常的。瓦特也着迷于群体的概念这种植被的“聚居”研究。但他的观点与坦斯利相反。他把独特的生物体——包括其对土壤和气候的独特反应——看作植物群落的基础，有助于发展独特的细微差别和地方特点。他是第一批追踪个体树木生命历程进行田野调查的实地工作者之一。

瓦特决定在其攻读博士学位期间进行山毛榉研究的部分原因是，这种极具个性的植物挑战了演替理论的学说，另外也是因为在20世纪初，木材行业的人担心山毛榉会像以前一样，一旦消失将无法再生。1919年至1925年间，他写了一系列出色的论文，从种子到森林统治者，涵盖了山毛榉生长的每一个阶段。在整个研究期间，他是阿伯丁大学的森林植物学讲师，并在附近的山毛榉种植园进行研究工作。他圈了当地一小块地作为种植山毛榉的样本，让其中一些山毛榉不受关照，自然生长。另外一些则保护起来，用不同级别的铁丝网围起来。在不受保护的土地上，放在地上的山毛榉种子都被老鼠吃掉了。那些藏在落叶下面的和故意埋在土里面的则完好无损。蠕动的虫子使种子被更好地埋在了地下。实验的第二年，他发现外面围了铁丝网的种子完好无损。

1921 年，他开始研究英国南部草原上天然生长的山毛榉林。在苏塞克斯的南部高地，他发现，有水的浇灌，而不仅仅是湿气，是山毛榉种子发芽必不可少的条件。种子很有可能在潮湿的落叶层下面，或是落在了簇团草或小型植物下面。他还发现了其他各种影响山毛榉命运的因素：土壤的密度，可能每一英寸都不一样；霜冻的频率，不仅可以杀死山毛榉，更容易伤害山毛榉的基因，而且也会影响老鼠从田里往森林里迁移；甚至是猎场看守人的猎杀活动，他们不加选择地屠杀猛兽，让啮齿动物更自由地生存。

古德伍德公园附近的南部草原特别适合研究山毛榉演变的几个阶段。长时间的农业大萧条在世界大战后得到了恢复，意味着被放弃的大片丘陵将重新恢复为自然森林。瓦特将这种自然情况称为“病史”。他研究了 200 棵自然生长的个体山毛榉，包括从生长到死亡的各个阶段。蜗牛、兔子和被叫作小叶蚕属的小切叶昆虫加入了冷酷的捕食者军队。无论是否是奇迹的眷顾，重要的是确实有许多树苗都存活了下来，不然山毛榉林也就不会存在了。

瓦特在树林深处和丘陵上探寻它们的命运。土壤中的每一处细微差异，风、阳光都会影响它们。他在不同光照强度下测量幼苗的叶片尺寸，发现幼年的山毛榉并不如之前想象的那么喜阴。个别的树苗从侧边而不是向上长出树芽，以躲开母树的遮蔽。

在一片开阔的草原上，山毛榉在等待生长的时机。森林演变的第一阶段是山楂树、杜松、山茱萸等矮树的生长。它们的形态多种多样，有的被常年的大风吹得弯向一边，有的被鹿群啃去了嫩叶，有的被兔子钻出空隙。接着先驱的树木开始出现，根据生长条件，白蜡木、橡树、桦木也开始生长，有时还有一些零散的山毛榉。有时山毛榉会从荆棘丛中突然窜出，成为一棵参天大树。如果放牧强度比较小的话，山毛榉不会经过荆棘丛这一阶段，而是直接生长成巨树，占据整个草原。白蜡木在浓荫蔽日下生长得更好，橡树则在土壤厚实的地方长得更好。

尽管这一过程非常缓慢，山毛榉幼苗仍逐渐在母树周围生长。瓦特也承认，就他观察来看他也不知道以前它们是怎么能跋涉到那么远。但是当橡树和白蜡木长到一定高度时，可以让更多的阳光照到下面，山毛榉就可以飞速生长了。大约长到一百岁时，山毛榉的高度就超过了群落里其他所有的树木，并最终遮住了阳光，让其他树木处于荫蔽之中。第一代山毛榉拥有宽阔的树冠，在苍穹下无忧无虑地生长。第二代则拥有比较狭窄的树冠，形成了最终群落结构的第二层，这就是顶级森林。这种状态应该无期限地延续下去，通过生物再生“月满盈缺”现象让自己重生。在新光芒下，生物的原始演变即将结束：在荆棘丛生的树林中，橡树和桦树不再变化。在白垩土壤上生长的白蜡树长大成型了。山毛榉的幼苗长成小圈围在母树四周。不管采取哪种途径，山毛榉最终都会是苍穹之下的霸主之树。山毛榉的这种入侵行为在瓦特看来有些无情。这种运作方式让他想起了一个不常用的比喻：像“西班牙宗教法庭”。

但那些都已过去了。他研究的南部山毛榉已经被人为管理了几个世纪。由于两次战争，农业衰退了，这些山毛榉只经历了一段草地殖民地化时期。气候温和宜人。兔子的数量在一个较高的水平，而鹿的数量则相对较低。橡树适时地枯萎，而没有因雨水和地下水产生的硝化作用提前衰败。南部白垩丘陵地带的树木演替过程，永远不可能在其他地方以完全相同的方式重复。简单地说，东南地带的山毛榉总能成为当地的主导树木。但它如何走到这一步，能持续多久，完全处于神们——那些年纪又大脾气又暴躁的神们掌控中。

以上大都是瓦特的观点。他的研究既认可多样化，也尊重特殊性。他不是优美的散文作家，但他作品的细节包含一种诗歌艺术感。他的“病史”才是真正的山毛榉的故事。他不谈论专制规则或特殊规则。山毛榉的繁衍失败、反常的自我重生、低劣的幼苗、山毛榉树种的离奇消失，都是故事的一部分。一切都有象征意义，这就是本真的大自然。

新世纪初，弗朗茨·维拉在已经相对稳定的演变理论领域闯出了一片天地。他的观点完全跳出了过去几世纪人们的争论范畴，认为促使欧洲树林演替的并不是一些先天的植被进化模式，而是食草动物，比如野牛、野猪、马和麋鹿等。简言之，他的论文认为过去的演变理论忽略了大量的食草动物的作用。但正是这些食草动物保护了矮小植物的土地的形成。在这些土地上，小树苗可以成长，它们同时也为树苗的天然成长创造了空间。森林里部分树木死亡时（很大一部分，否则理论将会不成立），食草动物会进入这片区域，使之转变成草原。它们的蹄子会捣乱地面，因此也给木本植物的种子提供了一个生长机会。动物不会在荆棘丛生的土地上寻找食物，所以这些土地上的幼苗可以安全成长。动物成全了小树苗的生长，让其可以长成树林。不过，这种树林并不是如坦斯利曾设想的那样稳定、封闭的森林，而是一个移动的大草原，随时会受到饥饿的动物入侵。

许多英国的生态学家，他们看了一辈子动物是如何吃尽林地的，认为维拉就像门口的福音传道士一样讨厌。维拉是一个有想法且善于宣传的人。尽管他也走访了很多地方，但他并不是像瓦特那样的专业领域工作者，他的论文主要是来自对原始资料的大量阅读——他的批评者说，他只是选择性地阅读那些能够支持其观点的材料。同所有理论家一样，他也逃不出其研究领域的思想渊源的影响。

维拉一直对荷兰乌斯塔瓦斯普拉森海岸①给予关注，并对海岸瞩目的发展给予支持。20 世纪 70 年代，海边的大部分土地遭受遗弃，迅速变成鸟儿们栖居的野生沼泽地。荷兰当局决定通过抬高地下水位来推动、促进它恢复成“自然”状态，并且引入了一些过去在前农业时期可能会对栖息地造成破坏的大型食草动物，用家养的牛代替了公牛和野牛，用科尼卡小马代替了野马：“就像消逝的野兽们那样”。实验取得了巨大的成功，这些动物在快速生长的灌木丛中创造出了一片片不同的植被——池子、沼泽、草地、芦苇丛。“现在”，维拉写道，“看起来，在类似未被干扰过的环境中，大自然会发展成与之相似的环境。”对他来说，这不仅仅是生态发展上的启示，也是政治上的，甚至可以说道德上的启示，是有寓意的。他质疑当时“欧洲大多数自然保护主义者的普遍想法，即农业（所有人类管理系统）对维持大自然是至关重要的”。维拉并不走学院派的斯文辩论路线，他猛烈地撞击路障，向传统观念挑战。

许多旁证可以支持维拉的观点，不仅是对于过去的理论判断，也包括对今后可能发生的情况的推断。生态学家们不再认可坦斯利的完整海岸自然林模型理论。因为显然，有许多区域

① 荷兰乌斯塔瓦斯普拉森海岸是一片有着浅池、小岛和沼泽的景观。最初，这片低地被定为工业用地。但植物和动物群自然生长，让这片区域转而成为自然公园，新铁路路线也因此改道。现在该地是欧洲独一无二的自然保护区。

是开放的，或者拥有不稳定的植被：内陆悬崖、洪水泛滥平原、沼泽地、鹿群牧场——花粉记录显示林地中有大量的非木本植物生长。但这是否意味着整个西欧是一个开放、显而易见的新森林，这仍需证明。

在现代的英国，也会常看见新的树木从某块荒地的野灌木丛中突然窜起长大。但这往往在放牧（或砍伐）大幅减少的时候才会发生。维拉关于荆棘灌木丛可以保护树苗的想法只有部分正确。在冬天或者其他任何食草动物饥饿的时候，它们会吃山楂、金雀花，甚至冬青树。除了新森林的一两个遗址，英国没有其他地方能够见证他的理论模型中的“退化阶段”。这一阶段，林中的树木已经枯萎，食草动物觅食会使森林变成草地，只有到那时才能够演变为乔木林。即使在1987年大风暴对本地森林造成损毁之后，大部分空缺之处都很快被自然生长的树苗所填补，而没有借助像野牛之类的食草动物的帮助。

维拉的理论中有太多的例外情况，因此它难以成为一个具有普遍性的森林演变模型。遗憾的是，他也不需要有如此宏大的目标。食草动物显然促进了史前栖息地的形成，迹象表明它们仍然可以再次发挥同样重要的作用。它们在某一植物群落中，让植物种类多样化。从历史上来看，食草动物既让景色更加迷人，也丰富了生态种类。它们是真实的自然生态系统中重要的组成部分（尽管已经消失的以它们为食的大型肉食动物也是同样，这一点，维拉并没有提及）。荷兰乌斯塔瓦斯普拉森林海岸（维拉曾参与建设）已经成为欧洲自然保护主义者的灵感来源地，它正推动英国东部实施湿地恢复以及大型森林恢复项目。食草动物是影响植被动态发展的因素之一，但也许不再是使森林恢复原貌的魔杖。

3

那些研究森林的生态学家对群落演替有着不同的期待：有的希望证明自己的理论，有的希望创造财富，有的希望创造“真实”或“天然”的林地。约翰·沃克曼是一位知名森林专家，并曾任全国托管协会森林政策顾问，他希望自己的科茨沃尔德丘陵森林能茁壮生长，既可以源源不断提供优质木材，同时也能形成美丽的生态景观。但到了20世纪70年代末，问题开始出现了。

我最初认识约翰是在20世纪80年代，当时我在自然保护协会工作。他时常探访哈丁森林，就我们的工作提出建议并做出评价，甚至还会和我们一起捡柴拾木。我们经常开玩笑讨论灰松鼠修剪树枝的效率。他的家人世代从事木材行业，先是经营木材加工厂，后来种植树木。20世纪初期，他们买下了斯特劳德附近的很大一片半天然山毛榉林地，后来被叫作沃克曼林地。约翰继承了林地，作为这个家庭的一分子，也作为一位林业家，他以此为豪。

11 月中旬的一天，我去到沃克曼林地，那时树上叶子还未凋零。约翰有关节炎，我们就乘坐他的路虎汽车转了一圈。车子一驶入那条他走了五十年的路，他就像赛车手一样敏捷。他驾车冲下陡峭的河岸，灵巧地拐过每个弯道，汽车飞驰，沿途的山毛榉仿佛放电影般一闪而过。我们飞速穿过曾经的鹿园，驶过清水石墙的废墟，那里长满了野生的白蜡树和山毛榉。然后经过一片小灌木林，新长出的石松弯弯曲曲地向上伸展。我惊叹于它狂野的形状。而约翰却指出一条古老的悖论：这些树会如此外形粗野，恰因为它们曾经被砍伐过。他最喜欢的是笔直高大、俊秀挺拔的山毛榉。我们右边的斜坡上零散地种着几棵山毛榉，落日在树干的一侧镀上了一层金边，长长的树影随余晖落下。这些树看起来完好无损，树干光亮如缎，但其实很多都已经死了。约翰认为有一半是在 1975 至 1976 年的夏天里晒死的。当时不仅干旱，而且高温。高温下的水分蒸发很快，几天之内树木严重缺水。幸存的树木永远也不能像林业人员所期待的那样恢复到生机勃勃的状态。约翰指了指被他称作“烤焦”了的树枝。在蓝天下，树枝表面干裂如浮雕一般，纹路清晰，枝条也不再柔韧，没有了横扫一切的气势。他认为，由于土壤水分流失过快，坚硬如岩石，这些树的根系可能被永久性地破坏了。这片树林的任何习性、任何特性他都了如指掌。

我们沿着连绵的弯道盘旋而上时，可以看见山毛榉赖以生长的土壤。在山的侧面有一道裂缝，其中的岩层可为人所见。岩石表面只有一英寸左右能被视作土壤，下面便是石灰岩层。约翰说，他们种树时必须用鹤嘴锄来挖地。山毛榉长出的新苗有些生长在白蜡树下面。但约翰并不因此而欣喜，反倒感到怀疑。要是他没有砍掉周围的树木来给幼苗更多的阳光和根茎生长的空间，它们究竟能不能存活下来呢？而且，由于鹿群的踩踏，大部分新生的山毛榉苗没有超过一英尺高。

我们回来时天色已晚，小屋笼罩在夜色中，约翰神情忧郁。这里屋远地偏，经常断电。几个星期前有次断电，原因是有只倒霉的谷仓猫头鹰触电而亡。每当断电的时候，他抱怨说，自己永远不知道是恐怖的炸弹破坏的，还是自己山林里某棵树所导致的。我不知道哪种情况他认为最糟。我们在黑暗中坐着，谈论山林的未来。谈及山林的命运，尽管这里现在是国家自然保护区，约翰仍有一丝感伤。他骨子里是个林业家，哀叹今后自己的林地终将变为游乐场，而不是凸显种植技艺的林场，而他为此付出了毕生心血。他担心本地山毛榉的未来，它们是否会饱受风暴和干旱，是否会被森林动物啃食，是否会因国外引进的木材更便宜而被廉价出售。同时他也对目前森林保护中的放任政策和不作为深感忧虑。“要有所作为。”他据理力争道。

乔治·皮特肯曾经是英国自然委员会首席森林科学家，他一直希望森林的自然演变过程不受人为干扰。20 世纪 70 年代以来，他一直在观察瓦伊河谷旁的雷迪公园森林的演变。该森林里山毛榉种类多样，价值不菲，有笔直的橡树、弯曲的榆树、白蜡树以及两种酸橙树。1944 年，雷迪公园森林成为自然保护区，用以研究自然林地的演变。半个多世纪以来，人们没有对其进行太多人为种植干涉。那时它还远非原始森林，它 17 世纪还只是一片小灌木丛；20 世纪早期长成当时公认的山毛榉林，但在二战期间失去了三分之二的林木。所以，从那时起，"不干涉"就意味着"自然"。乔治非常善于横向思维，他独创出一种方法，很好地区分出"自然"的模糊性与主体性概念，并将其与某些概念的联系同其早期理想状态区分开来。他把自然分为五种类型：原始自然，是人类开始影响生态之前存在的不可再生的自然状态；未来自然，如果完全没有人类干涉，这种森林能够很好地发展存活，但如果有气候变化或者外来物种入侵，这种自然状态也能与环境妥协。雷迪公园本来是朝着"未来自然"状态发展，但通常认为，在残酷的自然演变规律下，这片林地最终会被山毛榉树种所占领。

哪怕瓦特再怎么思想开明，他也难以预测这片林地之后所发生的一切。之后的二十年中，这片森林经历了一系列独特而不可预测的动荡。1975 年与 1976 年的两个夏天，山毛榉经历了严重干旱。大多数大树完全旱死，即使未受损的树也几乎停止了生长，到80年代中期才恢复。1983年，山毛榉树皮惨遭北美灰松鼠疯狂啃食。乔治的同事芒福德·艾迪仔细测算过。截止到1993年，松鼠破坏了50%的山毛榉。而且通常情况下——超过80%——它们都会选择树干直径在10至20厘米之间的山毛榉树来啃食，这迫使森林退化为矮小的灌木丛。1984年晚春，一场大雪压倒了许多瘦弱的白蜡树和酸橙树。白蜡树死了，但是酸橙树匍匐的茎开始在地上生根，并长出了新的根茎。1985年，河岸田鼠成灾，几乎啃光了白桦林区里所有的山毛榉幼苗。乔治看着田鼠疯狂地啃咬着山毛榉林，感叹如此大量的田鼠会让大地震颤。到20世纪90年代，林地又经历了大风暴、霜冻，以及虫害。因此，若有人认为雷迪公园会平稳生长发展成为山毛榉林，那简直是荒谬至极。这片林地成为各种植物群落组成的大拼盘：白蜡树、酸橙树、桦树、山毛榉和橡树，还有山杨和生长繁茂的榛树丛。

这就是2006年的冬天我与乔治漫步森林时所见的模样。在1976年干旱中死去的山毛榉树已经完全腐烂了，不过之后几年里有新苗长出。由于鹿群的存在，这里看不到明显的新苗，但有一小块地方除外。树林中有一小块洼地，健康安全管理部门的人员出于安全考虑坚持用栅栏将它围起来。这小小的围栏——既防了鹿群又防止了人类侵入——里面长满了繁盛的山毛榉新苗。这也构成了一个精妙的哲学难题：并非出于保护的目的，而人为地将某种数量异常多的食草动物隔离开来去促进森林的自然发展，这真的是“自然”的吗？乔治认为，即使像他对自然性有着明确的辨别与分类，在面对现在日益复杂的情况时也多有妥协。例如面对一棵人为种植的本土山毛榉和一棵自己生根发芽的外来无花果树，他该如何划分自然性的范围？或者重新引入某种已经濒临灭绝的当地物种，比如本地黑杨树，或从种植园自然移出的欧洲赤松（八千年前英格兰的本土树木）？这些树种的起源或发展决定它的地位吗？就像约翰·沃克曼那样，他认为大部分的林地都需要人参与维护，才能重建一片公认的、适用的林地。但并不是所有林地都需要如此。自然保护区仍然充满魅力与野性，即使这种自然的纯粹在现代世界里仅仅是一种幻想。约翰找到了弗洛伊德——他就像一只黄蜂一样对生态科学的确定性喋喋不休——的一句风趣而中肯的评论：“精神领域中的幻想的创造。”弗洛伊德在《精神分析引论》中写道：

> “控制幻想的大脑区域”是与“自然保护区”和“自然公园”完全相对应的概念。在这些地方，农业、交通或工业的入侵让原始的地球变得面目全非。“自然保护区”是维护那些在其他地方已经不存在的生物的必要条件……而幻想的精神领域也是这样一个隔绝（现实）侵犯的保护区。

至于我自己——我并不清楚我对哈丁斯森林中的这一小块地的期待到底是怎样的，若是在20世纪90年的早期，我们很可能会对那些山毛榉树大肆砍伐。而在那砍伐过后的空地上，我倒是希望树木能重新生长，但最好不是山毛榉。我认为先前种植的山毛榉已经够多了。然而这块空地上确实又长出了新树苗，非常迅速，一大片的绿苗让我很受鼓舞。我们的志愿者也满心欢喜，因为他们中许多人曾坚定认为，除非人为种植，否则树木不会自己生长。

但在12年后，受瓦特先例的启发，我想更仔细地、一棵树一棵树地去观察研究，而不是看风景一样走马观花。那是4月底，我踏上林中我们修建的小路，秃鹰在森林上空盘旋。消失了将近200年后，秃鹰又回到了这片地区，在山毛榉种植园里筑巢。秃鹰的回归对于山林的恢复无济于事，但仍是我买下哈丁斯森林时所未曾预料到的。我非常兴奋和自豪，它们的出现就像是对我们劳动的肯定。

即使有灰松鼠和鹿群这些森林中精力充沛的猎食者，空地上显然还是长满了新树，边上则被许多的山毛榉和一些白蜡树所包围。这是一个细长的空间，椭圆形，西高东低，慢慢倾斜。我步量出一个2500平方米的长方形，然后测量里面的每一个个体，一共有14个种类139棵树。其中几乎一半（65棵）都是白蜡树。最大的白蜡树周长 25 厘米，已经长到 3 至 4 米高。有 4 棵樱桃，3 棵山杨柳树和 1 棵枫树也是类似的大小。0. 5 至 1 米高的灌木丛中有 27 棵山楂树，11 棵角树幼苗，5 棵老树，4 棵桃叶卫矛，3 棵黑刺李和 1 棵冬青，还有花楸和欧洲桦。这其中还有 11 棵榛子树，这与松鼠啃咬坚果致使树木无法生芽的说法不符。当我在笔记本上粗略地对此处树木繁衍的情况进行整理时，我发现在第一阶段的演变中并不都是瓦特所说的那样。树木并不是呈中心密集式的圆形排列生长，而是金字塔式的，在高处西边的顶点是高大的白蜡树，在低处则聚集生长着大量的灌木丛——也是新苗种类最多的地方。这片树林中仅有 3 棵约一米高的山毛榉。被砍倒的山毛榉都未能重新发芽。我对山毛榉有点失望，尽管这曾是我多年前梦寐以求的结果。这确实是以它自己的时间、以它自己的方式来发展的自然演替，除了它是由一个人为的干预所开端——围剿 5 公顷的树木。我越来越倾向于“自然”不能看成是一种状态，一个毫无框架的野生之地，而应该看成是一个过程，一种行为语言，一部电影。自然性是人类干预下产生的结果。

沃克曼林地、雷迪公园以及哈丁斯森林是三个不同类型的山毛榉林，经常会出现意想不到的繁衍更替模式。它们都没有经历过大范围的突发性自然灾害。而对森林来说，这种灾害在长时间内会定期发生。比如说大风暴，但英国所发生的最奇怪的山毛榉演变是山体滑坡导致的结果。

位于多塞特郡南部海岸的阿克斯茅斯—莱姆里杰斯白崖，在 19 世纪之前几乎不存在。悬崖的上端曾经是一片荒芜的草地和一小块耕地，曾有过几次小的滑坡和塌方。到了 1839 年快结束的时候，一大片内陆悬崖坍塌了。一块巨大的白垩石块滚向了大海，在崩塌的悬崖上留下了一个巨大的鸿沟，上面是面积可观的一大块发春芽的小麦地，这片麦地完好无损。次年的 8 月 25 日，举行了收割仪式。这件事引起了这个地区人们的好奇，上万名观众聚集起来观看收割。割麦人由年轻女性带领，她们佩戴着银色镰刀形状的胸针，这是庆祝转扭乾坤——农作物从人为耕种转化为自发生长。在威廉·道森·特纳的水彩画中，麦地中心是个巨大的圆形剧场，是由锯齿状白垩峭壁形成的。有人在那里散步和野餐。在悬崖的顶部，一小群人高高举起英国国旗，英格兰南部人们显出了英雄气概。

在接下来的几年里，白崖成了一个重要的旅游景点。当地的农民向过往的游客们每次收费 6 便士。著名的文集编者弗朗西斯·帕尔格雷夫①和丁尼生在 1867 年 8 月曾来到这里，丁尼

① 弗朗西斯·特纳·帕尔格雷夫（1824—1897），英国编辑、诗人和批评家。他编辑了《英诗金库》，还从事诗歌、艺术和文学批评。他毕业于牛津大学，1885—1895 年任该校诗歌学教授。

生是第二次来。紧接着又发生了几次山体滑坡，泥土滑落，石灰石滚落。矮木开始在这片混乱的石块堆与水域中生长起来，接着第一批树木也长了起来：白蜡树、枫树和榛子树，被常春藤等藤蔓的枝蔓所围绕。悬崖上端的土地曾种有一些成熟的山毛榉树篱，它们也都随山崩而消失了。许多树，就像是麦田，都是随着崩塌的废墟顺势而下，然后就地生根发芽。在白崖的中心地带是一片巨大的山毛榉林，看起来像是已有两三百年树龄的截梢树。它们可能是“天然”形成的截梢树，在落下的时候摔断，裂开的树干处有幼苗长出。它们的幼苗已经开始统治附近的植被了，享受大西洋南部的温暖气候和湿润水分。这些山毛榉未来一片光明，在这种多变的栖息地，它们可能不会成为占主导地位的树，但在林中肯定会有一席之地。

在过去的150年里，白崖已经成为英格兰最原始的森林之一，也是唯一一个为了定期寻找迷路的步行者而展开沿海营救服务的地方。居住在莱姆的约翰·福尔斯，将白崖作为他的小说《法国中尉的女人》中的主导线。小说描绘了在一个无关乎道德的社会背景下，不幸的维多利亚情人为自己的未来奋斗——尽管19世纪60年代的山毛榉并没有书中描写的那么茂盛。“看起来，”福尔斯在其他地方写到，“如果人类没有进化，世界就会几乎一直那么纯粹、那么完好无损、那么遥不可及，几乎让人无法相信，如此异乎惯例，有时甚至会孤独得让人感到一丝恐惧。”

4

不久，发生了 1987 年 10 月 16 日的那场巨大的风暴，风暴吹倒了 1500 万棵现存的树木，且数字呈百倍增长，与此相比白崖的崩塌只是一个涟漪。一开始就很明显，这场风暴对树木而言是一场灾难。大约凌晨 3 点的时候，我被一种奇怪的感觉弄醒了——呼啸的大风，反季节的温暖，光线预示着黎明的到来。即使透过拉上的窗帘，外面的夜晚看起来也像是绿色的。外面的空气中盘旋着卷动着树叶，就像一条彩带。地平线的每一个角落都被闪光所点亮——不是当时我以为的闪电，而是电线短路引起的火花。到了早上 8 点，风力依然强劲，但花园里唯一受损的植株是我父母在 20 世纪 30 年代栽种的紫丁香。然而新闻里的情形却截然不同，流言与混乱不清的报道四起：他们说汽车被压碎了，电力出现了大范围故障，英格兰东南部的树木几乎都被吹倒了。

我的树林！到底发生了什么？我加快了步伐，思绪万千，不知道自己到底在害怕什么，是害怕发现它们无精打采，还是为它们受到风暴的摧残而难过呢？我赶到时，暴风雪仍以 50 英里每小时的速度肆虐着，在暴风雪中的白蜡树叶就像水中摇曳的水草。但哈丁斯森林所有的树几乎都活了下来。有一棵鹅耳枥的根一半盘曲在土地外面。一些瘦小的桦树被吹进了灌木丛中。布满碎叶的荆棘笔直地挺立着，就像触过电一样。没有一棵山毛榉树枝被风折断。这场风暴变幻莫测，受到侵袭的那些树木、房屋和森林，完全是随机的受害者。当时风暴的中心在奇尔特恩东边擦身而过，但此地却未能逃脱 1990 年 1 月另一场狂风带来的厄运。

1987 年的暴风雪是从清晨开始的。严格来说，袭击英国南部的并不是飓风，而是一场三百年来席卷了整个西欧的极具破坏力的极端风暴。佛罗里达飓风“弗洛伊德”的余威裹挟着冷空气穿越大西洋，直奔欧洲高压区。低压喷射气流向东北地区移动时，将暖空气吞入，其身后的漩涡流在比斯开湾和北海之间激荡。气温在短短几分钟内至少飙升了 10 摄氏度。到凌晨 3 点，平均风速达到了每小时 70 英里，直到早上 6 点才有所减缓。英国并不知道欧洲大陆已经遭受了严重打击。葡萄牙利马河周边区域遭受了百年不遇的洪涝灾害。法国西部，布列塔尼和诺曼底之间约有 700 万立方米的林木被夷为平地，损失几乎是英格兰的两倍。

幸运的是风暴是在半夜抵达的英格兰。风力十分凶猛——吞噬了一切，横扫了路面——假如当时路上有更多的行人，就可能会造成更大的伤亡。尽管电力与通讯发生大面积故障，但灾情报道也还是慢慢传开了。有一些伤亡，主要是车里的人被吹倒的大树砸中了。位于坎维岛的一个房车营地在 1953 年遭受洪水后，这次又受到了重创。在布莱顿，大风侵袭后的街道上满是玻璃的碎片，商店的窗户被吹破了，城市中许多被精心保护的榆树也被吹倒了——英皇阁上的一个石尖顶饰从基座上被吹下去，穿过天花板掉了下来。在最后几小时，暴风似乎偏爱上了教堂。教堂上彩色的玻璃窗都被吹得粉碎。萨福克的浸信会教堂最后只剩下了一堵墙，成排的长凳光秃秃地立于天空之下。在泰内瑟姆教堂墓地，至少有三棵树被连根拔起，从教堂的屋顶砸了下来。在教堂墓地里，风暴所到之处，连根拔起的树根带出来的灰色人骨提醒着人们，生活中会一直存在死亡。而在肯特的七棵橡树镇，1902 年种下的以纪念中世纪以来小镇命名的七棵橡树中，只有一棵幸存下来，未被吹倒。

对于这场 1987 年的风暴，人们除了记得它造成的人员伤亡以及最终约 20 亿英镑的财产损失外，还有它对树木造成的巨大破坏。风暴虽然只持续了几个小时，却对英国的许多美丽的经典风景地貌造成了很大的破坏。而其所到之处，山毛榉更是不可避免地遭受了灾难。英国东南方的白垩大圆弧，包括汉普郡山，南唐斯丘陵，苏塞克斯的景观公园，肯特的原野，奇尔特恩，山毛榉是这些地方最典型的树木之一。如同往常一样，灾难面前山毛榉总是备受摧残。厚重的叶片、浅浅的根系，当山毛榉生存的土壤被几个月的大雨所浸透时，用一种危机战时流行的比喻来说，它就像骑兵冲锋前倒霉的步兵一样倒下了。

暴风雨过后第三天，我开车从奇尔特恩驶向肯特与苏塞克斯交界处，那里是暴风雨摧毁的中心地带。从前那里的人对树木漠不关心，此时却情绪激昂，他们异常愤怒于风暴对树木造成的破坏，对此我非常惊讶，也无法理解。有人在电视上说英格兰南部的风景地貌完全被毁了。他似乎对这些风景地貌所具有的独特性了如指掌，也不相信自然之力能够使这些风景地貌恢复。我不是很相信他，想要亲自去看看。

那天天气非常好。暴风雨后的几天里，阳光如牛奶般温暖。我向南旅行，沿途除了偶尔看到一些倒下的树，或是人工修剪过的树，几乎看不出暴风雨对树造成了损坏。真正的风暴是在不知不觉中酝酿的，就像你爬山时下落的雪花。起初路上看到一些散落的树枝，接着森林边被风刮断刮倒的山毛榉突然出现在了眼前。我穿过温莎森林，这里离大片老树林最近。种植园里的成年树木被风折断，树枝遍地都是。不过波拉德公园的橡树几乎没遭到摧毁。可以发现与传统林业经验相反的是，那些高龄的和树干内已经腐烂的树木并没有变得脆弱，相反还因此得到了积极的保护。温莎公园的大部分老树又矮又弱，周围有许多新生树苗，重心较低，这使得它们在大风中非常稳固。

跟随暴风的足迹，我看到了不同寻常的景象：树顶扭曲的山毛榉，犹如被小型的龙卷风袭击过；暴风将路面的树枝吹得一干二净，树坑里灌满了水；整个种植园的针叶树在离地面约 1.5 米的地方折断了，整齐地排列在那里。继续向南走，暴风带来的破坏随处可见。我看到道路两边迎风面的树木还在，而几米远的背风处，整排的树完全被夷为平地。再走一英里，有一些没被大风摧残过的树木。不过几百码外，却是一片狼藉。森林周边的一些树木完好无损，但是中心却出现了一个大坑。位于森林边缘的树木拥有错综复杂的根系，向外延伸，扎根在田野里，所以它们很难被吹倒。如果发生灾害的话，一般来说，高龄和年轻的树受到的影响最小。而种植园里树冠繁茂、长了一百年的树，经常是最大的受害者，如果那时还有这样的树的话。

当我到达苏塞克斯东北部时，这里的树木似乎都被吹倒了。公路上铺满了残败的落叶，电线和电话线掉落在地，汽车沿路行驶，与之擦肩而过。道路上排满了歪歪斜斜的树干和被锯断的枝干，而在树丛之后是连绵不绝的电锯的哀鸣——被困的居民努力想清除一切路障，恢复与外部世界的联系。被折断的枝干上白色的断裂处让人触目惊心。但那种气味一直在我脑中挥之不去，那是树干的断裂处流出的树液所散发出的鸡尾酒的味道，和无数破碎的山毛榉树叶散发出的沁人心脾的苦艾酒香。我不得不自私地承认，这确实令人陶醉不已。整个景象像二战时期纳什的绘画一样，充满了潜在的复兴气息。

但对大多数人来说，眼前的景象并不让人感到愉快，因为树木既是这场灾难的受害者，却也是它的帮凶。查塔姆一位妇女被一棵树砸中，死在了床上，成为唯一一例在室内因树木倒下而造成伤亡的案例。雕刻家安东尼·戈姆利的工作室以及其中的艺术作品也被毁了，但他的回应却与大众不同。“我把这一切看作是大自然给人类的一件艺术品，”他这样跟《泰晤士报》的记者说，“有时候我居然觉得这样很合适……我工作的内容之一就是让人类重新回归大自然。”

在乡村，大自然的灾难性力量似乎带来一种与众不同的美。英格兰公园的优美园林景观完全被改变了。“能人”布朗设计的谢菲尔德公园和苏塞克斯的佩特沃思公园变成了自由形态的丛林。斯科特尼城堡的场地——曾经是哈斯家族后代一个优美如画的游乐场，在短短三个小时内成为荒野。1760 年在钱克顿伯里山顶种植的山毛榉树林——这片林区与惠特汉姆树林的种植方式类似——失去了四分之三的树木。一些自然生长的山毛榉，可能因为有更深的根系，幸免于难。埃平森林的树木损失只有几百棵。赛尔伯恩山林的东北方向处于下坡处的树木，在这次风暴中几乎没受影响。但往南一英里处，位于诺亚山丘更大的斜坡，则损失了大约一半的山毛榉。我离开塞尔伯恩时，村民们正激动且敬畏地议论纷纷，谈论着五十棵山毛榉被风吹倒，挡住了另一个陡坡林地道路。人们为了清除树木不得不使用炸药，却同时也把公路炸得粉碎。风暴的受灾区弥漫着一种奇怪的氛围，因损失带来的悲伤与新的机遇带来的喜悦交织在一起。在英国皇家植物园，一棵臭椿砸到了威廉四世殿的屋顶，人们甚至讨论是不是要为这棵“可怜树”举行一场追悼会。在伦敦市中心，悬铃木们在悲泣，它们羊皮纸般的叶子上似乎有一种从英吉利海峡吹过的海风般的咸味。那是一种苦涩的味道。风暴过后的那个星期，我看到大人们缓慢地徘徊于公园和广场，沉浸在对于自己家乡发生的风暴难以理解的恍惚中。但他们的孩子却享受着在这些巨大的自然攀爬架中爬行的乐趣。

风暴让人们对树木的文化观念发生了巨大的变化。乔治·希尔，在报道风暴的《飓风的力量》一书中，认为这次风暴“带给我们一种敏锐的、也希望是长久的观念上的认知，那就是风景地貌上的树木植被不能只是随随便便地就长在那里。它们需要被规划、管理和投资……”——这样的结论真是让人费解，特别是在考虑到这场风暴中有多少人工栽培的树木受损，又有多少“随随便便长在那”的树木得以幸存的情况下。真正的观念认识上的改变比这要更为复杂，包括从愤怒到狂喜的各种情绪。

首先是怨恨与苦涩。林木管理委员会发表了一篇媒体声明，其措辞似乎是把树木植被置于了人类的地位：“树木正面临着来自大自然的极大威胁。”声明宣布——仿佛风暴就是某种邪恶力量一样——除非“给予林木场主足够的资金，鼓励他们修复这些森林……否则森林会重新变成灌木丛，再也无法恢复。”20世纪70年代，在奇尔特恩山无法恢复的阴影下，全国托管协会在佩特沃斯举办了一个艺术展览，目录首页是以末日天启论的形式为序：“大风暴亵渎了过去，背叛了将来。”杰出的艺术家们，包括德里克·希尔、阿德里·伯格和大卫先生，通过画作表现了斯科特尼城堡一直到克里夫登被暴风摧残的场景。但和过去那些表现自然的艺术形式一样，作品中展现的风暴的巨大威力与极度的视觉冲击并不能削减其迷人之处。

可是风暴已经发生，损害也已经造成，愤恨已无济于事，不如考虑下一步该怎么做。人们很快产生了修缮的冲动，闪电战般的精神重新点燃。是该要清理刮倒的树木并种植新的树苗了。链锯厂商与JCB公司①做成了一宗大生意。在某些地方他们清理的方式所造成的破坏比风暴更强。媒体有自己的解决办法。他们解释，树木倒伏是因为太过成熟，也就是他们更喜欢称之为“老家伙”的那些树。因此他们的办法就是多多栽培年轻、健康的树木，使林木永远维持在“青壮年”的状态，这样就不

① JCB是世界五大工程机械、农业制造公司之一，是欧洲主要的工程机械制造商，是英国最大的家族所有公司。公司成立于1945年，创始人是Joseph Cyril Bamford，即JCB先生，挖掘装载机的发明创造者。

会再有那些老树了。在古德伍德，也就是在亚历克斯·瓦特观察野生山毛榉生长的地方附近，我看到推土机在那不仅清理掉了那些倒下的树木，还推掉了所有还在生长的树木，然后再重新种上相同树种的幼苗。不管树苗的质量或品种如何，机会主义者和当地政客们认为，种植树苗是一种补救办法，要快速行动。那些清理掉的树木被认为是完全腐烂的树木，大部分就用作柴火。家具制造商 Habitat① 和 Ercol② 考虑推出一个新品牌——“暴风中的幸存者”，尽管这些被清理的木材中每 20 吨就有 8 吨是山毛榉，但并没有做成任何成品家具做出来。他们坚持认为，这些倒伏的山毛榉质量不能保证，很多树木内部有缺陷和裂碎带，而这些加工成板材时才能看出来。而且，这些树达不到种植园里的山毛榉一样的标准。尽管如此，这些山毛榉已足以供应英国市场，还有 1500 吨来自全国托管协会位于苏塞克斯的斯林顿的庄园里的山毛榉被运往土耳其，在那里，不太挑剔的工匠们就把它们做成了桌椅家具。

转眼就到了春天，一切开始发生变化。当人们小心翼翼地

---

① 英国家具公司，诞生于 1964 年。它的创始人特伦斯·考伦，是一位年轻却富有远见的设计师。他的设计理念是用简洁、现代、亲民的家居产品，提升日常生活品质，打造不凡的居家生活。

② 英国家具公司，成立于 1920 年，由一位年轻的意大利移民卢西恩·埃尔科拉尼创办。设计一直是 Ercol 的心脏——设计的舒适、设计的功能、设计的美感。

走进这片被改造的林地时，人们冒险走进处于转型期的林地，他们注意到许多被认为已经死了的树都冒出新叶子，周围的地面上布满了数以百万计的幼苗。种植园中到处是挖出来的脆弱的树木或断枝，然而在树枝的空隙竟然开出了春天的花朵。我回到汉普郡的诺尔山，这座山林看起来像一个森林病房，元气刚刚恢复，里面都是一些伤残“病人”。旁边吹倒的树扯断了白蜡树的树枝，所以树干上长满了嫩条。倒下的橡树已经在地面上恢复了活力，新生的嫩芽宛如一圈篱笆（让我想起了加西亚·马尔克斯《百年孤独》里的预言，雨林中搁浅的帆船，船的桅杆扎进树叶之中）。林中地面上满是白蜡树幼苗如羽毛般的叶子，享受着阳光的照耀。甚至一些倒落在地的大山毛榉也长出了叶子，一半根系生长在土里。在根系周围，我发现一个两米高的的小樱草团在盛开，像老人的胡须般落到土里，宛如汉普郡的空中花园。

森林生态学家曾经希望这里会变成开放的森林景观，但后来却变得过于荫蔽、同质化，因而可能变得单调统一。具有如此破坏力的风暴在人类短短的生命长度里或许是少见的，但在树木漫长的演化过程中却已是稀松平常。至少对于那些自然的林地来说，应对这些风暴早已融入进了树木的基因和自我恢复的能力中。

肯特郡玩具山的全国托管协会的树林，可能是这地区受破坏最严重的地方。生态学家已经准备利用此机会，去了解一下被大规模自然灾害袭击的森林长什么样子。大卫·赫顿承担了这项危险的任务，在一人多高的被刮倒的林木的空隙间，勘测其中的一片森林，并绘制出了一幅关于奇异而脆弱的美的图景。这幅图让人想起约瑟夫·约翰绘制的布宾斯基普拉莱斯森林中还存活的与死亡树木的画，只不过大卫的图是用电脑绘制的。分叉的和被截梢的山毛榉就像交叉在一起的调音叉，矗立在灌木林层层叠叠的密叶间漏下的天空的碎影中。这图景充满了失序与不和谐，却也显示出了野生英国山毛榉树近乎粗野的秉性，特别是与19世纪捷克斯洛伐克森林中那些行将就木的老树的优雅低调相比。

当我来到托伊山时，全国托管协会的人员也正好在那里工作。林务工作员相比编辑展览目录的人要更乐观些，他们砍掉了一些山毛榉树干，把根推回到洞里。有人用一节树杈做了一把造型十分狂野的电锯雕塑，将它作为一个丰饶的象征竖立起来，希望能有更多的新树长出来，在肯特森林的新景色中格外显眼。事实上，土地上已经长出了桦树、榉木和紫杉这些小树苗。但在几百码之外，托管协会的工作人员却正在回收倒伏树木的木材，并用推土机推掉剩余的残骸，因为他们认为“公众眼中的自然山林并不包括倒下与死亡的树木”。在他们所清除过的区域直到五年后都没有植被生长。相比之下在未清理倒伏树木的地方，生性喜阴、在角落生长的山毛榉，它们的树苗却已经从废墟中探出了身子。

全国托管协会做了记录。1990 年 1 月第二次大风暴再次袭击英格兰南部，受损的森林数量巨大，若按传统方式完全无法恢复其树木资源。基金会对整个树木和林地管理政策进行了审查。发起者是托管协会的新林业顾问大卫·罗素，他对自然的野性之于人类精神的重要性持有一种大胆的观点。（在结束基金会任期之后，他成了一个心理治疗师：这真是森林和心灵之间的共鸣！）。在谨慎而委婉的措辞后，罗素重新规划了该托管协会对其 2. 5 万公顷林场的管理原则。从现在开始，林地管理原则必须尊重“林地其自然系统本身的运作方式，以及这种自然系统在面对常规造林时所表现出的脆弱性”。森林“要有能力更好地维持其自身的运作生息，而不是以观赏性优先”，不仅是林业专家，包括公众都能从观察森林的自然生息中学到很多。虽然作为英国最大的环保慈善机构，托管协会在联盟中并不总是见识深远的。它“对木材生产投入太多，而对林地自然保护太少”，过于放纵林场佃户采用化学施肥的耕种做法，也很容易被当代的种植热所影响。“在选择种植地点时需要比以往任何时候都更加小心。”

在这样的情形下，托管协会在阿什里奇和弗里斯登的产业，包括在艾温霍半山腰的山毛榉林——20 年前我曾在那儿观察过羊肚菌，保罗·纳什也是在这里创造的那幅《白垩山丘上的树林》——大部分倒伏的树木都被留在了原地，没有清理。那些有碍人们行走或存在潜在危险的树都记录了下来，剩下的就可以让它们自由发展。没有清理断枝，也没有重新种植。

接下来的几年里。我又多次探访那片山毛榉林，看着新生出的树苗慢慢初具雏形。在一个夏日，那时离1990年的风暴已经过去了15年，我漫步于奇尔特恩山的陡坡，从皇后山毛榉林一直走到艾温霍开阔的丘陵地。尽管山毛榉林当时几乎没怎么受到风暴的影响，但长在开放公共用地上的桦木都被吹倒了。山崖的西南侧1990年时遭受了风暴的全面冲击，这一整片山毛榉林被夷为平地。现在这里则是不同品种的树林。白蜡树在倒伏的树干缝隙中生长，现在已经长到了5到6米高。倒伏树木的枝干逐渐在腐烂，但是其根盘仍向空中生长。它们已经形成了一个微型生态系统，成了狼和孤独黄蜂的家，狗蔷薇和野草莓成为它们的掩饰（在苏塞克斯的一些树林里，翠鸟们在根盘上筑巢）。周围的地形已然发生了改变，坑坑洼洼高低不平，这使树林的微观栖息地更加多样了。它们还把矿物质丰富的土壤翻到地面上来，这对树苗的再生很有益处。白蜡树之间夹杂着几棵山毛榉，而在开阔的丘陵上山毛榉长势旺盛。它们在森林外的一片草地上拔地而起——有些树已经有2到3米高了——现在这地方草地与树苗交相呼应。这样的场景引发了人们的争论，不仅是关于树木应该如何新生繁衍，而且那些陈旧的想法已然成了历史。

1987 年和 1990 年的大风暴对英格兰的影响远远超了南部的树林地带。这两场风暴颠覆了一种想法，或许是永远消除了这种想法——那就是认为森林里一切都是固化的，不会改变的，林中任何行为都能以人类模式加以完整预测。这两场风暴也表明，自然灾害是森林演变过程中十分正常的普遍现象。这也促使了自然保护区政策的改变，促使全国托管协会对自然山林的态度发生了重大的转变，推动了林业委员会的改革。现在，林委会在面对森林中的自然灾害时态度更加积极乐观了。其影响之广，甚至波及了野生动物信托基金会。这些委员会也已经意识到，他们保护小型静态自然区的传统政策——“幻想”逃避现实世界的自然化的聚居区——是行不通的。他们已经开始越来越多地致力于以最少的人力干预去恢复和建造大型的自然山林。不过或许最大的影响是公众的观念改变。风暴重新燃起了我们对树木的热爱之情，即使这种热情使我们似乎过于仓促地投入到植树造林中，但毕竟聊胜于无。

第八章　为皇后山毛榉喝彩

全球气候变暖威胁着山毛榉树的生存环境，但是它们却依然存活了下来。山毛榉树这种顽强的生存能力、适应能力以及在荒山野郊静谧生长的品性，能给人类哪些启示？

1

皇后山毛榉在经历了 1987 年和 1990 年两场风暴后得以幸存，又逃过了 20 世纪 50 年代到 80 年代间古树木的大劫难，也就是奥利弗·拉克姆①所称的“蝗灾年”。随着林业领域“技术白热化”的时代思潮的涌现，在不到 25 年的时间里，英国的古

---

① 奥利弗·拉克姆（1939—2015），剑桥大学生态学研究领域专家，主攻树和森林领域。

树消失了一半。这场灾难是林业史上一次前所未有的集体蓄意破坏行为。森林被毁坏的速度甚至超过了18世纪和19世纪的圈地运动。整片橡树林都被毒死了，又或是被砍了个精光，让位给针叶林。1967年，斯坦斯蒂古树——萨福克郡最大的古树之一——被直升机喷洒了含有2，4，5-T化学毒物的橙剂[①]，美国人曾在越战中使用。山毛榉林因生长于白垩土质和陡峭的山坡上，受灾较轻。但在奇尔特恩地区，它们也难逃厄运。很多古树木遭到砍伐，统一改种植苗圃式植物和针叶树。在阿什里奇庄园，仅仅距离弗里斯登山毛榉林几百码的地方，全国托管协会砍掉了大部分的弗里斯登大灌木林，改种针叶树。为了庆祝伊丽莎白二世登基，这里惨遭蹂躏，变成了一片有着角树、枫树和山毛榉的美丽整洁的森林。

许多地方的例证表明，人为将古森林进行针叶林改造不仅代价高昂，且收效甚微。因为这些针叶树本身利用价值就不高，何况长势也并不喜人。许多林子后来都疏于管理或被丢弃在一边，于是在这之中的有些地方，原本的树木开始从针叶林的手里夺回森林，它们又重新发芽生长，一些存活的树桩上也冒出了新芽。甚至在少数没有完全被针叶树占领的地方，某些地表

---

① 一种高效除草剂，因其容器的标志条纹为橙色，故名“橙剂”(Agent Orange)。越南战争期间美军用低空慢速飞行的飞机喷洒于被判断为共产党武装人员藏身之地的森林、丛林和其他植被上，使树木等植物落叶。

植物也开始回归。面对这些新的生态局面，全国托管协会和林业委员会制定了修复政策，希望能切实可行地让更多的古树恢复到原状。

皇后山毛榉似乎也没有受到气候变化所带来的影响。即使在2003年和2006年两个炎热的夏季，某些曾在20世纪70年代因遭遇干旱而脱水的老山毛榉树上这次却很少看到相同的现象。在2007年温暖的早春，当受气温影响，诺福克的橡树前所未有地一到四月中旬就长出了叶子时，皇后山毛榉却依旧像往年一样在四月下旬才长叶——这或许因为山毛榉自身在涵养水源。我们也许可以这样说，对干旱过于敏感的树木已遭自然界淘汰，而能存活下来的树木，其遗传基因中有抗热的免疫力。

我想看看山毛榉是如何应对欧洲南部极端气候的，于是2006年10月底我和波利一同前往地中海。途经法国南部塞文山脉时，正值金秋时节，漫山遍野的橡树、栗树和山毛榉，层林尽染，叠翠流金。我们就在这样美丽的风景里，向着法国杜尔比河附近的石灰岩喀斯高地前进。那地方我很熟悉，最近一次大约是十年前去过。我们沿河行进，在那我看见海狸在忙碌着“修剪树枝”，才意识到那时我因着迷于夜莺和兰花，错失了对于森林的诸多细节观察。河边的树林里生长着山毛榉，它们与林子里的橡木、椴树、花楸树一起和谐生长。

我们沿着河流的峡谷向北走，两旁是高悬的大树，秋日斜阳落在大树上，余晖与树叶交相辉映，金光璀璨。山毛榉宛若金色的小溪，流淌在橡树林赭色的海洋中，它们顺着潮湿的溪谷、沿着山腰的小溪，蜿蜒到河边，最终汇入大河。像红树林一样，山毛榉长在水里。这是一片河滩山毛榉树林。山毛榉树就在这块河滩森林里扎根生长，远远望去就像黄黄的杨树一样。我相信，在任何一本书里都找不到这样的美景。只有这片壮观的山毛榉，它们才能偷走我的心，我陶醉了。在白色的石灰岩峭壁上，在川流不息的险滩旁，镶嵌着这些有着银色树干、黄色叶子的山毛榉，着实壮观，它们几经周折，来到这块河滩生根发芽，茁壮成长。

我感觉我们到达的地方并不是我们要去的南方，便又向东走了一段，下榻在瓦朗斯附近的私家旅馆。主人是一个木匠，旅馆的椅子都是他用山毛榉木材做的。我向这家女主人打听这里离地中海有多远。其实我是想问问我们要去的南方在哪里，也就是地中海的生态区域在哪。结果因为法语太糟糕，讲了半天还是乱七八糟，稀里糊涂。还好，最后讲到薰衣草时，女主人终于听懂了，她笑着说，他们这村叫“再走一刻就到南方”，与南方还有一段距离。还得再往南走点。果不其然，再走了十公里后，大约用了 15 分钟，的确就是正南方。这时太阳出来了，空中弥漫着松香的味道。道路两旁的岩蔷薇和再次开花的迷迭香分外漂亮。我们找了个山坡休息，吃了点东西，周边很美，青翠的刺柏和紫红的薰衣草绕坡而长。远眺普罗旺斯，更是美不胜收，山石错落，灌木葱郁，树林苍翠。可是到凉爽的小山顶上却看不到山毛榉了。

我们的东边是旺图山。我们驱车前往了更暖和的南面，沿途越过大片的橡树林，穿过蒙彼利埃那片桃粉色的枫树林，最后驶过奥地利广袤的黑松林。约在 750 米高处，山毛榉出现了，起初只能看到几棵散落在松树间的小幼苗。不久，就看到了片片高大的山毛榉林。约在 1500 米高处，山毛榉和其他的大多数树木一样消失了。旺图山的最高点约在海拔 1740 米处，这是一块不毛之地，高达每小时 180 英里的风速将这里风化成石灰石型荒漠。意大利诗人彼特拉克是首位登山的文人，1336 年的 4 月，他曾站在这里惊叹大自然的鬼斧神工，陶醉在从马赛港湾的南部到群山环绕的里昂间的美景。他兴奋不已，情不自禁作诗："人类啊，你的努力就是为了登上山峰之巅？不，绝对不是的。我们应该践踏鄙视这种登顶的俗世欲望！"

我们离开大风地，向山下走去，内心充满了登顶后那种世俗的满足。走到 150 米高处，我们看到狭长的山谷和沟渠里布满了野生的山毛榉。这些山毛榉与我们从前见到的不一样。它们从石灰岩中破石而出，一丛丛，一簇簇，但是没有薰衣草丛那么大。最大那棵山毛榉长得像一簇低矮的蘑菇，强劲的山风让这棵山毛榉无法向上长，它只能横着长，因此要测出它的大小还比较困难。树枝贴地而长，虬枝盘曲，曲里拐弯，绕着榉树干形成一个周长约 10 米的树枝圈，其树梢部分与周围的灌木交织在一起。这样一棵山毛榉如果是长在英国肥沃的低地上，至少得有 800 年了。但是，这棵山毛榉在光秃秃的石灰岩壁上扎根，经年累月遭受风吹，每年要挺过长达 6 个月的冰雪气候，夏季的雨量也才十厘米，在这样恶劣的生存环境里茁壮成长，我真算不到它的年轮。凡·高很熟悉普罗旺斯的山毛榉，他在离世前不久，已经画了一幅如这棵树一样的作品。凡·高的这幅《树根和树干》（1890），画面没有定方位，满屏都是蓝灰色的树干和绿色的树皮胶着在一起，画面上没有出现天际线，也没有出现地平线，几乎无法分辨出画面上哪些是树根，哪些是树干。

我也猜不出来这里其他更年轻一些的山毛榉的树龄，它们也都盘根错节、枝繁叶茂地簇拥在一起，在这陡峭的 45°斜坡上貌似一簇簇灌木矮林。我能看到这些小山毛榉的树根蜿蜒曲折，向山下去，它们裸露在岩石外，像爬行动物一样匍匐在岩石表面，探寻水源。这样的树根丛我曾在克里特岛的怀特山上看到过，不过那些树根源自一些生长了4000年的柏树。而这里的小山毛榉也拥有如此繁茂的树根，着实费解。难道人类曾经砍伐过？抑或是树干被风雪、暴风和闲逛的山羊摧残过。在我的书里，甚至牧羊人随手折断岩石上灌木的行为都被我界定为自然灾害。

与法国那些生长了约一个半世纪的山毛榉不同，这里的野生山毛榉都结着丰硕的果实。一行行、一片片的小树扎根在山石的裂缝里，低矮的高坡上，尽管这儿的很多种子也被雨水和融雪冲走了。波利突然看到一堆山毛榉树叶像一个大枕头一样，被一圈带刺的杜松树枝环绕在中间。我还记得由于树叶轻而柔和，躺在床垫上还能发出温柔的声响，这使得法国农民最爱用这样的树叶来填充床垫，并将这样的床垫称为“会说话的床”。

环形的杜松树丛，对称得如蘑菇圈一般。他们成排地扎根在通往山顶的道路两旁。根据演替理论①，这片刺柏树应该被山毛榉所代替，然而结果并非如此。这是为什么呢？或许这片荒山野岭就是山毛榉真正的乐园？或许在这样极端艰难的环境里，山毛榉才能不受干扰，静静生长？又或许只有在这儿，这些植

① 演替理论：随着时间的推移，生物群落中一些物种侵入，另一些物种消失，群落组成和环境向一定方向产生有顺序的发展变化，称为演替。这是植物群落动态最重要的特征。其过程大多由植物群落的季节变化和逐年变化组成，是地表同一地段顺序地分布着各种不同植物群落的时间过程。

被才可以相安无事，和谐共处上千年？山毛榉一度被认为是择土而长的植物，而今它却扎根在旺图山这些山岩的碎石里，斜坡峭壁上，不仅要经受冰天雪地风暴肆虐的摧残，还要熬过雨量不足15厘米的夏季，这得需要多么强大的适应力呀！我想着摘一些它们神奇的果实带回英国去。

2

这次，我选了另一条路去看皇后山毛榉。我们沿着高尔夫球场边缘走，这是20世纪20年代建造的公共道路。道路掩映在石南花深草区、橡树和桦树边的山毛榉林中，我们穿梭其中。道路上四处充满了预兆。路旁的风铃草中散落着一个遗失的高尔夫球。路边有一小片鹿腿，是狐狸从道路上拖过来的。在一棵橡树下面，放着一个花环，是塑料树叶和干种子做的，那是陪葬礼物。橡树根部堆着一层灰色粉末，散发出阵阵烧焦的气味。一些钟爱山毛榉的人，会把自己的骨灰撒在山毛榉树下，显然，这次他们把橡树错看成山毛榉了。

我越过熟悉的老朋友们，径直走到老截梢树林的中心区。那棵许愿山毛榉已缩到一个破败的坟墓里，树干沾上了点泥土。福斯塔夫雕像依旧是大腹便便地矗立着，远远看去，就像一棵正在融化的树。我突然觉得这片区域好陌生。我走在一片网球场大小的草坪上，只不过这些草坪其实是山毛榉幼苗，由于小鹿的啃食，只有几英寸高。走在上面就像在蹦床上一样。我很好奇小鹿们的分趾蹄走在上面又是什么样的感觉。到现在鹿的进食方式虽然还是啃食植被，但它们却似乎不再愿意去那些草木最为茂盛的地方。参差不齐的树苗长到了快有 1 米高，从树枝间探出头来，只被鹿群漫不经心地啃咬过。这模样看上去就像是业余的园林修剪习作，又像是一个向后倒去的山毛榉篱笆。

一棵倒地的山毛榉引起了我的注意。树倒下造成的空隙，让小树苗们得以有机会沐浴在阳光之下。这棵树的根部就像一个木制峭壁，一个垂直石坑。燧石紧密地镶嵌在树根当中，看上去就像一大片化石。即使经过几天的雨，树根周围砂质的土壤还是一碰就碎成了粉末。根系哺育的大树直上云霄，可它自己却化为了尘埃，这景象似乎象征着这棵山毛榉树所经受的全部苦难。身处险境，岌岌可危，即将干枯，被人遗忘。但尽管如此，它却孕育了新的生命，树根的一半仍在土里，此时已经长出新枝干，有 15 米高，被松鼠们扭成了一个大麦糖棒的样子。

说到松鼠，不知不觉我竟然走进了它们的地盘，森林中一个延伸到道路上的狭窄山谷。松鼠喜欢聚集在一起觅食，方便共同进食。在这里，松鼠们吃矮树干上的大片树皮，绕小树吃，一直吃到树梢。不过，他们几乎不碰 50 米开外的那群老山毛榉树。这里的松鼠与雷迪阿克森林的松鼠不一样，他们只吃树龄介于10到20年间的，直径不超过10厘米的树。这些被啃掉了树皮的树看上去很悲惨，坑坑洼洼，伤痕累累，失去了树木原本的面貌。没了树皮保护的树干裸露在外，其周围重新长出弯弯曲曲的新树皮。有时松鼠也会啃咬这些新长出的坚硬树皮，这样树干是旧伤未好，再添新伤，看上去就像是一个修了又修的自行车轮胎。但就算是这样，死掉的树并不多，甚至可以把它们看作是“矮人版”的截梢树。如果这些树能够有幸长大，很难想象一个世纪甚至以后它们会长成什么样子，从被松鼠啃咬的小树长成伯纳姆山毛榉那样年龄的老树。

我试图返回通往皇后山毛榉的那条弯曲小道上去，却渐行渐远，走进了公共道路。我不明白为什么找不到那条路。三年前我来过这，但如今物是人非，就这三年，皇后山毛榉树都成明星树了，多次在电影里出现，来突显电影里的“威胁、恐吓气氛”。在电影《哈利·波特》中，皇后山毛榉扮演了臭名昭著的打人柳，这是一种神秘的树，有点像山毛榉，也有弯弯曲曲的树枝，受到攻击时树枝会回击。不过，现如今那些拍电影的痕迹早没了，可我依旧找不到三年前的那条道，到处长满了杂草灌木，看来从前那条道再没人走过。也许是因为警示牌的缘故。我感觉我在瞎走，绕着倒地的树木兜圈走，没有兴趣看头顶上方那些修剪过的树枝，尽收眼底的是一片片幼树。我试着去感受树林的涌动，一种持续不断、浅酌低吟的涌动感，想看到林中涌动着的“山毛榉浪”。结果事与愿违，我很是着急，我甚至怀疑我记错了地方，皇后山毛榉早就没了，被挖掉了。

我回到森林的中心，向着我一直走的方向做了一个直角截面的标记，最后找到了那条几乎被冬青和荆棘掩盖的旧路。又前行了几百码，我看到了皇后山毛榉。它就像一个倒扣着的穿越林中薄雾的大碗。我依旧被它惊艳了——它巨大的身形，弓起的肩膀，还有那低垂着的如裙般的树叶。尽管我心里已经知晓这棵树的大小，不过我还是怀着一种敬畏的心理，张开双臂测量了一下：在齐胸高的地方周长约 6 米，再高 1 米的地方，周长大概是刚才的两倍。四根巨大的树枝几乎呈水平生长，形成一个拱形的圆顶，像这棵树的头盖一样。

我顺着山毛榉的根系往外走，有 12 米，根系蔓延得和树枝一样远。一根大树枝已经没了，但因为重心主要还是在底部，所以大树看上去还是很稳固的。我向后退，从老树边走开，去看新生代的小树。浓荫里有一些小小的冬青树，另一边还有一些山毛榉树苗，正在等候它们大放异彩的时机。山毛榉林的边界延伸到了森林外 100 米左右的样子，与开阔的桦木和矮栎连成片。这些幼小的山毛榉都还没到 2 米高，看上去就像刚打开的遮阳伞，但已经成为鹿和松鼠的猎物。我想知道将来的它们会是什么样。是长成我们所认为的高过橡树的参天大树呢？还是颠覆演替理论，长成一种新的灌木丛——山毛榉灌木？会不会像榆树一样，因病害、天灾只能长成灌木丛？

我想象自己站在皇后山毛榉树的顶部，就像米洛斯拉夫·赫鲁伯笔下近视的鼹鼠。我看不到往常从下往上看树时那挺拔的躯干或者曼妙的树枝。这高高的冠层是山毛榉要全力奋斗的高度目标。小树苗在生存之战中所要面对的所有挑战，无论是对抗田鼠与鸽子的侵袭，忍受干旱和霜冻，克服地心引力以寻求阳光，或是在面对狂风和人类的砍伐时所展现出的自我修复能力——所有这些在战火中展现出的顽强不屈——都是为了哪怕只有一粒树种最后能够成功。但站在这个高点，我可以看到的一千年来山毛榉的生存图景，却是一段人类试图改变树木的自我发展并强加意愿于其上的历史。往南边去几百码的一小块地方，环境保护主义者一直试图阻止在那进一步种植橡树，希望能够重新种上石南。因为这地方种石南历史悠久，大概在禁止放牧（20 世纪 20 年代）前，就有约两千年的历史。但是现在，还是先来说说橡树和山毛榉。一英里外的一条新的小路边长满了山毛榉，有的是人工种植的，有的是则是野生的。一百年后，这些山毛榉注定会成为安全隐患。紧邻的另一个山脊顶部的哈丁森林现在有了更为明确的归属划分，一个村级信托机构拥有这片森林的永久所有权。这个信托机构会任由山毛榉林凋敝枯萎，就像枫丹白露森林那样，还是气候变化会先一步侵袭摧残？如果真的发生了这种情况，这片森林那时会变成什么样子呢？

而我脚下的这片山毛榉林也面临着相同的难题。未来这片皇后山毛榉会发生什么呢？那些老山毛榉饱受干旱和大风的威胁，正在成长的小树又受到松鼠和鹿的侵害。我们应该干预吗？捕杀松鼠和鹿，砍掉每一棵看起来太柔弱而无力迎击大风的山毛榉吗？然后移植并加以保护？或者干脆放弃山毛榉，砍掉那些有害且不适于当地条件和气候变暖的“老家伙们”，改种更可靠的橡树？

但我的个人观点是，我们应该给山毛榉一个自己解决问题的机会。对山毛榉王国的历史回顾和实地游历让我意识到，山毛榉确实蕴含着我们还未意识到的强大的生存能力。不管是在那狂风肆虐、白雪皑皑的旺图山上的矮小、抗旱的山毛榉，还是挺立在品都斯山脉上的经受风吹日晒的北方山毛榉，它们都顽强地生存着。生长在英国的那些山毛榉则有了适应英国气候的基因。就我而言，把掌握权交给山毛榉是一个道德上的问题。一些环保主义者坚持认为，必须对所有的树进行管理，这就像是在建议所有的野生动物都应该关进动物园一样。

看看那些人类横加干涉的森林的实际情况，由于能力和视野有限，我们总是把问题过于简单化地处理。而野生的、未经人类治理干预的林木却向我们展示了超越人类狭隘的文化视野的多种可能性。这些自由生长、多姿多彩的野生山毛榉看上去是那么美丽。它们卓绝的才智和惊人的适应能力，让我们认识到了自己的局限性与狂妄自大。它们远比任何我们所能人为设想和强加的样子都要更为惊人、更为壮观。山毛榉的这种强大的灵活适应能力，或许是与通常人类从自然世界寻求的以人为本的实用性视角所不同的另一种“有用性”。经过漫长的气候变化，树木也随之进化，它们都能懂得如何适应环境的变化，而我们却不行。这些野生山毛榉无人护理，无人管理，却能生存下来，这种古老的，内在的多样性在苗圃中是无法实现的。从中，人类确实应该领悟一些东西。

我认为，那些未经人类干涉（而不是未有人类涉足）的野生林木与自然森林对地球的存亡至关重要。我们同样也生存在这个星球上，日常生活中也要用到树木作为各种原材料和装饰点缀。美国人使用“中间景观”这个概念，来指代一种完全野性的和完全被教化的概念领域。回顾整本书中我所追溯的山毛榉的生存历史，我相信树木是能够给人类的生存发展一些启示的。

假使传统的林业作业，例如修剪小树和去梢的做法，并不是传统的思维惯性（“一直以来便是如此”）所使然的结果，那么它们就不会过时或被废弃。这将使树木更长寿、更健康，同时对人类也有益处。在我看来，人类所拥有的对树木施加影响的“权利”与海狸和树皮甲虫是一样多的。假使人工种植能与自然生长环境中的土壤与坡度做到一样，像野生森林中那样落种发芽，那么这样的人工种植才是可行的和“自然”的。

本书一直在讲述山毛榉的故事，讲述我们所理解的山毛榉的形态与模样。这本书同时也从山毛榉自身的角度讲述了它们的迁移和分布，讲述了山毛榉形成的群落和模式，甚至还讲述了在被人类以观赏性和实用性为目的进行人为改造后，山毛榉的外形所发生的变化。

但或许我们需要的不仅是故事，或者长篇大论，而是对话交流和互相借鉴。我就非常认同共生共存的理念，认同这种树木与土壤深处的真菌之间不为人所见却又亲密无间的关系，或者像树干上由真菌和绿藻所形成的地衣这种共生联合体。这种共生共存的关系对双方都是必不可少的，同时这种关系的维持也不以牺牲各自的特性为代价。我们是否还能回想起与山毛榉共生共存的过去？那时我们对山毛榉所做的一切不只是一味地索取，而是同样站在山毛榉的角度为它们着想。

当然，这样的观念也适用于对待其他所有的树木。但山毛榉总是格外棘手。恶劣的气候环境下，它既难以对付又喜怒无常，接着又用其惊人的创造力和恢复力让我们惊讶。这也是人类与自然共处中所一直面对的问题，不仅要承认彼此之间存在的共鸣，同时也要试着去接受它的差异性和独特性，二者不能偏废其一。这才是人与自然共同的大家庭。

题　词

小小矮木也有树梢，区区蝼蚁也有胆量，
苍蝇也有它的脾气，即使火苗也有热度，
纤纤发丝也会落下投影，
不起眼的蜜蜂也能蜇得人疼……

——爱德华·戴尔爵士（1543—1607）